제2차 一大幹 九正脈 단독종주기

금·호남정맥, 호남정맥 편

제2차 一大幹 九正脈 단독종주기
금·호남정맥, 호남정맥 편

초판1쇄 발행 2023년 3월 10일

지은이 진상귀
펴낸이 이길안
펴낸곳 세종출판사

주소 부산광역시 중구 흑교로 71번길 12 (보수동2가)
전화 463-5898, 253-2213~5
팩스 248-4880
전자우편 sjpl5898@daum.net
출판등록 제02-01-96

ISBN 979-11-5979-574-9 03980

정가 20,000원

이 책은 저작권법에 따라 보호받는 저작물이므로 무단전재와
무단복제를 금지하며, 이 책 내용의 전부 또는 일부 내용을 재사용하려면
사전에 저작권자와 세종출판사의 동의를 받아야 합니다.
* 잘못된 책은 교환해 드립니다.

제2차 一大幹 九正脈 단독종주기

금·호남정맥, 호남정맥 편

부산 山사람 진상귀

세종출판사

| 저자의 말 |

  산경표(山經表)란, 산의 흐름을 뜻한다.
  산경표는 우리나라의 산이 어디서 시작하여 어디로 흐르다가 어디에서 끝나는가를 나타낸 것이다. 산경표(山經表)는 우리가 배운 태백산맥, 소백산맥, 노령산맥과 전혀 다른 백두대간, 장백정간, 낙남정맥, 호남정맥과 같은 산줄기의 이름을 사용하고 있다. 백두산(白頭山)으로부터 지리산에 이르는 기둥줄기를 白頭大幹이라하고 이 기둥줄기로부터 뻗어나간 곁줄기를 正幹 正脈으로 분유하고 이름을 붙여 우리나라 산줄기를 1대간 1정간 13정맥으로 체계화 하였다. 이 줄기를 이루는 산 이름과 여기서 갈려나간 크고 작은 산들을 만든 것이다.
  이번 종주는 제2차 백두대간 출간에 이어 정맥출간으로 금·호남정맥에 이어 호남정맥 단독 완주를 책으로 남긴다. 우리나라(남한) 9정맥 중 먼저 제2차 금·호남정맥편, 호남정맥편 종주기를 출간한다.

금·호남정맥

  영취산~장안산 북쪽 사면에서 장수의 천천(天川)이 시작되어

401㎞의 금강을 이루고 남쪽 사면에서는 임실의 오원천(烏院川)이 시작되어 225㎞의 섬진강을 이룬다. 연결된 주요산은 수분현(水分峴, 530m)·팔공산(八公山, 1,151m)·성수산(聖壽山, 1,059m)·마이산(馬耳山, 667m)·부귀산(富貴山, 806m) 등이며, 그 길이가 약 65㎞로 13개 정맥 중 가장 짧다. 금남정맥과 더불어 금강유역의 경계를 이루고, 호남정맥과 더불어 금강과 섬진강유역의 경계를 이룬다.

이 산줄기는 양유역의 기후 차이를 유발하여 연평균기온의 경우 북쪽은 12℃, 남쪽은 13℃이며, 개나리의 개화일도 5일간의 차가 생겨 섬진강유역은 대개 3월 25일경, 금강유역은 3월 30일경이 된다. 조선시대 우리 조상들이 인식하던 산줄기는 하나의 대간(大幹)과 하나의 정간(正幹), 그리고 13개의 정맥(正脈)으로 나누어져 있으며, 10대강의 유역을 가름하는 분수령들을 기본정맥으로 삼고 있어 대부분의 그 이름이 강 이름과 관련되어 있다.

호남정맥(湖南正脈)

호남정맥(湖南正脈)은 한반도 13정맥의 하나로 백두대간에서 갈라져 주화산(珠華山, 600m)에서 시작하여 내장산을 지나 전라남도 장흥을 흘러 영산강 유역과 섬진강 유역을 갈라 광양 망덕산(197m)에서 끝나는 산줄기의 옛 이름으로 총길이는 398.7㎞이다. 주로 호남 지역을 지나므로 호남정맥이라 하였다. 조선 시대 우리 조상들이 인식하였던 산줄기 체계는 하나의 대간(大幹)과 하나의 정간(正幹), 그리고 이로부터 가지 친 13개의 정맥(正脈)으로 이루어졌다.

 이들 산줄기의 특징은 모두 강 유역을 기준으로 한 분수산맥이라는 것이다. 이 정맥을 이룬 주요 산은 주화산 웅치(熊峙) 만덕산 슬치 경각산 오봉산 묵계산 고당산 내장산(內藏山)・백암산(白岩山)・추월산(秋月山)・용추봉 강천산 금성산(金城山)・만덕산(萬德山)・무등산(無等山)・천운산(天雲山)・계당산・가야산(伽倻山)・용두산, 제암산, 사자산, 봉화산, 방장산, 존제산, 고봉산, 조계산(曹溪山)・바랑산, 도솔봉, 백운산, 쫓비산, 불암산, 망덕산 등으로 기록되었다. 우리나라 남부의 호남 지방을 동서로 크게 갈라놓은 이 산줄기는 서쪽은 해안의 평야지대로, 동쪽은 남원을 중심으로 한 산간지대로 농경과 산업, 그리고 현격히 다른 생활 문화권을 형성하게 되었다. 또한, 장흥의 사자산에서 하동의 섬진강 하구까지 해안선을 따라 이어진 산줄기는 지리산에서 김해의 낙동강 하구까지 이어진 낙남정맥(洛南正脈)과 함께 우리나라 남부 해안 지방의 동일한 생활 문화권역을 형성하게 하였다.

제2차 백두대간에서 기록된 삼경표를 찾아서 제2차 백두대간에 이어 제2차 금·호남정맥 제2차 호남정맥을 확인하고자 2012년 10월 5일, 10월 6일, 10월 7일 3일간 금·호남정맥 단독종주를 마친다.

호남정맥을 2013년 9월 28일 시작 10월 5일, 10월 6일, 10월 19일, 10월 20일, 11월 2일, 11월 3일, 11월 16일, 11월 17일, 2014년 3월 1일, 3월 2일, 3월 16일, 3월 17일, 3월 30일, 3월 31일, 4월 13일, 4월 14일, 4월 19일, 4월 20일, 5월 2일, 5월 3일, 5월 17일, 5월 18일까지 23일간 단독으로 완주, 이로서 금호남정맥 호남정맥을 단독으로 완주하고 기록으로 남기고자 제2차 백두대간 단독종주에 이어 제2편으로 금·호남정맥 호남정맥을 출판함으로 정맥 종주자들의 도움이 되기를 기대하며 단독종주도 기록한다.

| 차례 |

저자의 말 · 4

제2차 금·호남정맥 · 11

제2차 금·호남정맥 단독종주 1구간　　　14
제2차 금·호남정맥 단독종주 2구간　　　27
제2차 금·호남정맥 단독종주 3구간　　　39

제2차 호남정맥 · 55

제2차 호남정맥 단독종주 1구간　　　65
제2차 호남정맥 단독종주 2구간　　　82
제2차 호남정맥 단독종주 3구간　　　96
제2차 호남정맥 단독종주 4구간　　　104
제2차 호남정맥 단독종주 5구간　　　117
제2차 호남정맥 단독종주 6구간　　　131
제2차 호남정맥 단독종주 7구간　　　157
제2차 호남정맥 단독종주 8구간　　　172
제2차 호남정맥 단독종주 9구간　　　188

제2차 호남정맥 단독종주 10구간   201
제2차 호남정맥 단독종주 11구간   215
제2차 호남정맥 단독종주 12구간   231
제2차 호남정맥 단독종주 13구간   243
제2차 호남정맥 단독종주 14구간   254
제2차 호남정맥 단독종주 15구간   271
제2차 호남정맥 단독종주 16구간   286
제2차 호남정맥 단독종주 17구간   305
제2차 호남정맥 단독종주 18구간   315
제2차 호남정맥 단독종주 19구간   330
제2차 호남정맥 단독종주 20구간   347
제2차 호남정맥 단독종주 21구간   360
제2차 호남정맥 단독종주 22구간   371
제2차 호남정맥 단독종주 23구간   384

금 · 호남정맥 호남정맥을 마치고 · 399

01

제2차 금·호남정맥

금·호남정맥은 백두대간 함양에 영취산에서 시작해 무릉고개에 내려서 전라북도 장수군 장안산, 신무산, 팔공산을 지나면서 진안군을 관통하는 성수산, 마이산, 부귀산을 거쳐 주화산 분기봉에서 호남정맥은 남쪽으로 금남정맥은 북쪽으로 가르면서 금 호남성맥은 끝을 맺고 금남정맥 호남정맥을 만든다.

순서 산명 구간 높이 위치 비고

- **영취산**　1. 1076　경남 함양군 서상면, 전북 장수군 장계면 정상석, 삼각점, 대간분기봉
- **장안산**　1. 1230　전북 장수군 계남면, 번암면 정상석
- **사두봉**　1. 1015　전북 장수군 장수읍, 번암면 삼각점, 묘2기
- **신무산**　1. 897　전북 장수군 장수읍, 산서면 삼각점, 이정표
- **팔공산**　2. 1148　전북 장수군 장수읍, 진안군 백운면 이동통신탑
- **삿갓봉**　2. 1080　전북 장수군 천천면, 진안군 백운면 벤치, 이정표
- **성수산**　2. 1059　전북 장수군 천천면, 진안군 백운면 정상석, 이정표
- **마이산**　3. 686　전북 진안군 진안읍, 마령면 암마이봉, 숫마이봉
- **봉두봉**　3. 540　전북 진안군 진안읍, 마령면 정상석, 헬기장
- **부귀산**　3. 806　전북 진안군 부귀면 삼각점, 이정표
- **필봉**　3. 600　전북 진안군 부귀면 삼각점
- **조약봉**　3. 565　전북 진안군 부귀면, 완주군 소양면 3정맥분기봉

금호남정맥 1구간	영취산	1076m		전북 장수군 번암면 지지리 산 15
금호남정맥 1구간	무릉고개	군도로		전북 장수군 번암면 지지리 산 115-18
금호남정맥 1구간	장안산	1230m		전북 장수군 계남면 장안리 산 116-3
금호남정맥 1구간	백운봉	948m		전북 장수군 장수읍 덕산리 산 54-1
금호남정맥 1구간	밀목재	군도로		전북 장수군 장수읍 동촌리 산 52-1
금호남정맥 1구간	사두봉	1017.m		전북 장수군 장수읍 덕산리 산 54-3
금호남정맥 1구간	수분재	지방도로		전북 장수군 장수읍 수분리 712-8
금호남정맥 1구간	신무산	897.6m		전북 장수군 장수읍 수분리 산 109-1
금호남정맥 1구간	자고개			전북 장수군 장수읍 식천리 산 177-11
금호남정맥 2구간	팔공산	1148m		전북 장수군 장수읍 대성리 산 258-4
금호남정맥 2구간	서구리재	지방도로		전북 진안군 백운면 신암리 산 1-10
금호남정맥 2구간	천상데미봉	1097m		전북 장수군 장수읍 노하리 산 102
금호남정맥 2구간	오계치			전북 장수군 천천면 비룡리 산 84-2
금호남정맥 2구간	삿갓봉	1114m		전북 장수군 천천면 비룡리 산 84-2
금호남정맥 2구간	홍두깨재	899m		전북 장수군 천천면 비룡리 산 84-2
금호남정맥 2구간	신광치	735m		전북 진안군 백운면 노촌리 산 1-5
금호남정맥 2구간	성수산	1060m		전북 장수군 천천면 비룡리 산 84-1
금호남정맥 2구간	옥산봉	708.4m		전북 진안군 진안읍 가림리 산 57
금호남정맥 2구간	사루고개	30국도		전북 진안군 진안읍 반월리 산 171-4
금호남정맥 3구간	마이산	686m		전북 진안군 마령면 동촌리 산 18
금호남정맥 3구간	봉두봉	540m		전북 진안군 마령면 동촌리 산 17
금호남정맥 3구간	감상굴재	26국도		전북 진안군 진안읍 정곡리 20-10
금호남정맥 3구간	부귀산	806m		전북 진안군 진안읍 정곡리 산 5
금호남정맥 3구간	가죽재	26국도		전북 진안군 부귀면 신정리 산 39-2
금호남정맥 3구간	조약치	소로		전북 진안군 부귀면 봉암리 산 103-3
금호남정맥 3구간	주화산	540m		전북 진안군 부귀면 봉암리 산 107-3

제2차 금·호남정맥 단독종주 1구간

영취산 : 경상남도 함양군 서상면 옥산리 영취산
자고개 : 전라북도 장수군 장수읍 용개리 자고개
도상거리 : 영취산 21.4km 자고개
소요시간 : 영취산 11시간 자고개
영취산 출발 06시52분, 무령공재 07시07분,
팔각정 07시11분, 장안산 08시08분, 장안산 출발 08시26분,
지소골 갈림길 8시54분, 지실가지 갈림길 09시21분,
947.9봉 09시47분, 장안리갈림길 09시54분, 큰골봉979.1m 11시11분,
밀목재 11시30분, 밀목재식사후 출발 12시2분, 활공장 12시 25분,
사두봉 13시08분, 송계재 14시02분, 수분재 15시09분,
철탑 15시34분, 신무산 16시35분, 신무산출발 17시22분,
자고개13번 지방도로 17시52분

2012년 10월 5일 맑음

제2차 금 호남정맥 종주차 10월 4일 오후 3시42분 부산사상 터미널에서 버스로 전라북도 장수군 장계면에 도착하니 7시가 조금 넘었다. 우선 한우회관에서 저녁식사(8,000)를 하고 내일

아침 일찍 출발하기로 택시기사와 (011-653-××××) 약속하고 하야트 모텔(063-351-1501-2)에 숙소(30,000)를 정하고 집으로 잘 도착되었다고 전화를 하고 잠자리에 들어서 10월 5일 아침 5시에 일어나 25시 편의점에서 김밥과 라면으로 아침식사를 하고 중식으로 김밥과 라면 간식용 빵을 사고(9,500) 5시40분 어제 약속한 택시로(17,000) 무령공재에 도착하니 6시5분이다. 산행준비를 하고 영취산 급경사 오르막계단을 오르다 마사길을 힘들여 올라간다. 여름 같으면 해가 중천에 떠있을 시간인데 아직도 겨우 먼동이 트면서 날이 밝아지기 시작한다. 영취산 정상에 올라가니 6시23분이다.

《경위도 N 35" 28" 37" E 127" 37" 12.0"》

날이 밝아지면서 앞에 장안산이 건너다보이고 북으로 남덕유산 남동으로 백운산이 시야에 들어온다. 영취산은 백두대간 1차(2002년)에 지나고 금·호남정맥 1차(2004년) 이곳서 출발하고 백두대간 2차 (2011년11월25일) 이곳을 지나갔으며 대간정맥으로 이곳을 지난지 이번이 4번째다. 지금부터 금·호남정맥(65.7km) 첫구간을 출발한다. 사진 몇판 찍고 나니 동쪽에서 아침 해가 솟아오른다. 혼자 가는 종주첫날 무사산행을 기원하고 앞으로 금·호남정맥 금남정맥을 마칠때까지 안전하고 아무 사고없이 마치게 해달라고 신령님께 기도하고 6시52분 영취산을 출발한다. 올라올 때는 숨을 몰아쉬며 올라왔는데 내려갈 때는 쉽게 내려간다. 올라간 가파른 내리막을 내려와 무령공재(무

령고개)에 내려서니 7시3분이다. 무령공재는 장수군 장계면 대곡리에서 번암면 지지리를 넘는 고개로 2차선 포장도로다. 무령고개를 지나 장안산 오르는 데 나무계단을 4분 정도 올라가면 능선마루 부터 길이 좋아진다. 잘나있는 길을 따라 팔각정을 7시10분 지나간다. 장안산은 전국 등산객이 많이 오르는 산으로 길이 양호하며 오르는데 그리 힘들지 않고 올라간다.

 2004년도 1차 때는 산죽길이 험했는데 지금은 넓게 정리해놓아 길이 양호하다. 장안산 중간지점을 7시31분 지나 억새밭 전망대에 올라서니 7시38분이다. 능선에 억새꽃이 하얗게 피어있고 건너편에 백운산 월경산 백두대간 능선과 지리산 반야봉을 비롯해 주능선과 천왕봉이 멀리 보인다. 전망대에 올라 사진 몇 판 찍고 억새밭을 지나 2번째 전망대에 올라서니 7시48분이다. 이곳도 전망이 너무나 좋은 곳이다. 고도가 높아서 인지 지리산 천왕봉이 더욱 선명하게 보인다. 마루금은 나무판 길을 조금 간다. 능선 옆에 단풍이 곱게 물들여있다 이곳 단풍이 며칠 후면 온산이 붉게 물들을 텐데 아직은 단풍나무 몇 그루만 물들여있다. 가파른 오르막을 한동안 올라 나무계단을 3분쯤 오르니 장안산 정상이다.(8시8분)

    《경위도 N 35" 37" 44.5" E 127" 35" 42.8"》

 장안산 정상에는 넓은 헬기장에 삼각점과 무인산불방지 카메라가 설치되어 있고 커다란 표지석 전면에 장안산(長安山)이라

쓰여 있고 뒷면에(해발1237m로 장수, 번암, 계남, 장계 등 4개 면의 중앙에 위치하고 백두대간(白頭大幹)이 뻗어 전국의 8대 중산중 제일 광장한 위치를 차지한 금남·호남정맥의 기봉인 호남의 중산이다)라고 쓰여 있다.

철탑아래 이정표에 번영동 5km 무령고개 3km 밀목재 9.3km 지소골 2.7km로 되어있고 전망이 확트여 사방으로 덕유산 팔공산 백운산 지리산 등 온 천지가 산으로 둘러싸여 있어 산 중앙에 있는 기분이 든다. 영취산에서 서·남쪽으로 오던 마루금은 북쪽으로 이어지며 왼쪽은 번암면 오른쪽은 계남면을 따라오던 마루금은 왼쪽은 번암면을 벗어나 장수읍과 계남면을 경계로 이어진다. 마루금을 따라 조금가다 나무계단을 따라 내려가 능선내리막을 한동안 내려가 이정표(장안사 지소골 2km, 밀목재 7.3km 장안산 1.4km)가 있는 삼거리에 내려서니 8시54분이다. 장안산정상 이정표에 밀목재 9.3km 이고 지소골은 2.7km 이며 이곳에서 밀목재는 7.3 km이며 2km를 왔는데 잘못 기제되어 장안산은 1.4km 장안사 지소골 2km로 잘못되어 있다. 마루금은 오르막을 올라 능선을 한동안 오르내리다 이정표(가실가지 마실길1.4km 장수군 백두대간길)가 있는 삼거리에 도착하니 9시21분이다. 다시 가파른 오르막을 15분 힘들여 올라 통나무벤취 두 개가 있는 955봉을 지나고 내리막과 오르막 능선길을 오르내리며 한동안가다 가파른 오르막을 힘들여 올라가 삼각점이 있는 백운산 947.9봉에 올라서니 9시47분이다. 2010년도 세한지도 15.000/1 지도에는 이곳이 백운산으로 기재되어 있는데 아무런 표시가 없고 삼각점만 있다.

   서북쪽으로 오던 마루금은 서쪽으로 능선 내리막을 가다 이정표(장안리 0.7km 장안산 4.6km 밀목재 4.7km) 9시54분 지나면서 마루금은 남쪽으로 이어지며 장안산을 출발하여 밀목재까지 절반을 지나간다. 마루금은 잘나있는 능선으로 이어지며 잘자란 소나무 길을 가는데 태풍에 거목들이 뿌리째 넘어지고 중간에 부러지고 여기저기 마루금을 가로막아 지난번 태풍이 얼마나 강하게 불었는지 실감이 난다. 마루금을 따라 묘를 10

시22분 지나 약간에 내리막을 내려 안부사거리를 10시25분 지나 능선오르막을 오르내리며 태풍에 쓰러진 나무들을 비껴가며 때로는 나무 계단을 오르내리며 979.1m 큰골봉에 올라서니 11시12분이다.

《경위도 N 35" 37" 36.4" E 127" 33" 10.6"》

979.1m 정상에는 삼각점이 있으며 코팅지에(큰골산 979.1m)이 나무에 걸려 있고 이정표(밀목재 0.85km 장안산8.48km)가 있다. 마루금은 오른쪽(서쪽)으로 내리막을 내려가다 8분 후 벤취 두개 있는 쉼터를 지나 가파른 내리막을 내려 왼쪽에 묘를 지나며 고사리 제배농장 갓길을 지나 이정표(밀목재 0.11km 장안산 9.19km)를 지나 내려서니 742지방도 밀목재다.(11시30분)

《경위도 N 35" 37" 35.7" E 127" 32" 42.2"》

마루금은 도로를 따라 왼쪽으로 내려가면 용림제 수몰이주민 마을이다. 덕산 버스정류장에서 오른쪽 마을길 입구에 거북이가 있는 샘이 있다. 옛날에는 거북이 입에서 물이 나왔는데 고장이 났는지 호스를 통해 물이 나온다. 점심시간은 조금 이르지만 물 있는 곳에서 점심을 먹고 12시2분 출발한다. 마루금은 신덕산마을 경로당 앞 고샷길를 따라가다 5분후 왼쪽 능선오르막을 숨 가쁘게 올라가 도로에 세면콘크리트 포장 공사장을 지나 장수패러클라이딩(활공장)이 있는 정상에 올라서니 12시25분이다. 정상은 넓은 공터에 쉼터시설이 되어있으며 장수시가지

가 한눈에 들어온다. 도로포장 공사가 끝나면 차량이 이곳까지 올라올 수 있다. 패러클라이딩(활공장)을 지나 왼쪽(남쪽)으로 오르막을 한동안 올라 깃발이 있는 무명봉에 올라서니 12시40분이다. 사두봉은 오른쪽 건너편에 보인다. 방향을 오른쪽(서쪽)으로 내리막을 내려 다시 오르막을 한동안 올라 사두봉 정상에 올라서니 13시8분이다.

사두봉정상에는 삼각점이 있고 전일상호신용금고에서 세운 스텐래스 표시판이 있으며 묘가 1기 있다. 표시판 위 사두봉 글씨는 묘 주인이 다음과 같은 글로 봉해 놓았다. 사두봉은 지도에 나와 있는 산이름인데 묘 주인이 윗글로 산이름을 없애려는 목적으로 사두봉 이름을 봉해 놓았다. 윗글을 자세히 보면 묘를 보호하는 목적으로 야영을 못하게 독사가 있다는 말과 아들이 벼슬을 했다고 쓰여 있다. 또한 300m남쪽에 돌무덤이 있고 봉화대가 있다는 말도 쓰여 있는데 어디에 있는지 찾아볼 수 없다. 묘 바로아래 20m 지점 1분거리 산죽아래 근래에 쌓아놓은 듯 보이는 돌무덤이 있으나 위에 글과는 해당이 안된다. 사두봉(蛇頭峰)은 장수군 장수읍 월례정 뒤 동쪽에 위치하는 마을을 둘러싸고 있는 뒷산으로 마을사람들은 예로부터 마을의 심지를 박은 산이라고 전한다. 해발 1014.8m이며 호남정맥의 지붕으로 장수읍 번영면과 경계를 이루면서 서남쪽으로 수분령을 향해 내려간다. 산줄기가 뱀머리같으며 뱀이 전진하며 올라가는 형태라 하여 유래된 지명이며 산능선의 굽이굽이가 20여개가 넘는다. 마루금은 돌탑을 지나면서 가파른 내리막을 한동안 내려 능선길을 가다 오르막을 오르며 882봉에 올라서니 13시40분이다. 882봉에는 아무표시가 없으며 마루금은 왼쪽(남쪽)으로 내려가 6분후 묘를 지나고 송계재(바구니봉재)에 내려서니 14시2분이다.

《경위도 N 35" 36" 33.5" E 127" 32" 08.2"》

송계재(바구니봉재)에 장수군에서 세운 백두대간 마실길 이정표에 방화동가족 휴양촌 1.6km 사두봉 2.4km 당재 1.8km로 되어있다. 능선 오르막을 오르내리며 묘를 지나고 잘자란 낙엽

송밭을 지나 오르막을 올라 707.7봉에 올라서니 14시29분이다. 707.7봉은 바윗돌만 몇 개 있고 아무 표시가 없다. 능선 내리막을 한동안 내려와 당재에 내려서니 14시41분이다. 당재에도 장수군에서 세운 백두대간 마실길 이정표에 뜬봉샘 3.2m 방화동 4.5km 바구니봉재(송계재)1.8km이다. 마루금은 당재 임도를 건너 숲속으로 들어서 능선 오르막을 올라가는데 길이 험하다. 보통 이정표 뜬봉샘 방향으로 잘나있는 길로 다니고 정맥꾼들만 다녀 길이 희미하고 간혹 리봉만 몇게 달려있다. 오르막 능선을 올라 무명봉을 넘는데 태풍에 쓰러지고 부러진 나무들이 길을 가로막아 겨우 길을 찾아 오른쪽으로 내려서니 사과밭 농장 포장길이 나온다. 포장길을 따라 6분 내려오니 15번국도 수분령이다.(15시10분)

《경위도 N 35" 35" 14.6" E 127" 30" 11.51"》

수분재는 1대간 1정간 13정맥중 하나인 금남호남정맥은 백두대간 영취산에서 분기되어 장안산 팔공산 성수산 마이산 부귀산을 지나 완주, 진안 경계인 주화산에서 다시금 금남정맥과 호남정맥으로 나눈다. 이곳 수분재는 장수군 장수읍 수분리에 위치하고 금강과 섬진강의 분수령이 되며 금강의 발원지인 뜬봉샘이 인접해 있다. 도로 건널목을 건너면 커다란 표지석에 금강 발원지 뜸봉샘 이라 쓰여 있다. 마루금은 수분마을 포장길도로를 따라가다 마을 못가서 왼쪽 임도를 따라 오르면 전기

고압철탑이 나온다.(15시34분) 철탑 위 은행나무에 은행잎이 노랗게 물들여 있고 간혹 은행도 보인다.

철탑을 지나면서 능선길 오르막을 힘들여 오르며 16시5분 묘를 지나고 2분후에 포장도로가 나온다. 포장도로를 건너 오르막을 한동안 올라 신무산 정상인가 했는데 묘만 있고 오른쪽 (북쪽) 건너편에 신무산 정상이 보인다. 잠시 내리막을 내려 오르막을 한동안 올라 신무산 정상에 올라서니 16시30분이다.

신무산(神舞山)은 장수군 장수읍 용계리와 수분리 식천리 경계에 있는 산으로 해발 896.8m 이다. 신선이 춤을 추고 있는 산이라하여 신무산이라 이름 지어진 이산은 전설에 의하면 용을 승천 시키려고 신선들이 춤을 추는데 주변 용계리와 송천리 사이의 넓은 들 가운데 타관에서 흘러 들어와 자리를 잡은 타관신이 이를 알고 자주 훼방을 놓는 바람에 신무산에서 승천하려던 용이 승천하지 못하고 주저앉아버렸다는 전설어린 산이다. 또한 『한국지명총괄』에 의하면 신선이 춤을 추었다 하여 신무산이라는 지명이 유래되고 있다고 전해지며 향토지에 의하면 태조 이성계가 나라를 얻기 위해 전국 명산의 산신으로부터 계시를 받으려고 먼저 신무산 중턱 아담한곳에 단(壇)을 쌓고 백일기도를 하였으며 하늘의 계시를 들은 장소로 알려져 있으며 신무산 8부 능선에 금강의 발원지인 뜬봉샘이 있다.

이제 내려만 간다는 생각에 배낭을 내려놓고 쉬려고 보니 카메라 삼발이가 없다. 올라오는데 태풍에 밤나무가 쓰러져 잡목숲으로 해쳐 나오다 나무에 걸려 떨어진 것을 못보고 온 것이다. 잠시 쉬며 갈증을 면하고 사진 한판 찍어 둔다. 잠시 쉬고 다시 오던 길로 한참을 내려가니 역시 밤나무가 쓰러져 잡목을 해쳐 나온데 떨어져 있다. 삼바리를 찾아 다시 오르막을 오르는데 지친 몸이라 힘이 든다. 신무산에 돌아와 보니 왕복 47분을 알바했다. 이시간이면 자고개에 가고도 남을 시간이다. 17시26분 신무산을 출발하며 장수택시에 전화를 걸어 자고개로 오라고 전화를 걸고 가파른 내리막을 6부쯤 내려오니 왼쪽에 산림청 목축용 목장 철조망이 나오며 계속해서 철조망을 따라 내려간다. 날은 저물어지고 마음은 급하고 내리막을 내달리듯 내려와 자고개에 내려서니 17시55분이다. 자고개에 내려오니 장수 개인택시(안태영 차번호4227)가 기다리고 있다. 기사에게 부탁하여 사진 몇판 찍고 장수로 내려와 우선 잠잘 곳으로 황토방 모텔

에 숙소를 정하고 곤지암할매 소머리 국밥집에서 저녁을 먹고 집으로 무사히 내려와 저녁 먹고 숙소에 들어왔다고 전화를 하고 금·호남정맥 첫구간을 마무리하고 내일은 거리가 멀어 일찍 잠자리에 들어간다.

제2차 금·호남정맥 단독종주 2구간

자고개 : 전라북도 장수군 장수읍 용계리 자고개
사로고개 : 전라북도 진안군 진안읍 가림리 사로고개
도상거리 : 자고개 23.4km 사로고개
소요시간 : 자고개 12시간 30분 사로고개
자고개 출발 6시10분, 함미성 6시29분, 팔공산 7시30분,
서구리재 8시23분, 대미샘 갈림길 9시20분, 오계재 9시55분,
팔각정 10시23분, 삿갓봉 10시46분, 망암봉 11시6분,
홍두깨재 11시41분, 덕태산갈림길 12시18분, 신광재 13시36분,
헬기장 14시13분, 성수산 14시52분, 911봉 15시29분,
709.8봉 16시35분, 옥산동고개 17시6분, 기름내고개 17시51분,
사로고개 30번국도 18시32분

2012년 10월 6일 맑음

아침에 일어나니 약간에 피로감이 든다. 우선 사워로 몸을 풀고 5시10분 숙소를 나와 24시 편의점에서 김밥과 라면으로 아침식사를 한다. 장수읍은 장수군소재지이고 읍인데도 아침

먹을 식당이 없다. 편의점에서 점심 먹을 김밥과 라면을 준비하고 어제 약속한 택시에게 전화를 걸으니 잠시 후 택시가 도착한다. 여름 같으면 해가 중천에 떠있을 시간인데 아직도 깜깜하다. 택시로 어재도착한 자고개에 도착하니 6시5분이다. 자고개는 장수읍 용계리에서 대성리를 넘는 고개로 2차선 포장도로이며 임실군 오수로 연결된다. 이직도 주위는 깜깜하다. 산행준비를 하고 6시11분 자고개를 출발한다. 마루금을 따라 조금 오르면 임도를 따르다 벌목지역에서 왼쪽 능선 오르막길을 올라가는데 왼쪽 아래로 대성리 13번 국도가 내려다보이고 날이 밝아지며 신무산이 건너다보인다. 가파른 오르막을 한동안 올라 무너진 함미성 성터에 오르니 6시28분이다. 성터를 지나 내려서니 함미성 안내판이 있어 사진을 찍었는데 스텐판에 쓴 글이라 빛이 비추어 나타나지 않는다.

> ## 합미성(合米城)
>
> 전라북도 기념물 제75호
> 전라북도 장수군 장수읍 식천리
>
>   합미성은 후백제(892-936)때 돌로 쌓은 성으로 둘레는 300m 성벽의 높이는 안쪽이 4.5m 바깥쪽이 1.5m 정도다. 합미성 이라는 이름은 성안에 군량을 보관 하였다고 하여 붙여진 이름이다. 오랜 세월이 흐르는 동안 대부분의 성벽은 파괴되었고 일부만이 남아 있을 뿐이다. 성에 주둔하던 군인들이 사용 했다는 급수관 시설이 있었다고 하나 지금은 찾아볼 수 없다. 사람들은 합미성이 위치한 이 지역을 [수꾸머리]라고 부르는데 이는 군사가 주둔했던 곳 즉 수군지(守軍址)라는 말에서 유래된 것이다.

  합미성을 지나면서 오르막을 오르며 7분후 대성리 갈림길 이정표를 지나면서 1013봉은 오르지 않고 오른쪽 사면길로 이어진다.(6시36분) 날이 밝으면서 앞에 팔공산 철탑이 올려다 보인다. 1013봉 분기점에 올라 묘를 지나고 산죽길을 오른다. 가파른 오르막을 20여분 숨을 몰아쉬며 힘들여 올라 팔공산 정상 철탑아래에 올라서니 7시26분이다. 팔공산 정상에는 철탑과 송신소 건물이 있고 아무 표시가 없고 이정표에 팔공산 정상 대성리 4.8km 자고개 5km 서구리재 3km로 되어있다.

《경위도 N 35" 37" 14.2" E 127" 27" 56.5"》

마루금은 철조망을 따르다 건물을 지나 5분후 헬기장에 도착한다. 마루금은 헬기장을 지나면서 왼쪽(북쪽)으로 내려간다. 지난번 태풍에 이정표가 넘어져 있으며 이정표에 팔공산 0.2km 서구리재 2.8km 위치번호 1004번이다. 가파른 내리막을 한동안 내리며 밧줄을 잡고 내려 산죽길을 따라가다 암릉에 철계단을 올라 넘어서니 다시 내려가는 철계단이 있다. 암능을 내려가며 급경사를 밧줄을 잡고 내려 산죽 능선을 한동안 내려 억새 능선을 지나 서구리재 갈림길에 내려서니 8시15분이다. 옛날에는 마루금이 오른쪽 서구이재로 도로에 내려가 공사 중인 도로를 건너 능선으로 올라갔는데 지금은 생태계(산짐승)통로를 터널로 만들어 삼거리에서 직진으로 가면 터널 위를 통과한다.

《경위도 N 35" 38" 20.9" E 127" 28" 02.1"》

서구리재 터널 위를 지나면 다시 이정표가 나온다. 이정표에 서구리재 0.2km 팔공산 3.0km 와룡자연휴양림 4.9km이다. 오르막 능선을 오르는데 길이 잘나있고 급경사가 아니라 그리 힘들지 않고 올라 998봉에 올라서니 8시46분이다. 마루금은 오른쪽으로 약간 내려서 능선 오르막을 오르며 산죽길을 지나고 잡풀길을 지나면서 왼쪽으로 오르막을 한동안 올라 데미샘 갈림길 1006봉에 올라서니 9시20분이다. 삼거리이정표에 오계재 1.56km 선각산 3.61km 팔공산 4.47km 데미샘 0.65km 이며 옛날에 있던 벤취가 있다. 천상데미샘은 섬진강의 북쪽 발원지이

며 이곳에서 흐르는 물은 임실 옥정호 순창을 거쳐 남쪽 보성강 주암댐에서 올라오는 섬진강 상류와 합류하여 하동 섬진강으로 흐르는 발원지이다. 건너편 아래 오계재가 보이고 삿갓봉 선각산이 건너다보이며 삿갓봉 너머로 사두봉 덕태산과 멀리 성수산이 보인다. 마루금은 오른쪽으로 능선으로 이어지며 10분후 1002봉에 올라서고 왼쪽으로 방향을 틀어 내리막을 내려 6분후 와룡휴양림 삼거리를 지나간다. 이정표에 천상데미 0.86km 오계재 0.7km 와룡휴양림 1.8km이다. 와룡휴양림은 오른쪽으로 오계재는 왼쪽으로 내려간다. 가파른 내리막을 미끄러지듯 내려 오계재에 도착하니 9시55분이다.

《경위도 N 35" 39" 57.1" E 127" 28" 10.1"》

이정표에 남으로 팔공산 6.03km 천상데미 1.56km 북으로 전망대 0.51km 선각산 2.05km 오른쪽으로 와룡휴양림 1.6km 왼쪽으로 방문자안내 센타 1.44km 이다. 앞에 선각산이 가파르게 올려다 보인다. 가파른 오르막을 숨을 몰아쉬며 올라 암능을 왼쪽으로 돌아 다시 암능 오른쪽으로 올라 전망대에 올라서니 10시23분이다. 전망대에 올라서니 전망이 아주 그만이다. 지나온 능선과 팔공산 장안산 덕유산 멀리 지리산 능선이 보이며 아래로 화암제와 백운면 계곡이 내려다보이며 선각산이 건너다보인다. 팔각정에 잠시 올라 간식을 먹고 선각산 갈림길 이정표 (삿갓봉 0.35km 선각산 1.44km 오계재 0.61km)에서 왼쪽길은 선각산가는 길이고 오른쪽 길로 들어서 가파른 오르막을 올라 삿갓봉정상에 올라서니10시46분이다.

《경위도 N 35" 40" 09.8" E 127" 27" 52.3"》

삿갓봉은 장수군 천천면 비룡리와 진안군백운면 신암리 경계에 있는 산으로 해발 1114m 이다. 오랜 옛날 천천면 비룡리 암자에 기거하던 한 스님이 아름다운 절경 속 삿갓모양의 봉우리를 발견하고 마음의 안녕과 풍요를 위해 천일 불공을 드린 곳으로 전해지고 있다. 삿갓봉을 지나 내리막을 내려 산죽길을 따라 억새밭 안부에 내려서니 10시55분이며 다시 오르막을 힘들여 올라 1080봉에 올라서니 11시6분이다. 1080봉은 바위가 있으며 아무 표시도 없다. 마루금은 오른쪽으로 급경사 내리막을 내려와 홍두깨재에 내려서니 11시41분이다.

《경위도 N 35" 41" 02.9 E 127"127" 27" 57.6"》

　홍두깨재 왼쪽은 잘 자란 잣나무가 있고 잣나무에 진안 문화원에서 만든 호남금남정맥 진안군 구간이라 쓰여 있으며 외기재(오계재) 4.5km 시구리재 9km 팔공산 13 km이며 오른쪽(동북쪽)은 장수군 천천면 와룡리 왼쪽(남서쪽)은 진안군 백운면 백암리 이다. 마루금은 왼쪽 잣나무밭을 따라 오르막을 오르며 잣나무 밭을 벗어나며 가파른 오르막을 올라 헬기장에 올라서니 12시17분이다.

《경위도 N 35" 41" 35.0" E 127" 27" 53.0"》

　지도에 있는 선각산 정상은 왼쪽 높은봉으로 예상된다. 헬기장을 지나 덕태산 1.70km 갈림길에서 덕태산은 왼쪽으로 이정표를 따르고 정맥 마루금은 오른쪽으로 내려간다. 가파른 내리막을 한동안 내려 억새밭을 헤쳐 나가 소나무 한그루 있는 밭가운데 임도에 내려서니 12시54분이다. 임도에 봉고차한대가 올라와있고 농부 두사람이 씨감자를 수학하고 있다. 마루금은 밭둑을 따라 내려가 임도가 나오며 비닐하우스가 있고 낡은 평상이 있어 평상에서 점심을 먹고 13시30분 출발하여 임도를 따라가 신광재 이정표에도착하니 13시36분이다.

《경위도 N 35" 42" 07.4" E 128" 28" 39.7"》

　신광재는 장수군 천천면 와룡리와 진안군 백운면 노촌리를 넘는 고개로 보통 정맥꾼들이 자고개에서 출발해 신광재에서 마무리한다. 진안군에서 세운 표시판에 아직도 노령산맥의 중산 장안산이라고 하고 태백정간 이라 쓰여 있어 이글을 금남·호남정맥 분수령으로 바꾸어 놓았으면 하는 바람이다. 마루금은 이정표에서 밭 가장자리를 따라 한동안 올라 밭 끝부분에서 잡풀을 헤치며 계단길을 올라 924봉 정상에 올라서니 14시3분이다. 성수산은 건너편에 올려다 보이고 마루금은 내리막을 내려 잡풀을 헤쳐 나가 약초제배(당귀밭)밭 임도를 따라 세면포장 헬기장을 14시13분 지나고 약초밭 끝에서 우거진 잡풀과 잡목을 헤치며 한동안 올라 계단길을 따라올라 성수산 정상에 올라서니 14시52분이다.

《경위도 N 35" 43" 03.2" E 127" 28" 48.8"》

성수산 정상에는 삼각점이 있고 전일상호신용금고에서 세운 스텐레스표시판에 윗부분 성수산 금·호남정맥 1059.2m는 지워져 있고 아랫부분 신광치 2.2km 30번국도 7.0km는 확실히 보이며 표지석에 성수산 해발 1059.2m로 되어있다. 성수산을 지나 100m 에서 복지봉 능선 분기점을 지나면서 마루금은 왼쪽(서북쪽)으로 능선 내리막을 내려 5분후 헬기장을 지나고 내리막을 내리며 때로는 계단길을 내려 다시 나무계단길을 올라 이정표(옥산동 3.8km 성수산 1.4km)가 있는 1008봉에 올라서니 15시29분이다. 마루금은 계단길 내리막을 내려 산죽길을 지나면서 안부에 내려서니 3시46분이다. 다시 계단오르막을 오르며 911봉에 올라서니 15시51분이다. 성수산을 지나면서 많이 내려오고 짧게 올라가 보편으로 내리막으로 이어진다.

《경위도 N 35" 38" 31.8" E 127" 28" 19.6"》

능선분기점인 911봉을 지나며 오른쪽 능선길을 내리며 잘자란 소나무를 감상하며 내리막을 내리며 암능 또는 가파른 내리막을 내려 이정표 옥산동 1.8km 성수산 2.9km 를 지나고 능선오르막을 올라 삼각점이 있고 헬기장이 있는 709.8봉에 올라서니 16시35분이다.

《경위도 N 35" 44" 20.9" E 127" 27" 30.3"》

정상에 옥산봉 709.8m 이라 코팅지애 써서 나무에 걸어 놓아 있다. 마루금은 능선 내리막을 내리며 이정표 (성수산 4.2km 옥산동 0.6km)를 지나면서 오른쪽 비탈길(사면길)로 내려서 능선길을 따라 내려와 옥산갈림길 성수산 4.8km 이정표에서 능선길은 가로막아 놓아 왼쪽 옥산동 방향으로 내려서 골짝으로 내려가 오른쪽 능선으로 올라서니 묘앞 능선길이 나온다. 묘 주인이 묘를 보호하기 위하여 길을 가로막아 놓은 모양이다. 묘앞길을 따라 조금 내려오면 임도를 따르고 옥산 고개에 내려서니 17시 8분이다.

《경위도 N 35" 44" 33.2" E 127" 27" 01.0"》

옥산고개는 옥산동에서 외기마을을 넘는 고개로 농로 비포장으로 경운기정도 다닐 수 있는 길이다. 임도를 건너 오른쪽에 인삼밭둑을 올라서 능선 오르막을 오르며 15분 후 오른쪽으로 능선을 오르내리다 510m봉에 올라서니 17시35분이다. 해는 서산에 걸려있고 마음은 바쁘다. 정상에 옥녀봉 510m 코팅지가 나무에 걸려 있다.

마루금은 오른쪽 능선을 가다 왼쪽으로 능선 내리막을 내리는데 길이 희미하고 마사길 급경사를 내려와 포장도로인 기름내 고개에 내려서니 17시51분이다. 도로를 건너 오르막을 오르며 가족묘를 지나며 오르막을 한동안 올라 무명봉에 올라서니 18시. 해는 서산으로 지고 어둠이 시작된다. 진안 택시에 전화를 걸어놓고 능선을 부리나케 내려가 오른쪽으로 또는 왼쪽으로 가도 이미 길은 잘 보이지 않고 랜턴을 꺼내 불빛으로 길

을 찾아 사로고개 30번 국도에 내려서니 18시32분이다.

《 경위도 N 35" 45" 07.9 E 127" 25" 51.2" 》

　사로고개 30번 국도는 진안읍에서 임실을 넘는 고개로 금강과 섬진강 분수령인데도 아무 표시가 없고 고개 이름조차 없고 진안 택시가 기다리고 있다. 오늘 산행은 어제에 이어 이틀째이고 도상거리 23.4km로 거리도 멀고 급하게 내려와서인지 피로가 든다. 그래도 내일 이곳에서 주화산 까지 가야하기에 걱정은 되지만 택시로 진안에 와서 진안장 모텔에 숙소를 정하고 샤워를 하고 진안시장안 소머리 국밥집에서 국밥 한그릇을 먹고 나니 만사가 그만이다.

저녁 먹고 내일 아침 먹을 24시 편의점을 찾아놓고 숙소(진안장 모텔)에 돌아와 집으로 오늘도 어제에 이어 2일산행이라 걱정을 할까봐 전화를 하고 내일 까지 산행을 하려면 일찍 자야 하기에 바로 잠자리에 들어간다.

제2차 금·호남정맥 단독종주 3구간

사로고개 : 전라북도 진안군 진안읍 가림리 사로고개
주화산 : 전라북도 진안군 부귀면 봉암리 주화산
도상거리 : 사로고개 20.9km 주화산
소요시간 : 사로고개 11시간 55분 주화산
사로고개 30번국도 6시11분, 숫마이산 은수사 7시19분, 봉두봉 7시57분, 북부주차장갈림길, 8시10분, 강정골재 26번국도 9시23분, 전망대 9시37분, 부귀산 11시56분, 북호봉 13시30분, 필봉 14시47분, 가죽재 15시51분, 622봉 17시4분, 641봉 17시41분, 주화산 18시6분

2012년 10월 7일 맑음

오늘은 연이어 3일째 산행이다. 오늘도 도상거리 20.9km 주화산에서 모래재 휴게소까지 약 1.1km 정도, 총거리 약 22km이다. 몸은 지쳐 있지만 마음은 아직도 힘든 기분이 안든다. 아침에 샤워를 하고 나와서 일까? 아침 일찍 일어나 5시20분 숙소(진안장 모텔)를 나와 24시편의점에서 컵라면 1개와 햄버거

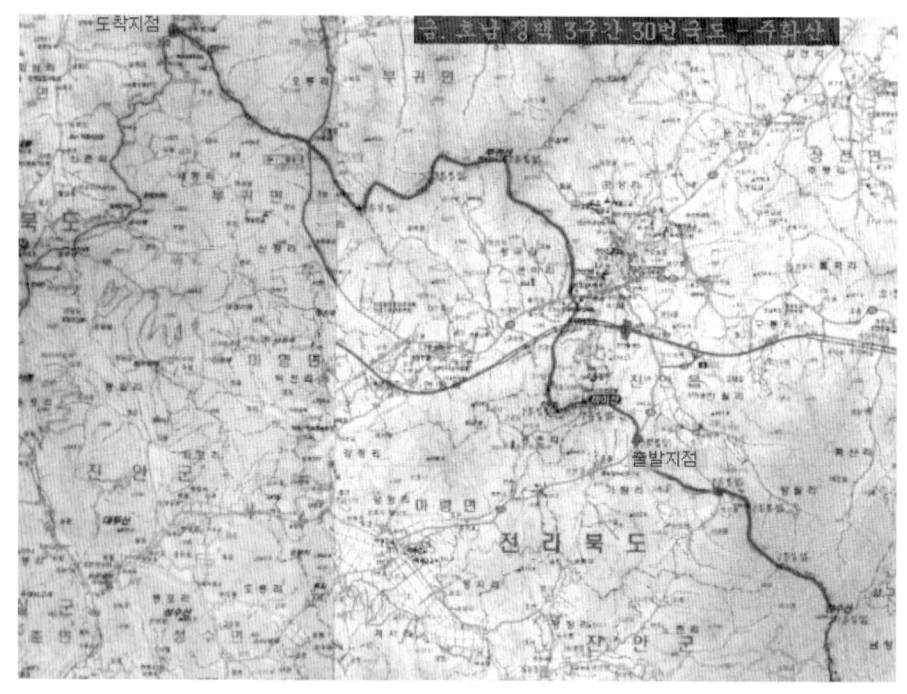

로 아침을 먹고 김밥 2개 컵라면 1개 간식용 빵을 사가지고 어제 예약한 택시로 5시55분 출발해 어제 내려온 사로고개 30번 국도 금·호남정맥 등산로 입구에 도착하니 6시6분이다. 산행 준비를 하고 김용진(진안콜택시)씨에게 부탁해 사진 한판 찍고 (사진이 잘못되었음) 6시11분 출발한다. 마루금은 밭둑 임도를 따라가다 밭 끝에서 능선길로 올라서 약간에 오르막 능선을 따라가다 6시20분 작은 봉에서 오른쪽으로 내리막을 내려 능선 길을 가며 차츰 오르막을 올라 6시40분 묘를 지나고 가파른 오르막을 한동안 올라 다시 묘(孺人 水原白氏之墓 卯坐)夫 盧東

植(豊川人)를 지나 가파른 오르막을 올라 숫마이봉 아래서 왼쪽으로 숫마이봉 하부를 따라 가파른 내리막을 한동안 내려가 은수사 산신각 뒤로 내려서니, 7시19분이다. 산산각에서 무사산행을 기원하며 기도를 올리고 대웅전 앞을 지나 계단을 따라 올라 화암굴 아래에서 정맥길은 왼쪽(암마이봉쪽)으로 가야 하는데 길을 가로막아 놓았고 유험지구니 통행이 금지된다는 간판이 서있다.

《경위도 N 35" 45: 24.0" E 127" 24" 48.9"》

다시 내려와 은수사 경내 섬진강 발원지 용암샘에서 물 한바가지 마시고 탑사로 내려간다. 마이산은 1억년 아니 그이전의 신비가 고스란히 남아있어 보는 이들의 즐거움을 주는 산이다. 높이 680m인 진안고원에 있는 2개의 암봉으로 신라시대에는 서다산, 고려시대에는 용출산이라고도 했으며 조선시대부터 산의 모양이 말의 귀를 닮았다 하여 마이산이라 부르게 되었다. 말의 귀를 닮았다는 마이산은 지금껏 그 속에 간직하고 있는 수많은 자연의 신비와 전설의 역사를 쉽게 관가해 버린 그런 마이산이다. 세계 유일의 부부(夫婦)봉인 마이산은 진안읍에서 서·남쪽으로 약 3km지점 금·호남정맥의 중심에 있다. 산 전체가 수성암으로 680m의 동봉 숫마이봉과 686m의 서봉 암마이봉으로 금강과 섬진강의 분수령을 이루고 있다.

2011년도 세계최고 권위의 여행안내서 '미슐랭그린가이드'

에 소개되어 별점 세개(★★★)의 만점을 받아 대한민국 최고의 여행명소로 평가받은 곳이다. 깎아 세운 듯한 V자형 계곡을 이루는 자연경관과 은수사 금당사 탑사등의 사찰을 중심으로 1979년 10월에 이곳 일대 약(16.9kh")을 도립공원으로 지정 하였다. 은수사는 숫마이봉의 울창한 숲에 둘러싸여 있으며 조선 태조가 임실군의 성수산에서 백일기도를 드리고 돌아오다 들린 곳이라고 한다. 숫마이봉 중턱에 있는 화암굴의 약수를 마시고 산신에게 빌면 아들을 낳는다는 전설이 있다.

  금당사 아래 1km지점에 위치한 이산 묘에는 단군성조, 조선태조, 세종, 고종의 위폐를 모신 회덕전 대한민국 말기의 애국지사의 장병 33위를 모신 영광사가 있다. 마이산 도립공원은 산전체가 수성암이며 거대한 암석이다. 산 정상에는 식물이 자라고 있으나 사방이 급경사로 이루어졌으며 남쪽과 북쪽 사이에는 섬진강과 금강의 지류가 각각 발원한다. 숫봉과 암봉은 동서방향으로 뻗어있어 북서 사면의 기후에 영향을 미치고 있다. 따라서 습한 북쪽사면은 식생이 풍부하나 남쪽은 식생이 빈약한 반면 중화작용으로 암석의 측면에 동굴 형태의 구멍이 생기는 타포이(taffoni) 가 현저하게 나타난다. 암마이봉 남쪽기슭에 위치한 탑사(塔숨, 전라북도기념물 제35호)는 수박크기의 돌덩어리에서 부터 엄지손가락만한 작은돌 덩어리에 이르기까지 자연석으로 절묘하게 쌓아올린 원추형 기둥과도 같은 돌탑을 80여개 쌓아 만든 석탑들이 옹기종기 모여 장관을 이루고 있으며 높이 15m 둘레 20m의 거대한 돌탑도 여러개 있다. 돌탑들을 접착제로 쓴 것도 아니고, 시멘트로 이어 굳은 것도 아니며 더구나 홈을 파서 서로 끼운 것도 아니다. 그런데도 100년이 훨씬 넘게 태풍과 회오리바람에도 끄떡없이 견고하게 버티고 서있는 까닭은 무엇일까? 이것은 비단 우리나라 뿐만 아니라 세계에서 보기 드문 불가사의 세인들의 입에 오르내리는 신비로운 이야기는 백여년이 훨씬 넘게 거슬러 올라간다. 이탑을 쌓은 이용갑 처사(본명 경의. 호는 석정)는 1860년 3월 25일 임실군 운암면에서 태어난 효령대군 16세손이다. 수행을 위해 25세때 마이산에 들어와 솔잎으로 생식을 하며 수도하던 중 神의계시를 받아 억조창생 구제와 만인의 죄를 속죄하는 석탑을 쌓았다고 한다.

옮겨온 글

탐사에 내려가니 산책하러 올라온 사람들이 많이 있다. 젊은 이에게 부탁하여 사진 몇판 찍어 둔다. 탐사는 10월1일 집사람하고 왔다 간지 6일만이다. 오늘도 아니 금남정맥 완주시까지 무사산행 안전산행을 기원하고 7시33분 출발하여 주차장 앞에서 이정표를 따라 가파른 오르막을 올라 삼거리에서 오른쪽 암마이산에서 오는 정맥길은 가로 막아 놓았고 왼쪽으로 한동안 올라가 봉두봉 정상에 올라서니 7시57분이다.

《경위도 N 35" 45" 22.9" E 127" 24" 30.7"》

봉두봉 표지석 위에 넓다란 헬기장이 있고 전망이 좋으며 이정표(탐사0.4km 광대봉 합미성 비룡대 5.0km 북부주차장)이 있다. 마루금은 봉두봉에서 오른쪽으로 내려간다. 내리막 계단길을 내려와 다시 오르막을 올라 6분후 532봉에 올라서니 정상에 사방으로 벤취가 있고 전망이 좋아 사진 몇판 찍어 둔다. 서쪽으로 금탑봉이 보이고 암반위에 고금당이 노란색으로 산중턱에 보인다. 오른쪽으로 한동안 내려 능선길을 가다 북부주차장 갈림길 사거리에 내려서니 8시10분이다. 이정표(1.2km 은수사 탐사 봉대봉 0.6km 북부주차장 1.9km 비룡대 전망대)가 있고 정맥 마루금은 직진으로 가파른 오르막을 올라간다. 묘를 지나 오르막을 올라 암봉 오른쪽 사면길로 돌아 올라서니 8시18분이다. 배경이 좋아 사진을 찍어둔다.

관대봉 갈림길을 지나면서 일반 사람들이 거의 다니지 않고 정맥팀만 다녀 길이 희미하며 오르내리는데 힘이 든다. 암봉에 올라서보니 광대봉 비룡대 전망대 금대암이 건너다보이고 왼쪽 아래로 고속도로에서 차 지나는 소리가 요란히 들리고 26번 국도와 연창리 마을이 내려다보인다. 내리막 능선을 내려 다시 가파른 오르막을 올라 무명봉에서 능선길을 오르내리며 쌍분묘를 8시39분 지나면서 비룡대를 바라보니 아주 멋있어 사진 한판 찍어둔다. 사진한판 찍고 가파른 내리막을 한동안 미끄러지듯 내려와 능선길을 가며 잡풀과 가시넝쿨 명감나무 등이 길을 가로막아 이리저리 헤치며 가다 묘를 지나고 능선을 가며 길이안보여 엉뚱한 데로 가기도 하여 겨우 길을 찾아 묘를 지나고 안

부사거리를 지나면서 길이 나타난다. 안부를 지나면서 측량대 빨간 깃발이 능선길에 있으며 방향을 오른쪽(동북쪽)으로 능선을 한동안가다 왼쪽으로 이어지는 능선을 따라 오른쪽에 목장인가 전깃줄 세가닥 설치한 곳에서 줄을 따라 내려가 26번국도 절개지위에 올라서니 9시23분이다. 잡풀속을 따라 오다보니 옷이 엉망이고 신발은 젖어 약간 물이 들어간 모양이다. 절개지를 내려와 강경골재 26번국도 분리대를 차가 안오는 사이에 넘어간다. (9시32분)

《경위도 N 35" 46" 47.7" E 127" 25" 04.9"》

강경골재는 진안에서 전주를 넘는 고개인데 고개라기보다 평지나 다름없는 4차선 국도다. 이곳 강경골재는 금강과 섬진강 분수령인데 30번국도와 마찬가지로 표지석이 없어 차를 타고 넘을 때는 지역을 알 수가 없다. 강경골재에 2013년 5월 생태통로 보강사업이 완공되어 이후로는 도로를 건너지 않고 생태통로를 통과하여 정맥을 이어간다. 차량이 많이 왕래하며 마루금은 절개지라 오른쪽 제일약국 가족꽃밭 문앞에서 오른쪽으로 조금가다 왼쪽으로 포장도로를 따라가다 크리스탈 리조트모텔 간판을 지나서 왼쪽으로 임도 옛길을 따라 50여미터 가면 벌통이 있고 리봉이 걸려 있다. 마루금은 오른쪽 능선으로 올라서 희미한 길을 찾아 올라가는데 길이 험해 간혹 리봉이 있어 길을 따라 오르막을 한동안 올라서 팔각정에 올라서니 9시37분이다.

2003년 1차때 이곳에서 마이산을 보면 잘보였는데 정자에 올라가 보니 나무가 가려 조금만 보일뿐 잘 보이지 않아 사람 왕래도 거의없어 주위에 잡풀만 무성히 자라고 있고 올라오는 길도 잘 보이지 않는다.

주위에는 밤나무 농장이고 마루금은 밤나무 밭 사이를 내려서 포장 임도에 내려서니 등산로는 오른쪽으로 50m가면 있다고 밭주인이 팻말에 써놓아 포장도로를 따라가니 등산로가 밭 가장자리에 있다. 보통 크리스탈 모텔 간판에서 이 도로를 따라 오면 얼마 안돼 이길로 오는 사람이 많은 모양이다. 마루금은 밭 갓길을 따라 올라가 밤나무 밭에서 능선길로 들어서 오르막을 한동안 올라가 능선 분기점에서 오른쪽으로 올라가는데 길이 있으나 잡풀이 우거져 길이 잘 안보이며 오른쪽에 벌목지대인가 불에 탄 지역인가 잡목만 무성이 자라 잡풀을 해지여 오르막 능선을 올라 쌍분묘가 있는 삼거리에 올라서니 10시14분이다. 이곳에 올라오니 마이산이 멋지게 보여 사진한판 찍어둔다. 마루금은 이곳에서 부터 길에 사람이 많이 다녀 잘나있다.

이 길은 진안 에서 오르는 길이다. 마루금은 잘나있는 길을 따라 능선 오르막을 가다 왼쪽 사면 길을 따라가다 왼쪽으로 방향을 틀어 가파른 오르막을 힘들여 올라 능선 분기점에서 오른쪽 649봉에 오르지 않고 사면길로 가다 이정표가 있는 갈림길에 도착하니 10시54분이다.

　오른쪽은 산양산삼 제배단지로 2008년도 임산물 단지 지원 사업으로 산림청 및 전라북도 진안군의 보조 지원을 받아 시설 규모 10h에 산양 산삼을 제배하였으니 무단 입산을 금한다는 안내간판이 있다. 갈림길 이정표에 천주교회 2.3km 부귀산 정상 1.8km 개실마을 1.2km이다. 마루금은 왼쪽 능선 오르막을 오르며 굵은 밧줄을 잡아가며 한동안 올라 637봉에 올라서니 11시9분이다. 마루금은 오른쪽 방향 능선길을 가며 절골 갈림길을 11시23분 지나간다. 이정표에 부귀산 0.8km 절골 1.4km 천주교 입구 3.7km 자주공원 4.2km 이다. 이정표를 지나고 3분 후 정곡제 갈림길을 지나간다. 갈림길 이정표에 부귀산정상

0.7km 절골 2.0km 천주교회 3.3km 정곡제 1.6km 이며 왼쪽아래 정곡제(저수지)가 내려다보인다.

　마루금은 오른쪽(북쪽)으로 오르막을 오르며 오른쪽에 철조망을 따라 오르다 보면 오른쪽 철조망 안에 흙벽돌집이 하나있다. 사람이 사는 게 아닌 것 같고 창고같이 보인다. 잘나있는 길 오르막을 한동안 올라 능선 분기점에 올라서니 11시40분이다. 이정표에 부귀산정상 0.28km 진안천주교회 3.82km 절골 1.84km 외후사 임도 3.84km 이며 마루금은 왼쪽 서쪽으로 이어진다. 능선을 가다 산에 거름을 주고 부귀산 정상에 가니 11시55분이다.

《경위도 N 35" 48" 22.4"　E 127" 23" 42.1"》

　부귀산 정상에는 삼각점이 있고 부일상호 신용금고에서 세운 스텐레스표지판에 부귀산 806.4m가 지워져 희미하고 아래에 대곡교 4.1km 활인동치 4.2km 26번국도 6.2km 이며 묘가 있다. 올라오다 볼일을 보고나이 시장기가 들어 자리를 펴고 점심을 먹고 12시30분 출발한다. 묘 앞으로 조금 내려가면 전망 바위다. 전망바위에 올라서니 가야할 능선이 줄지어 보이고 멀리 주화산이 가마득하다. 마루금은 다시 되돌아와 왼쪽으로 암능길을 밧줄을 잡고 조심조심 내려가 암능 아래서 오른쪽 비탈길로 가다 위를 올려다보니 가파른 절벽이다. 마루금은 절벽아래 능선을 따라 가파른 내리막을 쏟아지듯 한동안 내려와 안부를 12

시57분 지나고 오르막 암능을 지나며 내리막을 내려 다시 오르막을 한동안 올라 북호봉 653m 정상에 올라서니 1시30분이다. 북호봉 정상에는 북호봉 653m 코텐지가 나무에 걸려있고 마루금은 왼쪽으로 가파른 내리막을 내려간다. 강경골재에서 올라오는 길보다 가죽재 가는 길이 더 험하다. 마루금은 왼쪽 (동남쪽)으로 가파른 내리막을 내려와 안부인 우무실재에 내려서니 1시44분이다. 이 고개는 정곡제(정곡 저수지)에서 부귀면 미곡을 넘는 고개인데 거의 사람이 다닌 흔적이 없다.

《경위도 N 35" 48" 22.5" 127" 22" 48.5"》

다시 오르막을 올라 넓은 공터가 있는 645봉을 1시55분 넘어 오른쪽(서쪽)으로 내려 안부를 2시19분 지나면서 서북쪽으로 오르막을 한동안 올라 무명봉은 오르지 않고 왼쪽 (서쪽)사면길로 가다 안부를 지나면서 남쪽으로 가파른 오르막을 한동안 올라 능선 분기점인 필봉에 (601m)올라서니 2시47분이다. 601봉에도 필봉 600m가 있고 마루금은 오른쪽(북쪽)으로 가파른 내리막을 내려가 능선길을 오르내리며 저지대 능선길로 내려오면서 길이 잡목과 풀이 많아 때로는 길이 안보여 능선만 보고 오는 곳도 있으며 묘를 3시39분 지나고 능선을 가다 왼쪽으로 가파른 내리막을 가시덩굴 잡풀길을 한동안 내려오니 26번 국도다. 마루금은 능선에서 능선으로 이어지나 26번 국도 때문에 절개지라 도로가를 따라 내려와 26번국도 중앙분리대를 넘는다.

(3시51분)

《경위도 N35" 35" 48" 31.9" E 127" 20" 51.3" 》

　　가죽재는 2013년 3월 생태통로 보강사업이 완공되어 이후로는 도로를 건너지 않고 생태통로를 통과하여 정맥을 이어간다. 마루금은 도로를 따르다 왼쪽으로 능선길을 가다 가파른 오르막을 올라 능선 오르막을 오르내리고 622봉에 올라서니 5시4분이다.

《경위도 N 35" 48" 49.1" E127" 20" 04.9"》

　　지금도 봉오리 3개를 넘어야 한다. 오늘이 연속 3일째라 피로가 온다. 그러나 주화산 까지 밝아서 도착되어야 한다. 이제부터 주위를 살필 사이도 없이 앞만 보고 간다. 내리막을 내리고 오르막을 오르고 무명봉을 넘고 가파른 내리막을 내려 다시 가파른 오르막을 한동안 올라 641봉에 올라서니 5시40분이다.

《경위도 N 35" 49" 53.2" E 127" 19" 03.6"》

　　아직은 해가 서산에 걸쳐 있다. 다시 내리막을 내려 앞산이 주화산이라 생각하고 오르막을 한동안 오르니 마루금이 왼쪽 사면길이다. 사면길을 따라 내려서니 조약치 임도가 나온다. (6시1분) 조약치를 지나면서 가파른 오르막을 올라 금남정맥, 호남정맥, 금·호남정맥 분기점인 주화산 정상에 올라서니 6시8분이다.

《경위도 N 35" 49" 56.8"   E127" 18" 48.1"》

　드디어 금·호남정맥 도상거리 65.7km 연속 3일에 마무리한다. 해도 서산으로 넘어가고 어두어 지기 시작한다. 사진 몇판 찍고 다시 오던 길로 내려와 조약치에서 비포장도로를 따라 내려가다 조금 가니 시멘트 포장도로다. 도로를 따라 내려가니 모래재 공원묘지가 나온다. 공원묘지 도로를 따라 내려가 모래재 도로에 도착하니 6시40분이다. 진안에서 왔다가는 버스가 돌리더니 바로 내려간다. 모래재 휴게소에 들어가니 물 뜨러 온 차들이 몇 대 있고 버스는 막차가 갔다고 한다. 휴게소 주인이 이곳에서 전주 가는 차가 더러 있으니 기다리라고 하더니 고맙게도 전주 가는 차를 소개해준다. 우선 수돗물로 대충 머리도 감고 땀을 씻고 나오니 젊은이 부부가 전주까지 간다며 태워 준다고 한다. (전주 사는 이기원씨 휴대폰 010-7208-××××)

세상에는 마음이 나쁜사람보다 마음이 곱고 좋은 사람이 많다. 오늘 이기원씨도 항상 기억 하겠지? 전주에 와서 우선 몸이 피로해 목욕탕에 가야기에 부탁하니 전주시내 사우나에 내려줘 이름과 사진한판 찍고 잘가라고 인사 한마디 하고 헤어진다. 참으로 고마운 사람이다. (복많이 맏으소서)

샤워를 하고 택시로 고속버스터미널에 와 저녁 10시 심야버스 표를 사놓고 식당에 가서 저녁밥(전주비빔밥)을 먹고 나와 버스로 부산에 도착하니 노포동에 막내(정수)가 나와 있다. 집에 오니 새벽 3시가 넘었다. 집사람 3일동안 계속 산행 고생했다고 격려해 준다. 이로서 제2차 금·호남정맥을 마무리 하고 다음 금남정맥을 생각하며 끝을 맺는다.

/ **02**

제2차 호남정맥

주요 산 [편집]

호남정맥은 조선시대 조상들이 인식하던 한반도의 산줄기체계는 하나의 대간(大幹)과 하나의 정간(正幹), 정맥으로 이루어진 것으로 산과 물이 조화를 이루어야 한다는 사상에서 비롯된 이들 맥은 10대강의 유역을 가름하는 분수산맥을 기본으로 삼고 있어 대부분의 산맥 이름이 강 이름과 밀접한 관련을 가진다.

호남정맥(湖南正脈)은 한반도 13정맥의 하나로 백두대간 영취산에서 갈라져 금남호남정맥 정점인 전라북도 진안군 주화산(珠華山, 565m)에서 금남정맥은 북으로 호남정맥은 남쪽으로 갈라서 주화산을 시작하여 만덕산 경각산 내장산 백암산을 지나면서 전라북도와 전라남도를 사이에 두고 가다 강천산을 지나면서 전라남도 중심부를 지나 광주 무등산 천왕산 두봉산 계당산 화순지방을 거쳐 보성군 장흥군을 지나면서 가지산 용두산 재암산 사자산을 지나 남해안을 따라 동북쪽으로 흘러 섬진강 유역을 갈라 보성에 일림산 봉화산 방장산 존재산 백이산을 지나면서 순천시로 들어서 조계산 바랑산 깃대봉을 지나면서 광양시로 들어서 도솔봉 백운산을 거쳐 광양 망덕산(197m)에서 끝나는 산줄기의 옛 이름으로 총길이는 482.1.㎞이다. 주로 호남 지역을 지나므로 호남정맥이라 하였다.

호남정맥은 남부의 호남 지방을 동서로 크게 갈라놓은 산줄기로 서쪽은 해안의 평야지대, 동쪽은 남원과 순창 화순을 중심으로 한 산간지대로 농경과 산업, 그리고 현격히 다른 생활 문화권을 형성하게 되었다. 또한, 보성에 일림산 아래 보성강 발원지에서 시작되는 보성강을 형성하여 순천에 주암댐을 만들고 곡성에서 임실 순창 남원에 섬진강과 합류해 구례 하동을 지나 광양 섬진강 하구까지 남해안선을 따라 이어진 물줄기는 지리산에서 김해의 낙동강 하구까지 이어진 낙남정맥(洛南正脈)과 함께 한반도 남부 해안 지방의 동일한 생활 문화권역을 형성하게 하였다.

1구간	진안 주화산 ~ 임실 슬치	거리 25.1km	10시간 35분.
2구간	슬치 ~ 영암부락재	거리 22.0km	10시간 37분
3구간	영암부락재 ~ 초당골	거리 10.7km	05시간 48분
4구간	초당골 ~ 구절재	거리 18.0km	08시간 46분
5구간	구절재 ~ 추령	거리 23.1km	11시간 05분
6구간	추령 ~ 향탕목재	거리 26.2km	11시간 08분
7구간	향탕목재 ~ 용추사갈림길	거리 17.2km	08시간 21분
8구간	용추사갈림길 ~ 방축리고개	거리 23.3km	09시간 34분
9구간	방축리고개 ~ 방아재	거리 22.9km	08시간 58분
10구간	방아재 ~ 유둔재	거리 21.6km	07시간 57분
11구간	유둔재 ~ 어림고개	거리 19.8km	08시간 19분
12구간	어림고개 ~ 돗재	거리 20.2km	08시간 20분
13구간	돗재 ~ 예재	거리 25.4km	10시간 10분
14구간	예재 ~ 장고목재	거리 24.7km	10시간 01분

15구간	장고목재~시목치	거리 18.2km	07시간 56분
16구간	시목치~ 붓재	거리 22.7km	09시간 26분
17구간	붓재~ 오도재	거리 16.7km	05시간 55분
18구간	오도재~ 빈계재	거리 27.0km	10시간 06분
19구간	빈계재~ 두월고개	거리 16.3km	06시간 18분
20구간	두월고개~ 죽청재	거리 26.1km	11시간 10분
21구간	죽청재~ 한재	거리 18.4km	10시간 05분
22구간	한재~ 탄치재	거리 21.6km	08시간 27분
23구간	탄치재~ 망덕산 외항마루	거리 14.9km	06시간 22분
트렝글 총거리		482.1km	소요시간	205시간 23분

호남정맥은

주화산565m(금남정맥분리)-모래재-곰티재-만덕산762m-마치-남산-슬치-갈미봉(540m)숙치-옥녀봉-효간치-경각산(659m)-불재-치마산-영암부락재-죽바위산-소금바위재-오봉산(513m)-초당재-묵방산(538m)-가는정이재-성옥산(388m)-소리게재-왕자산(442m)-구절재-소장봉-사적골-사자산-노적봉-굴재-고당산(641m)-개운치-망대봉-복룡재-추령봉-추령-유군치-장군봉-연자봉-내장산(신선봉763m)-소죽염재-순창세재-백암산·상왕봉(741m)-곡두재-명지산-감상굴재-대각산-어은재-도장봉-분덕재-생화산-항목탕재-상여봉-밀재-추월산(731m)-수리봉-심적산-북추월산-천치재-치재산-용추고개-용추봉(584m)-깃대봉-오정자재-강천산(584m)-형제봉-연대봉(금성산603m)-동문-시루봉-광덕산(564m)-덕진봉-방축재-고지산-일목재-봉황산(235m)-이목재-서암산-서홍재-설산-괘일산(441m)-무이산-과치재-연산(508m,-방아재-만덕산(575m)-수양산(591m)-입석고개-유두봉-유둔재-저삼봉-백남정재-북산(778m)-신선대-무등산(1187m)-장불재-낙타봉-안양산(853m)-둔병재-641봉-어림고개-오산(별산690m)-묘치고개-천왕봉-서밧재-천운산-돗재-태악산(524m)-노인봉-성재봉-말머리재-두봉산(630m)-개기재-계당산(580m)-예재-온수산-시리산-봉화산(476m)-추동재-고비산(416m)-군치산(412m)-뗏재-숫개봉-봉미산-곰치-백토재-국사봉(499m)-깃대봉-노적봉-삼계봉-장고목재-바람재-가지산(510m)-피재-병무산-금장재-용두산(551m)-시목치-작은산-제암산(807m)-곰재-곰제산-사자산(666m)-골치고개-골치산-일림산(667m)-한치(297m)-활성산(465m)-봇재-봉화산(475m)-배각산-그럭재-대룡산(420m)-오도재-국사봉-파정재-방장산(536m)-배거리재-주월산-무남이재-광대코재-모암재-존제산(712m)-주릿재-석거리재-백이산(582m)-분계재-고동치-고동산(709m)-장안치-굴목재-조계산(884m)-접치-오성산(606m)-두모재-유치산-유치재-뱃바위산-노고치-문유산(688m)-방랑산-송치-병풍산-농암산(476m)죽청치-갈매봉-마당재-갓거리봉

(688m)-마사치-깃대봉-월출봉-형제봉-도솔봉(1123m)-참샘이재-따라봉(1153m)-한치-신선대-백운산(1228m)-매봉(865m)-천왕재-갈미봉-쫓비산(536m)-토끼재-불암산(431m)-탄치재-국사봉(445m)-상도재-배암재-잼비산-천왕산(228m)-진월재-망덕산(197m) 망덕나루에서 끝을 맺은다.

■ 호남정맥(湖南正脈) 트랭글 도상거리 476.5km 운동시간 199시간26분

구간별 거리

◆ **호남장맥 1구간** 주화산 ~ 슬치《1구간 25.1km》10시간 35분
모래재 ~ 1.8km ~ 주화산565m ~ 2.5km ~ 적천재470m ~ 3.5km ~ 곰치430m1.5km ~ 오두재480m ~ 1.8km ~ 만덕산763.3m ~ 2.5km ~ 마재520m ~ 5.0km ~ 북치390m ~ 6.0km ~ 박이뫼산315.8m ~ 0.5km ~ 슬치260m

◆ **호남장맥 2구간** 슬치 ~ 영암부락재《 2구간 22.km》10시간37분
슬치 ~ 2.2km ~ 실치재380m ~ 3.0km ~ 장치400m ~ 1.5km ~ 갈미봉539.9m ~ 2.0km ~ 쑥재370m ~ 1.5km ~ 옥녀봉578.7m ~ 1.7km ~ 효간치420m ~ 1.2km ~ 경각산659.1m ~ 1.5km ~ 불재31 ~ 3.4km ~ 작은불재310m ~ 4.0km ~ 영암부락재365m

◆ **호남장맥 3구간** 영암부락재 ~ 초당골《3구간 10.7 km》5시간 48분
염암부락재 ~ 6.0km ~ 오봉산513.2m ~ 4.7km ~ 초당골210m

◆ **호남장맥 4구간** 초당골 ~ 구절재 《 4구간 18.0km》 8시간 46분
초당골 ~ 2.8km ~ 묵방산538m ~ 2.7km ~ 가정이210m ~ 3.5km ~ 성옥산 388m ~ 3.7km ~ 왕자산444.4m ~ 5.3km ~ 구절재229.5m

◆ **호남장맥 5구간** 구절재 ~ 추령《 5구간 23.1km》 11시간 5분
구절재 ~ 9.0km ~ 굴재310m ~ 1.2km ~ 고당산639.7m ~ 1.5km ~ 개운치 344m ~ 2.5km ~ 두들재386m ~ 2.0km ~ 467m ~ 여시목450m ~ 2.6km ~ 복용재385m ~ 2.0km ~ 송곳바위560m ~ 2.3km ~ 추령376m

◆ **호남장맥 6구간** 추령 ~ 향탕목재《 6구간 26.2km》 11시간 8분
추령 ~ 2.1km ~ 장군봉696m ~ 1.2km ~ 연복용봉675m ~ 1.0km ~ 신선봉 763m ~ 1.6km ~ 까치봉713m ~ 2.0km ~ 소죽염재440m ~ 1.5km ~ 새재 530m ~ 2.0km ~ 백암산741m ~ 0.8km ~ 도집산710m ~ 2.5km ~ 곡두재 300m ~ 2km ~ 감상굴재300m ~ 1.5km ~ 대각산528m ~ 3.5km ~ 도장봉 459m ~ 2.0km ~ 분덕재 420m ~ 2.5km ~ 향탕목재

◆ **호남장맥 7구간** 향탕목재 ~ 용추사 갈림길《 7구간 17.2km》 8시간 21분
항탕목재 ~ 2.5km ~ 밀재380m ~ 2.7km ~ 추월산710m ~ 7.0km ~ 천치재 290m ~ 5.0km ~ 용추봉580m

◆ **호남장맥 8구간** 용추사 갈림길 ~ 방축리고개《 8구간 23.3km》 9시간 34분
용주봉 ~ 4.5km ~ 오정자재250m ~ 4.7km ~ 강천산583.7m ~ 4.1km ~ 산 성산480m ~ 2.5km ~ 광덕산 566m ~ 2.5km ~ 평창마을 ~ 3.0km ~ 덕진봉 380m ~ 2.0km ~ 방축리130.4m

◆ **호남장맥 9구간** 방축리고개 ~ 방아재《 9구간 22.9km》 8시간 58분
방축리 ~ 2.5km ~ 316.9봉 ~ 1.4km ~ 88고속도로 ~ 2.0km ~ 봉황산235m ~ 3.0km ~ 서암산450m ~ 2.0km ~ 서흥리고개 ~ 3.5km ~ 괘일산440m ~

2.3km ~ 무이산304.5m ~ 2.7km ~ 과치재40m ~ 2.0km ~ 연산505.4m ~ 1.5km ~ 방아재170m

◆ 호남장맥 10구간   방아재 ~ 유둔재《10구간 21.6km》7시간 57분
방아재 ~ 2.7km ~ 만덕산575.1m ~ 4.0km ~ 선돌재 ~ 1.7km ~ 국수봉557.6m ~ 4.0km ~ 노가리재320m ~ 2.0km ~ 까치봉424m ~ 3.0lm ~ 새목이재 ~ 1.7km ~ 어산이재370m ~ 2.5km ~ 유둔재270m

◆ 호남장맥 11구간   유둔재 ~ 어림고개《11 구간 19.8 km》8시간 19분
유둔재 ~ 3.5km ~ 백남정재380m ~ 3.1km ~ 북산800m ~ 5.1km ~ 장불재910m ~ 2.9km ~ 안양산853m ~ 1.7km ~ 둔병재420m ~ 3.5km ~ 어림마을350m

◆ 호남장맥 12구간   어림고개 ~ 돗재《12 구간 20.2 km》8시간 20분
어림마을 ~ 1.5km ~ 오산683m ~ 4.0km ~ 묘치고개240m ~ 2.0km ~ 주라치250m ~ 2.5k ~ 천왕산424m ~ 2.0km ~ 구봉산340m ~ 1.5km ~ 서밧재149.4m ~ 구봉산 ~ 4.0km ~ 천운산604.7m ~ 2.7km ~ 돗재320m

◆ 호남장맥 13구간   돗재 ~ 예재《13 구간 25.4 km》10시간 10분
돗재 ~ 2.7km ~ 463m ~ 태악산530m ~ 2.0km ~ 노인봉530m ~ 1.7km ~ 성재봉519m ~ 1.8km ~ 말머리재380m ~ 3.0km ~ 촛대봉522m ~ 2.5km ~ 두봉산630 ~ 3.2km ~ 개기재290m ~ 2.5km ~ 계당산580m ~ 6.0km ~ 고치예재)300m

◆ 호남장맥 14구간   예재 ~ 장고목재《14 구간 24.7 km》10시간 0분
예재 ~ 1.5km ~ 봉화산465.3m ~ 0.5km ~ 추동재430m ~ 2.0km ~ 가위재360m ~ 1.0km ~ 고비산422m ~ 3.0km ~ 큰덕골재290m ~ 2.0km ~ 군치산412 ~ 0.8km ~ 뗏재360m ~ 2.2km ~ 수캐봉496m ~ 2.5km ~ 봉미산

505.8m ~ 1.5km ~ 웅치290m ~ 3.0km ~ 백토재380m ~ 0.5km ~ 국사봉 499m ~ 1.0km ~ 깃대봉448m ~ 2.0km ~ 삼계봉504m ~ 1.2km ~ 장고목재350m

◆ **호남장맥 15구간**   장고목재 ~시목치《 15 구간 18.2 km》7시간 56분
장고목재 ~ 1.7km ~ 가지산509mm ~ 3.7km ~ 피재210m ~ 5.3km ~ 471봉 ~ 금장재420 ~ 0.6km ~ 용두산554m ~ 6.9km ~ 시목치220m

◆ **호남장맥 16구간**   시목치 ~ 붓재《 16 구간 22.7 km》9시간 26분
시목치 ~ 4.5km ~ 제암산785m ~ 1.3km ~ 곰재510m ~ 2.1km ~ 사자산666m ~ 3.0km ~ 561.7m ~ 골치440m ~ 2.8km ~ 일림산626.8m ~ 5.0km ~ 한치260m ~ 2.5km ~ 활성산445.2m ~ 1.5km ~ 357봉 ~ 붓재250m

◆ **호남장맥 17구간**   붓재 ~ 오도재《 17 구간 16.7 km》5시간 55분
붓재 ~ 5.2km ~ 408m봉 ~ 봉화산475m ~ 2.5km ~ 416.8m봉 ~ 2.0km ~ 그럭재140m ~ 1.3km ~ 314.6봉 ~ 2.7km ~ 349m봉 ~ 3.0km ~ 오도치160m

◆ **호남장맥 18구간**   오도재 ~ 빈계재《 18 구간 27.0 km》10시간 6 분
오도치 ~ 2.6km ~ 파청치270m ~ 2.0km ~ 방장산535m ~ 1.5km ~ 이드리재410m ~ 1.5km ~ 배거리재 ~ 0.7km ~ 주월산558m ~ 1.7km ~ 무남이재 ~ 3.5km ~ 천치고개440m ~ 1.5km ~ 존제산691m ~ 4.5km ~ 주랫재 ~ 4.5km ~ 석거리재250m ~ 1.8km ~ 백이산564m ~ 1.2km ~ 빈계재310

◆ **호남장맥 19구간**   빈계재 ~ 두월고개《 19 구간 16.3 km》6시간 18 분
빈계재 ~ 4.0km ~ 고동치580m ~ 1.0km ~ 고동산709.4m ~ 2.7km ~ 장안치610m ~ 1.8km ~ 굴목재640m ~ 1.7km ~ 조계산884.3m ~ 3.0km ~ 접치255.6m

◆ **호남장맥 20구간**　두월고개 ~ 죽청재《20 구간 26.1 km》11시간 10 분

접치 ~ 1.0km ~ 오성산606m ~ 3.0km ~ 한방이재460m ~ 0.3km ~ 유치산 530m ~ 4.5km ~ 닭재고개470m ~ 2.0km ~ 버틀재560m ~ 1.5km ~ 노고치340 ~ 3.0km ~ 문유산688m ~ 3.0km ~ 바랑산619m ~ 2.0km ~ 송치고개280m ~ 3.0km ~ 농암산476km ~ 1.4km ~ 장사굴재330m ~ 1.4km ~ 죽청치390m

◆ **호남장맥 21구간**　죽청재 ~ 한재《21 구간 18.4 km》10시간 5분

죽청치 ~ 2.1km ~ 마당재430m ~ 1.5km ~ 갓꼬리봉689m ~ 2.0km ~ 미사치450 ~ 2.0km ~ 859.9 ~ 2.0km ~ 월출재700m ~ 3.0km ~ 형제봉861.3m ~ 3km ~ 도솔봉1123m ~ 1.0km ~ 참샘이재970m ~ 0.8km ~ 따리봉1120 ~ 1.0km ~ 한재850m

◆ **호남장맥 22구간**　한재 ~ 탄치재《22 구간 21.6 km》8 시간 27분

한재 ~ 2.7km ~ 백운산1217.8km ~ 3.8km ~ 매봉867.4m ~ 2.7km ~ 천황재440m ~ 2.7km ~ 갈미봉519.8m ~ 3.0km ~ 쫒비산536m ~ 2.9km ~ 토끼재220m ~ 1.9km ~ 불암산431.3m ~ 1.9km ~ 탄지재180m

◆ **호남장맥 23구간**　한재 ~ 탄치재《23 구간 14.9 km》6 시간 22 분

탄지재 ~ 2.5km ~ 국사봉445m ~ 2.3km ~ 상도재100m ~ 1.6km ~ 뱀재140m ~ 2.5km ~ 천왕산225.6m ~ 2.5km ~ 망덕산197.2m ~ 1.0km ~ 외망나루

호남정맥 끝

제2차 호남정맥 단독종주 1구간

주화산 ~ 슬치고개

주화산 : 전라북도 진안군 부귀면 봉암리 주화산
슬치재 : 전라북도 임실군 관촌면 슬치리 슬치고개
도상거리 : 주화산 21.1km 슬치고개
소요시간 : 주화산 9시간35분 슬치고개
주화산 출발 7시5분, 질마봉 8시29분, 곰치재 9시33분,
전망바위 11시8분, 만덕산 삼거리 11시22분, 만덕산 11시34분,
관음봉 12시24분, 마치 1시14분, 585봉 1시25분,
오봉산 2시22분, 남산 3시11분, 신전리재 3시26분, 공터 4시37분,
315.8봉 5시10분, 박이뫼산 5시40분, 슬치주유소 17번국도 5시55분

2011년 제2차 단독산행으로 백두대간 5월14일 진부령 출발 남진으로 12월11일 지리산 천왕봉까지 완주하고 2012년 제2차 금.호남정맥을10월 5~7일 3일간 단독완주하고 2013년 9월 28일 제2차 호남정맥에 단독으로 들어간다.

호남정맥은 우리나라 9정맥 중 거리가 가장 긴 482.1km이며 2004년도 1차완주하고 2차로 단독 종주에 들어간다. 1차때는 낙동산악회에서 무박산행으로 의미를 부여하지 못해 이번에는 주간 산행으로 단독산행을 택해 산행길잡이가 될 수 있게 마음을 단단히 먹고 새로운 각오로 호남정맥에 들어간다. 앞으로 다가올 시련과 고통을 이겨내며 완주할때까지 마음을 다지고 또 다지며 항상 하는 대로 산행에 임하여 완주할 것이다. 주위 사람들은 내 나이(72세)에 너무 무리가 아니냐고 한다. 그러나 자신을 가지고 임하면 못할게 없다고 생각한다. 물론 체력이 뒷

받침 해줘야 한다. 모든 게 신에게 맡기고 오로지 완주를 목표로 산행에 들어간다.

2013년 9월 28일 맑음

 제2차 호남정맥 종주차 9월 27일 오후 3시40분 진안행 버스에 몸을 싣고 사상 서부터미널을 출발해 진안에 도착하니 저녁 8시가 조금 넘었다. 곧바로 식당(진안시장내 은하식당063-433-0560)에 들여 저녁식사를 하고 마진장 모텔에서 내일 일을 생각해서 일찍 잠자리에 들어간다. 아침 4시에 일어나 준비를 하고 5시에 숙소를 나와 식당(진안뚝베기 해장국063-433-5384)에 가니 문을 열려 있지 않아 전화로 주인을 깨워 콩나물해장국으로 아침식사를 한다. 은하식당이나 진안뚝배기집은 금·호남정맥종주때와 금남정맥종주때 여러번 식사를 한집이라 잘아는 집이고 진안 뚝배기집은 어제 미리 부탁하여 아침 5시에 온다고 약속을 해놓았는데 식당 아지매 목감기에 일찍 못 일어나 미안하다고 하는데 부탁한 내가 더 미안하다. 식당주인은 고향이 군산이고 이곳 진안에 온지 30년이 넘게 시장에서 식당을 경영하고 있다고 한다. 오늘도 둥굴레차 물을 한병 주며 젊은사람도 힘 드는데 나이 많이 드신 분이 조심해 잘다녀오라는 말 한마디 참으로 고맙다.

그리고 택시(진안개인택시 전북36바2503 이민우)를 불어줘 택시로 모래재 공원묘지 휴게소에 도착하니 6시21분이다. 택시기사에게 부탁해 사진 한판 찍고 산행 준비를 하고 산행에 들어간다. 6시26분 출발해 터널입구에서 왼쪽 콘크리트 도로를 따라 올라가 숲길로 올라가면 호남정맥 종주마루금 길이 나온다. 오르막을 10여분 오르면 헬기장을 지나고 곧바로 주화산 정상이다.

고도 575m 좌표 {N 35 50.5 89" E 127 18.39 89"}

　주화산(조약봉)은 이번이 6번째다. 1차 정맥 종주때 3번 2차 정맥종주에 3번이다. 주화산은 많은 정맥 종주자들이 거쳐 가는 곳인데도 옛날이나 지금이나 변한 게 없고 옛날에 부산 건건산악회에서 새워진 스텐레스 표지판 하나 덜렁 새워져 있고 글씨도 지워져 잘 보이지 않고 리봉만 주렁주렁 금·호남정맥 금남정맥 호남정맥 분기점임을 알려주고 있다. 오늘 이곳을 출발해 내장산 무등산 장흥 제암산 보성 존제산 승주 조계산 광양 백운산을 거처 섬진강하구 망덕산 외항나루까지 장장 456.8km을 가야한다. 시작이 반이라고 오늘 시작하면 도착하는 날이 있겠지 생각하고 호남정맥 완주할때까지 안전산행 무사산행을 기원하며 산행에 들어간다. 단독산행이라 사진을 찍으려면 삼발리를 설치해야한다.

　출발사진 몇판 찍고 산신께 마칠때까지 안전산행 무사산행하게 해주십사 고하고 7시5분 호남정맥 첫발을 내딛는다. 첫 출발은 오던 길로 내려간다. 헬기장을 지나고 내리막을 내려서면 모래재 갈림길을 지난다. 갈림길을 지나 조금가면 왼쪽 밭에서 닭을 기르는지 아침을 알리는 닭울음소리가 들린다. 도시에서는 들을 수 없는 소리다. 가파른 오르막을 힘들게 올라 무명봉에 올라서니 7시24분이다. 능선을 오르내리며 7시32분 봉오리 하나를 넘고 7시39분 540봉에 올라서니 나뭇가지에 리봉이 주렁주렁 달여 있고 전망은 있으나 나뭇가지에 가려 그리 좋은편은 아니다. 이곳에서 내리막은 오른쪽으로 가파른 임도를 따르다 마사길로 미끄러질 염려가 있어 조심해 내려간다. 내리막을 내려서면 죽천치 안부다. 7시45분, 임도 사거리에서 오르막 옆에 대한광업진흥공사 삼각점같은 표시가 있다. 가파른 오르막을 올라 5분후 왼쪽으로 능선길을 가며 산죽밭 터널을 지나고 △514.5m봉에 올라서니 8시2분이다.

고도 514.5m 좌표{N 35" 49.22" 85" E 127" 18.30" 56"}

잠시 내리막을 내려 잘나있는 능선길을 오르내리며 가다 잡풀이 무성한길을 헤치며지나 가파른 오르막을 한동안 올라가니 571m 짐마봉이다.(8시29분)

좌표{N 35" 48.49" 32" E 127" 17.53" 87"}

571m인 짐마봉에는 짐마봉 571.0m 코팅지표찰이 나뭇가지에 걸려 있고 전망이 좋은편이다. (3.8km지점)

잠시 허리쉼을 하고 정맥을 가름해보고 출발한다. 마루금은 오른쪽으로 가파른 내리막을 내려가는데 길가에 도토리 (상수리)가 길가에 널려있고 왼쪽아래 농가두채가 있는데 농가에서 염소우는 소리 개짓는 소리가 들린다. 가파른 내리막을 내려 능선길을 오르내리며 왼쪽에 철조망 길을 따라가며 내리막을 내려 구 곰티재를 8시42분 지나간다.

좌표 {N 35" 48.26" 0.8" E 127" 17.48" 27"}

구 곰티재에는 2001년12월 진안문화원에서 새운 곰티재(熊峙戰迹地)입간판이 왼쪽에 세워져 있다. 곰티재를 지나 철조망을 왼쪽에 두고 오르막을 오르며 계속해서 철조망 울타리를 따라가다 능선을 오르내리며 임도를 따라가다 오르막을 오르며 잘나있는 임도를 따르다 가파른 오르막을 숨을 몰아쉬며 올라 607봉에 올라서니 9시11분이다. 잠시 숨을 돌리고 마루금을 따라 오른쪽으로 가파른 내리막을 내려 웅치전적비(熊峙戰積碑)에 내려서니 9시21분이다.

웅치전적비는 커다란 돌로 만든 탑으로 높이가 10여미터 이상 높은 탑으로 전라북도 기념물 제25호로 지정되어 있으며 이곳은 임진왜란때 우리의 조상들이 왜적에 맞서 전투를 벌인 현장이다. 왜군은 해로를 통해 곡창지대인 전라도를 장악하려고 했으나 이순신의 활약으로 해로(海路)가 막히자 육로(陸路)로 침공할 계획을 세웠다. 왜적은 무주 금산 진안 등

지에 군대를 집결시키고 선조 25
년(1592년) 7월 8일 9일에 웅치로
쳐들어 왔다.

이때 김제군수 정담(鄭湛) 나주
판관 이복남(李福男) 의병장 황박
(黃璞)등이 왜적에 맞서 치열한
전투를 벌였으나 중과부적으로
폐하였다. 왜군은 우리군의 충성
심과 용맹함에 감탄하여 우리 병
사의 시신을 묻고 추모하는 뜻을
담아 조.조선국 충간의담(弔 朝鮮
國 忠肝義膽)이라고 쓴 팻말을 세
웠다. 나라를 지키기 위해 목숨을
아끼지 않았던 선인들의 혼이 가
슴깊이 느끼지는 곳이다.

옮긴글

전적비에서 세면 포장길을 따라 내려오면 곰티재다. 9시33분

고도 437m 좌표{N 35" 47.52" 30" E 127" 17.52" 27"}

곰티재는 진안군 부귀면 신정리에서 완주군 소양면 신촌리를
넘는 비포장도로다. 마루금은 도로를 건너 가파른 오르막으로
이어진다. 가파른 오르막을 올라 570봉을 9시45분 지나 550봉
을 지나며 고사리밭 조성 등산로→표시를 지나 안부에 내려서

니 10시 9분이다.

왼쪽은 원목으로 막혀 있으며 널따란 밭이 있어 지도에 인삼밭으로 표시되어 있으나 지금은 넓은 밭만 있다. 아래로 익산 포항간 고속도로가 지나는 곳이라 차소리가 요란히 들린다. 오르막을 오르며 7부능선에서 오른쪽 비탈길로 이어지는 마루금을 따라가다 능선 분기점에 올라서니 10시24분이다. 능선길을 가며 오른쪽 아래 익산 포항간 고속도로를 나무 사이로 내려다 보며 가다 오두재에 내려서니 10시34분이다. 이정표에 원불교 훈련원 0.7km 정상 1.7km 헬기장 1.6km 로 되어있다. 원불교 훈련원은 왼쪽으로 진안군 성수면 중달리에 있으며 정상은 직진으로 이어진다. 이제부터 앞으로 계속 오르막을 올라야 한다. 오르막을 오르며 산죽밭을 지나며 제2쉼터에 올라서니 10시 46분이다.

이곳은 제2쉼터 표시판이 나무에 걸려있고 파란판자 긴의자 두개가 나란히 있다. 계속 오르막을 오르며 암능을 이리저리 힘들어 올라 전망바위에 올라서니 11시1분이다. 이곳은 전망이 뛰어나 지나온 능선이 줄지어 보이고 주화산 너머로 멀리 운장산 연석산 부귀산 멀리 덕유산까지 한눈에 들어온다. 잠시 쉬며 전망을 관망하고 가파른 암능 오르막을 오르며 11시 9분 이정표를 지나간다. 이정표에 정상 0.5km 헬기장 2.8km로 되어있다. 가파른 오르막을 올라 태양열 전기판이 있고 이정표가 있는 삼거리에 올라서니 11시22분이다.

　　　　　　고도 768m 좌표 { N 35" 47. 22" 33" E 127" 16.26" 23"}

　만덕산 정상은 정맥에서 오른쪽으로 벗어나 있다. 이정표에 정수사 2.5km 정상쪽으로 소양면 <미륵사> 소양면 <헬기장> 해발 745m로 되어있고 전망이 확트여 전주시가지가 한눈에 들어오며 지나온 마루금과 가야할 마르금을 가름해본다. 우선 배낭을 내려놓고 사진 몇판 찍고 만덕산 정상으로 가는데 능선길이라 정상까지 약 5분 걸린다.(11시30분)

　　　　　　　　좌표 { N 35" 47.28" 0.9" E 127" 16.21" 54"}

　만덕산 정상에는 삼각점이 있고 표시판에 만덕산 정상 표고 763.3m로 되어있고 상당길 3.5 km로 되어있는데 속에 빨간 글씨는 3.0km로 되어있다. 다시 삼거리봉에 돌아와 점심을 먹고 12시 1분 출발한다. 서남쪽으로 오던 마루금은 남쪽으로 가파른 내리막이 이어진다. 내리막을 한동안 내려가면 10분후 삼거리가 나온다. 삼거리 이정표에 오른쪽방향으로 정수사 2.3km 정상 0.4km 직진방향 상관면 해발 699m로 되어있다. 작은봉을 살짝 넘으면 아래로 암봉이 보인다. 암능을 내려가 뾰쪽한 암봉에 올라서니 12시 23분이다.

　　　　　　GPS 643m 좌표 { N 35" 46.53" 66" E 127" 16.26" 68"}

　암봉에 올라오니 검은 염소 두마리가 올라와 있고 아래서 나무를 배는 기계톱 소리가 요란히 들린다. 암능을 내려가는데 조심할 곳이다. 암능을 지나고 내리막을 내려가 쉼터에 내려서니 12시 30분이다. 쉼터에는 파란의자 3개가 1조로 두군데 있고 이정표가 있다.

전북 완주군 상관면 마치리 137에 소재하고 있는 정수사는 899년(신라 진성여왕 2년)에 도선국사가 창건하였으며 대한불교조계종 제17교구인 금산사의 말사이다. 정수사라는 사찰명은 흔한 편으로, 청정한 도량임을 상징적으로 나타내지만 만덕산(萬德山) 정수사는 이러한 불교적 상징성 외에도 실제 만덕산에서 흘러내려 오는 청정한 물과 관련이 깊다. 정수사 경내는 극락전, 관음전, 지장전, 범종각, 삼성각, 용곡당, 누정(樓亭)이 있으며 관음전 현판은 中一居士필재 지장각 현판은 玄庵 필재 극락전 현판은 최규천의 필재라고 한다.

1799년(정조 23)에 편찬된 "범우고 梵宇攷"에 따르면 정수사는 처음에는 중암(中庵)이라고 했다가 후일 주변 산수가 청정하여 오늘날의 이름인 정수사(淨水寺)로 바꾸었다고 한다. 정수사는 고려시대에도 법등이 이어졌다고 하나 문헌상의 기록은 남아 있지 않고 조선시대에 들어 1581년(선조 14)에 진묵대사(震黙大師)가 중건하였지만 중건한지 얼마 되지않아 임진왜란과 정유재란을 겪으며 절이 모두 불에 타버렸는데 이후의 구체적인 중건 기록은 찾아볼 수 없다.

다만 18세기 중엽에 간행된 "가람고 伽藍考"와 "범우고"에

'절은 완주군에서 서남쪽으로 30리 지점에 있다'는 기록 등 정수사와 관련된 내용이 등장하고, 1652년(효종 3)에 봉안된 정수사 목조아미타여래삼존상(보물 제1853호)이 아직까지 잘 보존되고 있는 것으로 보아 난을 거친 후 어느 때인가 다시 중건하여 법등을 이어왔음을 유추할 수 있다.

정수사에 현존하 문화재로는 아미타여래좌상을 중심으로 하여 좌우협시로 관세음보살좌상과대세지보살 좌상이 배치되어 있는 보물 제1853호인 목조아미타여래삼존상이 극락전에 봉안되어 있다. 옮긴글

이정표에 정수사 2.1km 상관면 죽림온천 쪽 방향으로 화살표가 되어있다. 작은봉을 하나를 넘으니 벌목꾼 두사람이 점심을 먹고 있고 또 다른 두사람은 앞 봉에서 내려온다. 다시 작은봉을 넘어 고도를 낮추어가며 내리막을 내려가 미재 598m에 내려서니 12시37분이다.

좌표{ N 35" 46.43" 56" E 127" 16.17" 62"}

이정표에 왼쪽은 성수면 화살표 오른쪽은 정수사 2.0km 정상 1 km 직진은 상관면 화살표다. 남쪽 방향으로 오던 마루금은 미재를 지나면서 다시 서쪽으로 이어진다. 다시 오르막을 오르내리며 잠시 가파른 오르막을 올라 리봉이 주렁주렁 달려있는 봉에 올라서니 오후 1시다. 고도가 낮아지면서 오르락내리락 통나무 의자가 있고 오래 묵은 거목이 있는 곳을 1시 14분

지나간다.

　다시 오르막을 오르며 무명봉을 1시 25분, 지나고 능선을 오르내리며 다시 작은봉에 올라서니 1시 45분이다. 잠시 내리막을 내려 가 시덤불 길을 해쳐나가는데 보통 어려운게 아니다. 1시 59분 무명봉을 넘고 다시 오르막을 올라 작은 오봉산 표찰이 있는 봉에 올라서니 2시10분이다. 나무에 걸어놓은 표지에는 작은 五峰山 495봉이라 쓰여 있다. 다시 능선을 가다 오르막을 올라서니 오봉산 510m 표찰이 걸려 있다. 2시 22분, 어느게 오봉산인지 또 오봉산은 지도에도 없고 유명무실하다. 능선을 오르내리며 잡목을 치고 나가니 벌목지가 나온다. 길이 넓어지면서 시야가 확트이며 가야할 능선이 시야에 들어온다. 왼쪽 벌목지에 편백나무도 조림하고 곳곳에 매실나무 단풍나무 등등이 조림 되어있다.

　벌목지를 왼쪽에 두고 능선길을 가며 땅에 떨어진 이정표에 만덕산 정상 4.0km를 지나면서 오른쪽 숲속으로 들어가는가 했는데 다시 왼쪽에 개간지 꽁밭이 나오고 다시 오르막을 오르며 고사리 재배지 입간판을 2시58분 지나간다. 커다란 입간판은 글씨가 지워져있으며 조금위에 표찰에 알림 '이 지역은 고사리를 지배하는 지역이므로 들어가지 마십시오'라고 쓰여 나뭇가지에 걸려있다. 고사리 재배지를 지나면 인삼 재배지가 나온다. 3시2분 인삼밭을 지나고 잡목길을 해치고 올라가면 삼각점이 있고 남산 416.2봉 표찰이 나무에 걸려있고 (임실 401 1995.복구)삼각점이 있다.

  3시11분, 내리막을 내리며 오래된 묘를 지나고 다시 작은봉을 넘어 안부에 내려서 다시 오르막을 올라 무명봉에 올라서니 3시 47분이다. 다시 내리막을 내리며 3시 54분 안부를 지나고 약간에 오르막을 오르며 오른쪽으로 잡풀과 잡목을 헤치며 오르는데 흰 모자가 잡풀위에 떨어져 있다. 모자를 잘 보이는 나뭇가지에 걸어놓고 오르막을 오르며 470봉을 넘어 내리막을 내리며 잡풀과 칠 넝쿨을 해쳐 나오니 왼쪽에 철망으로 길을 막아놓고 출입금지라 쓰여 있다. 철조망 위로 올라서니 널따란 공터다. 4시37분, 공터를 지나 20-30m 가면 갈림길이며 왼쪽길은 검정개와 개집이 있어 개가 지키고 있고 오른쪽 새로 만든 흑길을 따라 올라가면 왼쪽에 널따란 밭이 나오며 농로 능선길을 따라 오르면 지도상 450봉을 4시45분 지나간다. 계속해서 밭둑길을 따라가며 왼쪽에 고추밭을 지나고 작은 봉에서 숲길로 들어서 내리막을 내리며 고사리 숲길을 헤치며 통과하고 오르막을 오르니 왼쪽에 묘가 있고 나뭇가지에 리봉이 주렁주렁 매달려 있다. 5시17분, 숲길을 벗어나 임도를 따르다 5시18분 세면길을 따라 밭가운데 능선길을 따라 내려가는데 왼쪽 밭에 빨강고추가 주렁주렁 매달려 있다.

포장길 임도를 따르다 5시 21분 삼거리에서 포장길은 오른쪽으로 가고 마루금은 왼쪽 비포장임도를 따른다. 비포장 임도를 따라가다 4분후 다시 삼거리에서 이곳도 왼쪽으로 내려서면 포장길이 나오며 오른쪽에 잘 정돈된 묘가 나오며 포장길을 가다보면 오른쪽 밭 가운데 커다란 은행나무를 지나면 컨테이너박스 건물이 나온다. 5시36분, 컨테이너 박스를 지나고 3분 후 삼거리에서 오른쪽으로 경주김씨 묘 앞을 지나 다시 삼거리에서 왼쪽길을 버리고 직진으로 산판 임도를 따라 오르면 나지막한 산이(315.8m)박이뫼산이다. 5시42분. 아마도 이산은 박씨 이씨 묘가 있어 박이뫼 산이라고 불리는 모양이다. 산으로 보면 자그마한 언덕에 불과한데도 산이름이 있어, 거창하게 보이나 밭가에 작은 언덕에 불과하다.

마르금은 임도를 따라 왼쪽으로 능선을 내려서면 임도 삼거리다. 5시 44분, 임도 삼거리에서 오른쪽 임도를 따르다 3분후 오른쪽 소로로 들어서면 줄묘앞을 지나 오른쪽 숲길로 들어서 내리막을 내려서면 정든 장모텔 옆으로 내려선다. 모텔옆 포장

길을 따라 내려오면 슬치 17번 국도다. (5시55분) 슬치에는 S-oil 주유소와 휴게소가 있고 다슬기 탕으로 유명한 기사 식당이 있다. 오늘 산행 거리는 25.1km 이고 정맥 거리는 23.8km이다. 정확히 걸은 시간은 휴식시간을 빼고 10시간 35분이고 휴식시간을 합치면 산에서 지낸 시간이 11시간 34분이다. 우선 정든 장 모텔로 들어가 목욕을 하고 약간 피로를 풀고 나와 다슬기 식당에서 저녁 식사를 하고 모텔로 와서 일기예보를 들어보니 내일 전국적으로 하루 종일 비가 온다고 한다. 그러나 시작을 했으니 내일 아침에 비가 안오면 가다가 비가 올지라도 출발할 생각으로 집으로 무사히 도착해 저녁 먹고 숙소에 왔다고 전화를 하고 일찍 잠자리에 들어간다.

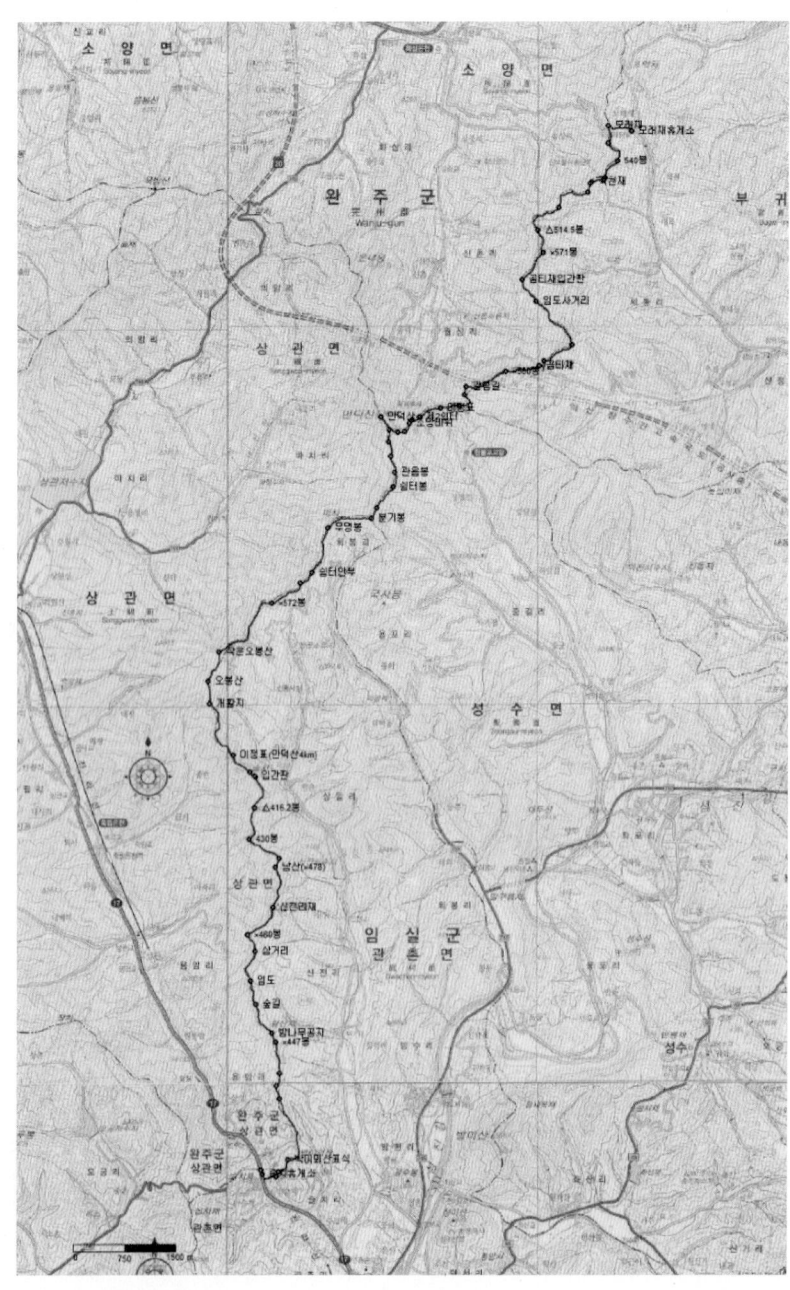

9월 29일 아침에 일어나니 아니나 다를까 비가 온다. 비가 오는 것은 별 문제가 안되나 운무가 가득차 시야가 보이지 않아 산행하기 곤란하다. 할 수 없이 다음주 가기로 하고 늦게 일어나 버스로 전주에 와서 아침밥을 먹고 버스로 부산으로 행차한다.

제2차 호남정맥 단독종주 2구간

슬치고게~영암부락고개

슬치고개 : 전라북도 임실군 관촌면 슬치리 슬치고개
염암고개 : 전라북도 임실군 신덕면 삼길리 염암고개
도상거리 : 슬치고개 22km 염암고개
소요시간 : 슬치고개 10시간37분 염암고개

슬치 출발 6시 30분, 745지방도 7시 2분, 488봉 8시 15분,
갈미봉 8시 38분, 숙치 9시 44분, 옥녀봉 10시 19분,
한오봉 10시 45분, 효간치 11시 32분, 경각산 12시 45분,
식사후 1시 10분출발, 불재 2시 2분, 봉수대봉 2시 49분,
치마산 4 시1분, 작은불재 4시 42분, 암봉 545분, 염암고개 6시 7분

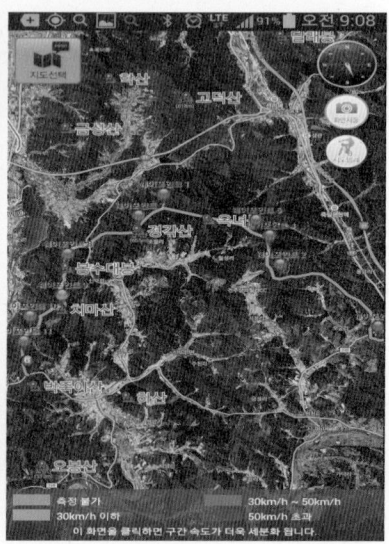

2013년 10월 5일 맑음

　10월 4일 오후 1시 시외버스 부산사상 서부터미널에서 전주행 버스로 전주에 도착하니 오후 4시다. 관촌 가는 버스가 5시 20분에 있어 기다리다 5시20분 직행버스로 가는데 직행버스는 관촌까지 무정차라 운전기사에게 부탁하니 슬치 도로건널목에서 마침 신호를 받아 고맙게 내려 준다. 슬치기사식당에서 다슬기탕(8000원)으로 저녁식사를 하고 오늘은 즐거운모텔에 숙소를 정한다. 지난번에는 정든모텔 에서 자고 갔는데 정든모텔 앞에 있는 모텔이라 들어가 보니 시설이 정든모텔보다 못하다. 그러나 객지에 나오면 고생이라 그럭저럭 하룻밤을 새우고 일어나 라면으로 아침을 먹고 나오니 6시30분이다.

좌표 【 N 35" 41.23" 82"　E 127" 15.12" 84" 】

　오늘 산행은 숙소에서 나와 바로 산행에 들어갈 수 있어 조금 늦게 날이 완전히 새어 6시 30분 바로 출발한다. 초입은 전주 임실간 17번국도 건널목을 건너 슬치마을 회관 앞에서 오른쪽으로 간다. 회관 앞에서 사진 한판 찍고 6시 34분 출발해 마을 고삿길을 지나 포장길을 따르다 3 분후 오른쪽으로 가다보면 소축사 앞을 지나간다. 축사를 지나 삼거리에서 오른쪽으로 철탑을 지나고 갈림길에서 왼쪽으로 올라서면 파란물통이 있는 고추밭을 지나 산판길을 따르다 삼거리에서 오른쪽으로 묘옆에서

슬치 마을회관앞

산길로 들어서간다.

　오르막을 오르는데 동쪽어서 해가 떠오른다. 오르막을 올라 작은 봉을 넘으면 오른쪽에 묘가 있고 소나무밑에 철로 된 수로 통이 있는 곳을 지나 오르막을 오르면 갈림길에서 왼쪽은 422.8 봉 길이고 오른쪽으로 내려간다. 여기서 부터 왼쪽은 임실군 관촌면을 벗어나 신덕면이고 오른쪽은 완주군 상관면이다. 약간에 능선 내리막을 내려서면 잘 정돈된 경주김씨 묘를 지나며 산판 임도길로 들어서 가다 오른쪽으로 밤나무 밭을 내려서 745번 지방도 위 산짐승 통로를 7시 2분 지나간다. 여기서 부터 산판 임도길이다. 745번 도로 위를 지나 갈림길에서 오른쪽 길은 버리고 직진으로 오르막길로 올라간다.

잘나있는 길을 따라 오르막 능선을 오르며 6분후 산판 길인데도 풀이 우거져 길가는 데 아침이슬에 바짓가랑이가 젖어 조심해간다. 잡풀이 우거진 산판길을 따라가며 작은봉을 오른쪽에 두고 왼쪽으로 가다 7시24분 다시 잡풀이 없는 산판길을 따라 오르막을 올라 무명봉에 올라서니 7시29분이다. 다시 옛날에 벌목지인지 잠목과 잡풀이 우거진 산판길을 10 여분 지나가 오르막을 오르며 리봉이 달려있는 464봉 올라서니 7시44분이다. 약간에 능선을 내려 다시오르막을 올라 468 봉에 올라서니 7시 50분이다.

정상에는 천안 김씨(學生天安金公諱 源容之墓)묘가 있다. 내리막을 내려 능선을 가는데 태풍에 거목들이 넘어져 길을 가로막은 곳을 지나 안부를 지나는데 다래나무에 다래가 있으나 높이 있어 보고만 지나간다. 능선을 가며 경고 입간판이 있는 장치를 8시16분 지나간다. (경고 이 지역은 폭발물 처리장 이므로 출입을 금함, 제7297부대장) 오르막을 올라 GPS 501봉에 올라서니 8시30분이다. 여기서 부터 오른쪽에 높다란 철망길을 따른다. 철망길을 따르다 왼쪽으로 올라서니 나뭇가지에 갈미봉 표찰이 걸려있다. (8시37분)

좌표【N 35" 42.33" 49" E 127" 12.31" 51"】

갈미봉(539.9m)에는 새마포산악회에서 걸어 놓은 갈미봉 539.9m 표찰이 있고 다른 나무에 붉은글씨로 갈미봉이란 표찰

도 걸려 있다. 그리고 헬기장은 잡풀이 덮여있다. 배낭을 내려놓고 사진한판 찍고 8시45분 출발한다. 서쪽으로 오던 마르금은 다시 오른쪽(북쪽)으로 가다 철망길을 따라 내려가 능선길을 가며 철망길을 버리고 작은봉을 넘고 능선을 오르내리며 GPS 471봉을 넘어 능선을 가는데 왼쪽 아래서 사람소리가 요란히 들린다.

능선길을 가는데 갑자기 사양개 한마리가 헐레벌떡 거리며 나타나 겁은 나지만 그래도 살살 달래 지나보내고 조금 가니 또 사양개 두 마리가 온다. 개가 지나가더니 다시 돌아온다. 겁이 나지만 살살 달래 보내고 가는데 아마도 아래 농장에서 멧돼지를 사양하는 모양이다. 그러나 사람은 보이지 않고 개가 나타니니 혹시나 하여 겁이 난다. 한참을 가다보니 어디론가 가버리고 보이지않아 마음놓고 진행한다. 9시38분 왼쪽에 묘가 있는 곳에서 왼쪽(서쪽)으로 능선 내리막을 내려 쑥치에 내려서니

9시50분이다.

좌표【N 35" 43,29" 24" E 127 12.7.29"】

이정표에는 (←슬치. 쑥재~옥녀봉. 한오봉→)이 있고 공기편백숲↓이정표는 땅에 떨어져 있다. 숙제를 지나며 오르막을 올라 438.5봉에서 오른쪽으로 가다 다시 왼쪽으로 오르막을 오르며 로프줄을 따라 올라서니 전망이 좋다 지나온 능선이 한눈에 들어와 카메라에 담아둔다. 잠시 후 옥녀봉 갈림길에 도착하니 10시12분이다.

이정표에 옥녀봉 50 m 한오봉 400 m이고 옥녀봉은 직진이고 한오봉은 오른쪽이다. 옥녀봉은 정맥에서 약간 벗어나있으나 빼지도 받을겸 옥녀봉에 올라간다. 이정표에는 50m로 되어 있으나 실지로는 더 멀다. 삼거리에서 직진으로 가다 가파른 오르막을 오르니 옥녀봉 정상이다. 10시17분, 정상에는 삼각점이 있고 돌무덤(돌탑)있다.

좌표【 N 35" 43" 28.2" E 127" 11" 15.5"】

표찰(새마포 산악회에서 옥녀봉 578.7m)이 나무에 걸려있고 갈담417 2009.복구라는 삼각점이 있다. 정상에서 사진한판 찍고 다시 내려와 한오봉 삼거리에서 북쪽으로 마루금을 따라 내리막을 내려간다. 내리막을 내려 능선 삼거리에서 10분후 이정표「← 쑥재.옥녀봉~한오봉.외목재~ ↓ 공기편백숲」가 나무 기둥 아래에 떨어져 있다. 이정표를 지나 능선길을 가다 오르막을 한동안 오르니 삼거리에 이정표가 나온다. 정상 바로밑 이정표에 위쪽에는 한오봉 570m 직진방향은 ↑ 고덕산 5.7km 왜목재 3.0km 왼쪽은 ← 경각산 3.1km 뒤쪽은 → 지나온 옥녀봉 호남정맥 이라 쓰여 있다. 10시45분.

좌표【 N 35" 42" 08.7" E 127" 16" 09.5"】

정상 이정표에서 사진 한판 찍고 출발한다. 여기서부터는 오른쪽은 상관면을 벗어나 완주군 구이면 땅이고 왼쪽은 임실군 신덕면 땅이다. 마루금을 따라 왼쪽으로 내리막을 내려 10시58분 편백나무숲을 오른쪽에 두고 오르막을 올라 쉼터 513봉에 올라서니 10시4분이다. 북쪽으로 오던 마루금은 남서쪽으로 능선길을 가며 다시 편백나무숲 능선을 지나 오르막을 올라 527봉을 올라서니 경각산이 바로 앞에 올려다 보인다. 효간치로 내려가는데 암능을 한동안 내려가 효간치에 내려서니 11시 32분이다.

좌표【 N 35" 44.1" 51" E 127" 10.17" 71"】

효간치에는 찢어진 현수막에 삼거리 표시로 뒤로는 ← 쑥재 앞에는 → 경각산 오른쪽 아래로↓ 효간마을이라 붉은글씨로 쓰여 있다. 배터리가 소모되어 배터리를 갈아 끼우고 트랭글 이어쓰기로 연결 했는데 잘못되어 쑥재를 지나 435봉에서 효간치까지 직선으로 연결된다. 다시 이어쓰기로 돌리고 할 수 없이 출발하여 가파른 오르막을 숨을 몰아쉬며 오르는데 보통이 아니다. 오늘 산행 중 가장 가파른 오르막이다. 가파른 오르막을 오르며 암능을 한동안 올라 전망바위에 올라서니 12시11분이다. 전망바위봉에 올라서니 전망이 좋아 지나온 능선을 배경으로 사진을 찍어둔다. 잠시 배낭을 내려놓고 쉬며 갈증을 면하고 사방을 감상하고 12시 25분 출발한다.

앞에 경각산을 올려다보며 잠시 내리막을 내려가다 다시 가파른 오르막을 오르며 한동안 숨을 몰아쉬며 올라 성터 같은 돌 축대를 올라서니 헬기장에 산불감시 철탑이 있고 구이면 둘레길 현황도 간판에 둘레길 총길이 60.2km 아래기둥에 경각산 659.6m로 되어있다. 12시44분.

좌표【 N 35" 43.34" .8" E 127" 9.47" 45"】

구이면 둘레길 60.2km는 구이면 27번국도 원당교 분기점에서 금성산 학산 고덕산 한오봉 경각산까지 17.5km는 붉은줄로 표시되어 있고 봉수대봉 치마산 박죽이산 오봉산 초당골을 지나 삼계봉 국사봉 화율봉 모악산 원당교 분기점 까지는 등산로로 표시되어있다. 헬기장은 잡풀이 무성하고 철탑둘레철조망에 많은 리봉이 주렁주렁 걸려 있다. 정상에서 사진 몇판 찍고 점심을 먹으려니 햇빛이 내려쬐어 조금 내려가니 산불감시초소가 나온다. 바위에서 자리를 잡고 점심을 먹는데 등산객이 올라온다. 이분들은 전주시 덕진구 덕진동 전북대학교 송윤경님 일행 5명이다.

이분들은 경각산 정상에 올라가고 밥을 다 먹고 출발하려고 하는데 내려온다.

이분들에 손을 빌려 사진한판 찍어둔다. 이분들과 사진 한판 찍고 1시 13분 출발해 능선 내리막을 내려오며 갈림길에서 오른쪽으로 오르내리며 전망바위에 올라서니 1시40분이다. 이곳은 전망이 좋아 오른쪽 아래로 구이저수지가 보이고 아래로 불재 치마산이 건너다보이며 오른쪽에 모악산이 건너다보이며 전주시내 아파트가 보인다. 잠시 사진 한판 찍고 가파른 내리막을 한동안 내려와 작은 봉을 넘고 묘를 지나면서 길이 잘나있어 고도차가 없는 내리막을 내려 불재에 도착하니 1시59분이다.

좌표【 N 35" 43.15" 56"   E 127" 8.47" 16"】

불재는 완주군 구이면 평촌리에서 임실군 신덕면 신덕리를 넘는 고개로 2차선 도로다. 도로에 내려서면 왼쪽(임실쪽)으로 불재도예 갤러리 입간판이 있고 불재 도예원 건물이 여러채 있다. 호남정맥 경각산 아래에 위치한 불재 뫔 도예원의 '불재'는 전북 완주군과 임실군의 경계를 지나는 재이름이고, '뫔'은 몸과 마음의 하나됨을 의미하는 글자이다. 이곳에서는 도자기를 빚어 가마에 구워 전시판매하며, 차와 음악이 있고, 여러가지 수련과 도자기 체험학습을 하는 장소로 많은 사랑을 받고 있다. 온가족이 찾는 문화체험 공간으로, 교육의 실천장으로, 산과 흙과 예술을 만날 수 있는 좋은 기회의 장이 될 것이다. 도로 건너 전봇대아래 풀섶에 이정표가 있

다. 이정표에 경각산 2.0km 치마산 3.4km 이며 마루금은 직진으로 불재 참숯 입간판을 지나면 넓은 주차장 같은 곳에서 마루금은 왼쪽 포장도로를 따라가고 앞에는 불재 참숯건물이 있으며 오른쪽은 고압철탑이 있다. 불재 참숯가마는 전주 임실 사람들이 많이 찾는 유명한 곳으로 알려져 있다.

포장도로를 따라가다 보면 집 한체가 있다. 지나다 보니 집앞에 수도꼭지가 보여 들어가 보니

주인이 있는지 없는지 불러도 아무 기척이 없다. 배낭을 내려놓고 물을 먹고 식수도 한병 받아가지고 나와 도로를 따라 한동안 가니 넓은 공터가 나온다.

 공터에는 차가 몇대 올라와 있다. 마루금은 왼쪽 산판길로 들어선다. 입구에 리본이 많이 걸려있어 바로 알 수 있다. 산판길을 따라 올라가다 8분후 능선 분기점에서 왼쪽은 건물을 지으려는지 공사 중이고 오른쪽으로 산길(숲길)로 들어서 가파른 오르막을 올라 GPS 411m 봉에서 왼쪽으로 내리막을 내려 안부를 지나면서 가파른 오르막을 숨을 몰아쉬며 올라 봉수대 봉에 올라서니 2시 49분이다.

좌표【N 35" 42.45" 47" E 127" 8.22" 37"】

 봉수대봉 에는 걸어놓은 표찰이 땅에 떨어져 있는데 봉수대봉 590m로 되어있다. 지도에는 436.5m GPS에도 436m로 나온다. 잘못되어도 많이 잘못된 것이다. 정상에서 몇미터 가면 전망바위다. 가파른 오르막을 올라 힘이 들어 잠시 배낭을 내려놓고 쉬는데 바로 옆에 참나무에 말벌이 있다. 신경이 쓰인다. 잠시 쉬어가지고 3시3분 출발하여 내리막을 내려 다시 무명봉 작은봉을 3시3분 넘어 약간 내리고 다시 가파른 오르막을 올라 왼쪽으로 오르막을 한동안 올라 갈림길에서 오른쪽으로 능선 오르막을 올라 치마산 정상에 올라서니 오후 4시다.

좌표【N 35" 41.55" 32" E 127" 8.13" 79"】

치마산 정상에는 구이면 둘레길 입간판이 있고 둘래길 23.3km 지점이며 기둥에 치마산(도솔산) 607m 로 되어있다. ≪1/50,000 지도 604.5m GPS에는 609m≫ 이정표에는 오봉산 8.6km 작은불재 3.7km-큰불재 3.4km 경각산 5.4km로 되어있다. 이정표에 작은불재는 영암부락재를 말하고 지도에 작은 불재는 1.5km 지점에 있다. 지도에 치마산 568m는 왼쪽에 있으나 높이로 보아 이곳이 치마산 정상이 분명하다. 마루금은 오른 쪽으로 잡풀이 우거진 헬기장을 지나 마사길 급경사를 미끄러질라 조심조심 내려가 안부에 내려서니 4시 26분이다. 길은 잡풀이 우거져 있는데 하얀 둘레길 리봉만 두 개 달려 있고 능선 오르막을 오르는데 왼쪽에 벌목지를 따라 능선길을 오르다 능선분기점에서 오른쪽으로 리봉이 많이 달린 숲길로 내려가, 작은 불재에 내려서니 4시 43분이다.

좌표【 N 35" 41.29" 19" E 127" 7.39" 23" 】

작은 불재를 지나 능선 오르막을 오르며 무명봉을 넘어 오르막을 오르는데 힘이 빠져 잠시 쉬며 갈증을 면하고 가파른 오르막을 올라 GPS 428 봉에 올라서니 앞으로 453봉이 건너다 보인다. 앞봉까지는 능선으로 이어져 어려움 없이 암봉에 올라서니 5시40분이다. 마루금을 따라 조금 내려가면 전망바위다. 전망바위에서 사진 몇판 찍어둔다. 전망바위에서 내려다보면 영암고개 오르는 도로가 갈지자로 구불구불 올라오는 길이 보이고 내일 오를 박죽이산이 앞을 가로막는다. 내리막을 내리는데 암능이 위험지대라 조심조심 내려와 벌목지 급경사 마사길을 어렵게 내려서 영암불재 55.49.지방 도로에 내려서니 오후 6시다.

좌표【 N 35" 40.32" 12" E 127" 7.35" 82" 】

영암부락재는 절개지로 임실군 신덕면에서 완주군 구이면을 넘는 49번 2차선 지방도로가 지나가며 군경계(郡境界)표시판이 있다. 우선 배낭을 내려놓고 사진 몇판 찍고 잠시 몸을 풀고 숨을 돌리고 내려가려고 하는데 지나가는 차가 없다. 간혹 승용차가 몇대 지나가도 세워주지 않고 그냥 지나가는데 마침 차한대가 세워줘 고맙다.(차번호 28두××××) 전주 사신다는 50대 중

년 남자분인데 고맙게 숙소 앞까지 태워주신다. 명함이 있으면 한장 얻으려고 했는데 없어서 그런지 꺼려해 차번호만 카메라에 담고 둥지모텔에서 여장을 풀고 식당에 가니 지정으로 식사를 하는 인부들이 저녁시사를 하고 있어 시골 인심이라 같이 식사를 하자며 맥주도 한잔 얻어먹고 식사를(6,000)하고 숙소(둥지모렐 25,000)로 돌아와 주인에게 내일 아침에 불재까지 태워달라고 부탁을 하고 들어와 샤워를 하고나니 피로가 풀린다. 오늘산행은 별어려움없이 무사히 도착해 저녁을 먹고 숙소에 왔다고 집으로 전화를 하고 내일 일을 생각해서 8시5분 바로 잠자리에 들어간다.

제2차 호남정맥 단독종주 3구간

영암부락재~초당골

영암부락재 : 전라북도 임실군 신덕면 삼길리 염암고개
초당골 : 전라북도 완주군 구이면 백여리 초당골
도상거리 : 염암고개 9.3km 걸은거리 10.7km 초당골
소요시간 : 염암고개 6시간16분, 초당골

염암고개 출발 6시 35분, 박죽이산 7시 10분, 소금바위재 7시 35분,
제2봉 8시 16분, 제3봉 0.1km지점 8시 41분, 국사봉갈림봉 8시 59분,
오봉산 9시 15분, 오봉산 출발 10시 19분, 물안개 갈림길 10시49분,
2차선 도로 절개지 11시 4분, 293.5봉 12시 6분, 335봉 12시 20분,
전주이씨사당 12시 44분, 초당골 삼거리 12 시 51분

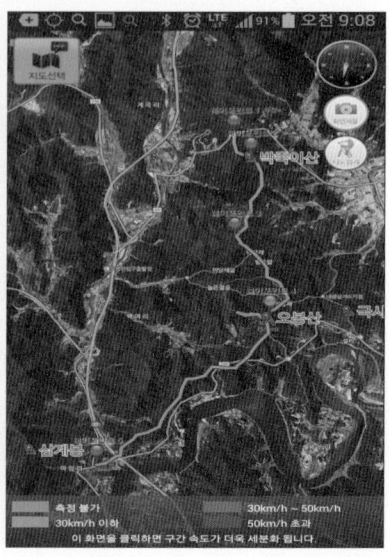

2013년 10월 6일 오전 맑은 후 오후 비

오늘은 거리가 멀어 아침 일찍 일어난다. 4시30분에 일어나 샤워를 하고 라면과 오뎅으로 아침식사를 하고 6시10분에 둥지모텔을 출발한다. 어제 모텔 사장에게 부탁하여 영암부락재 까지 가기로 약속을 해 짐을 챙기고 밖에 나가니 승용차를 대기하고 있다. 모텔을 출발해 어제 내려온 영암부락재에 도착하니 6시 26분이다. 모텔 사장 손을 빌려 사진 한판 찍고 산행준비를 하고 6시35분 출발한다.

마루금은 이정표 방향(남쪽)으로 처음부터 가파른 오르막이 시작된다. 초입은 절계지 밧줄을 잡고 미끄러지면서 가파른 오르막을 올라 능선길로 오르막을 오르다 가파른 급경사 오르막을 한동안 올라 470봉에 올라서니 6시56분이다. 잠시 허리쉼을 하고 왼쪽으로 약간 내려가 다시 오르막을 한동안 올라 박죽이산 520에 올라서니 7시10분이다. 마침 동쪽에서 아침해가 떠오른다. 박죽이산은 정상에 아무 표시가 없고 사방에 전망은 좋아 지나온 치마산 멀리 모악산이 건너다보여 카메라에 사진 몇장 담아둔다. 잠시 허리쉼을 하고 사진 몇판 찍고 바로 출발한다.

마루금은 직진으로 원만한 능선길을 가다 오른쪽으로 가파른 내림길을 내려가는데 마사길이라 로프를 설치해 놓았어도 조금만 방심하면 저 아래로 미끄러질 정도로 위험지대길을 한동안 조심조심 내려가 안부에 내려서니 7시 36분이다.

잠시 산판 임도를 따라가다 잘 정돈된 묘 뒤편으로 바로 숲길로 들어서간다. 이곳이 지도상 소금 바위재로 표기한다. 숲길로 들어서 능선 오르막을 오르다 능선에 삼각점을 7시 49분 지나간다. ≪삼각점 갈담 432. 1987.복구≫삼각점을 지나 능선을 가다 오른쪽으로 능선길을 가며 벌목지 가파른 오르막을 한동안 숨을 몰아쉬며 올라 숲길로 들어서 오봉산 2봉 정상에 올라서니 8시16분이다.

좌표【 N 35"39.35 17" E 127" 7.43" 50"】

오봉산 2봉 정상에는 넓은 공터 이정표에 ←1.1km 1봉 (2봉) 3봉 1.2km→ 기둥에 해발 432m 로 되어있다. 사진 한판 찍고 내리막을 내려 왕솔이 듬성듬성 자라고 있는 능선길을 가다 이정표가 있는 사거리를 8시 25분 지나간다. 이정표에 ← 0.1km 2봉 - 3봉 1.km→로 되어있다.

능선 오르막을 오르며가다 가파른 오르막을 한동안 올라 이정표를 8시 46분 지나간다. 이정표에 제2봉 1.0km 3봉 0.1km 로 되어있다. 오르막을 오르며 왼쪽으로 정상에 올라서니 아무 표시가 없다. 아마도 이곳이 제3봉인데 아무리 찾아봐도 아무것도 확인이 안되고 가파른 내리막을 내려 능선을 가며 삼거리에 내려서니 8시55분이다. 이곳에서 오른쪽으로 가도 되나 제4봉을 향해 직진으로 가파른 오르막을 올라 국사봉 갈림길 제4

봉에 올라서니 9시다.

좌표【 N 35" 38.51" 35" E 127" 8.8" 21"】

이정표에 직진으로 국사봉 1.0km 제3봉 0.5km 제5봉 0.6km 이다. 사진한판 찍고 가파른 내리막을 내려 3분 후 안부 삼거리에 내려선다. 제3봉에서 오다 제4봉 사이 지름길로 오면 이곳에서 만난다. 안부를 지나 오르막을 한동안 오르면 왼쪽 아래로 나무사이로 옥정호가 내려다보이고 넓은 공터를 지나 오봉산 정상에 올라서니 9시 15분이다.

좌표【 N 35" 38.40" 87" E 127" 7.57" 78"】

오봉산정상에 올라서니 정상에서 야영을 한 젊은이들이 텐트를 정리하고 있다.

오봉산 정상은 전망이 아름답다. 왼쪽 아래로 옥정호가 내려다보이고 가야할 묵방산 성옥산이 보이고 멀리 내장산이 보인다. 남쪽으로 옥정호 건너에 나래산이 뾰쪽하게 건너다보이고 전망이 아주 좋아 많은 사람들이 오르는지 길이 좋으며 국립공원이나 도립공원으로 지정되지도 않았는데 리본이 하나도 걸려 있지 않다.

오봉산 정상에서 바라본 풍경이 아주 멋있으며 옥정호 가운데 동동 뜬 섬은 붕어섬이라고 한다. 젊은이에게 손을 빌려 사진 몇판 찍어둔다. 잠시 배낭을 내려놓고 푸근히 쉬고 간식도 먹고 출발하여 내리막을 내려가는데 이정표를 못보고 내려가 안부에 내려가보니 갈림길에서 작은봉에 올라서 보니 정맥을 벗어나 다른 곳으로 가는 것을 확인하고 다시 빽하여 오봉산을 올라가는데 힘이 든다. 방심은 금물이라고 조금방심이 힘들게 만든다. 오르막을 올라 이정표가 있는 곳에 올라가니 정상 바로 아래 (10m지점)에 이정표가 있다. 정맥은 운암면 방면으로 내려간다. 10시19분 정맥길을 가파른 암능 내리막을 한동안 내려

가 갈림길에서 오른쪽으로 가파른 내리막을 내리며 로프를 잡아가며 마사길 내리막을 한동안 내려가 749번 지방도에 내려서니 10시 49분이다. 749번 지방도로에 내려오니 대전에서 왔다는 산꾼들이 줄을 지어 올라온다.

　마루금은 도로를 건너 오른쪽 물안개길 이정표를 따라 능선으로 올라가 10시 55분 물안개길 갈림길에서 오른쪽으로 내려가다 잘 정돈된

경주김씨 묘를 지나고 절개지에서 오른쪽으로 내려가 다시 749번 지방도로 절개지에 내려서니 11시 4분이다. 마루금은 도로를 건너 철망 끝에서 능선 숲길로 올라서 절개지 능선을 따라 오르막을 올라 작은 봉을 넘어 내리막을 내려 잡목이 무성한 안부를 지나고 능선길을 오르내리는데 다래나무에 다래가 달려있어 다래를 두개 따먹고 능선을 가다 오르막을 올라 삼각점이 있는 353봉에 힘들여 올라가니 11시50분이다. 정상에 올라오니 맥이 싹풀리고 힘이 빠져 잠시 누어 쉬는데 갑자기 미식거리며 먹은게 넘어온다. 아마도 다래 먹은게 소화가 안돼 토하고 나니 속이시원하다.

잠시 누어 진정을 하고 12시 6분 출발해 내리막을 내려 안부 능선을 가는데 태풍에 거목들이 뿌리째 넘어져 길을 가로막아 이리저리 돌아가며 오르막을 올라서 332 봉에 올라서니 12시21분이다. 332봉에는 작은 삼각점이 있다. 마루금은 오른쪽으로 내리막을 내려 8분후 안부를 지나고 약간에 오르막을 올라 294봉을 넘어 왼쪽으로 내리막을 내려서면 수원백시 묘(通德郎 水原白公時鼎. 配 恭人延安李氏 之墓)를 12시 37분 지나 내리막을 내려오며 全州李氏世阡碑와 사당 앞에 내려서니 12시44분이다. 날씨가 내려오면서 흐리더니 갑자기 비가 오기 시작한다. 다행이 초당골에 다 내려오니 비가와 다행이다. 마루금은 전주이씨 사당 앞을 지나 749번 지방도에서 운암대로 위 지방도로

를 따라가 옥정가든을 지나고 초당골 삼거리에 도착하니 12시 52분이다.

비방울이 굵어져 오늘은 이곳에서 마무리하기로 하고 옥정호 앞 공중화장실에서 대충 씻고 옷을 갈아입고 삼거리 버스 정류장에 나와 조금 기다리니 전주행 버스가 온다. 버스로 전주에 와 시외버스 터미널에 가니 부산행 버스가 매진이 되고 5시에 좌석 하나가 있다고 한다. 시간이 넉넉해 점심을 먹고 목욕탕에 가서 샤워를 하고 나와 5시까지 기다리려니 기루하다. 다음에도 전주에서 초당골 까지 가야기에 시간을 알아놓고 5시 버스로 부산 서부터미널에 도착하니 8시다.

그래도 오전 산행만 하고 와 일찍 집에 오니 집사람 고생했다며 위로해준다. 이제 겨우 57 km (호남정맥 총거리456km)로 10분의 1 조금 넘었다. 다음은 모아산악회 정기산행(지리산 천왕봉)이 있어 10월 19-20일 초당골에서 이어가야 한다.

제2차 호남정맥 단독종주 4구간

초당골~~구절재

초당골 : 전라북도 완주군 구이면 백여리 운암삼거리 초당골
구절재 : 전라북도 정읍시 칠보면 시산리 구절재
도상거리 : 운암삼거리 초당골 18km   구절재
소요시간 : 운암삼거리 초당골 9시간 9분 구절재
운암삼거리(초당골)출발 7시 53분, 삼계봉 8시 22분, 묵방산 9시 13분,
배남재 9시 50분, 가는정이 10시 16분, 성옥산 11시 46분,
소리개재(두월고개) 12시 15분, 방성골(소축사) 12시 54분,
왕자산 2시 10분, 광산김씨 묘역 2시 52분, 구절재 4시 41분

2013년 10월 19일 맑음

10월18일 오후 3시 사상 터미널을 출발해 전주에 도착하니 오후 6 시다. 풍남동 남부시장에서 저녁밥을 먹고 숙소를 정해 삼양모텔에서 자고 아침 5시에 일어나 남부시장 25시 국밥집에서 아침밥을 먹고 버스정류장에 나와 보니 운암행 버스가 오지 않고 7시가 넘어 버스가 와서 버스로 운암 삼거리에 도착하니 7시40분이다. 산행 준비를 하고 7시 54분 산행에 들어간다. 초입은 임실경찰서에서 새운 교통사고 잦은 곳이란 빨강색 입간판

에서 도로 오른쪽으로 올라간다.

초입부터 잡풀과 칡덩굴이 우거진 길을 치고 오르면 개간지 (밭을 조성한곳)를 따라 오르며 9분후 다시 숲길 산길로 들어가 가파른 오르막을 오르며 가는데 60대 후반인 노인 부부가 앞에 오르고 있다. 이분들은 약초 채취 겸 아침운동으로 앞산에 오른다고 한다. 가파른 오르막을 올라 삼계봉 정상에 올라서니 8시 22분이다.

정상에는 전일상호저축은행과 전북 산사랑회에서 세운 스텐래스 표지판에 분기점 (350m)호남정맥이라 쓰여 있고 ← 묵방산 1.3km → 모악산 15.8km ↓ 초당골 1.0km이고 나무에 걸려 있는 표찰에 모악지맥 분기점이라 쓰여 있다.

여기까지 오른쪽은 완주군 구이면이고 왼쪽은 임실군 운암면을 경계로 가던 마루금은 오른쪽은 완주군 구이면을 벗어나 정읍시 산외면으로 이어진다. 서쪽으로 오르던 마루금은 남쪽으로 방향을 틀어 내리막을 내려가며 잡풀이 길을 가로막아 길이 안보이는 능선길을 잡풀을 헤치며 내려 능선을 가다 안부를 지나 오르막을 오르면서 잡풀속을 벗어나며 가파른 오르막을 숨을 몰아쉬며 한동안 올라 GPS 452m에 올라서니 8시54분이다. 잠시 허리쉼을 하고 약간 내리막을 내려 다시 가파른 오르막을 올라 묵방산 갈림길에 올라서니 9시11분이다.

묵방산 정상은 오른쪽으로 조금 벗어나 2분 거리에 있다. 오르내림이 별로 없는 능선길을 따라 묵방산 정상에 올라서니 9시13분이다. 정상에는 작은 돌무더기와 붉은 글씨로 쓰인 묵방산 작은 표찰이 나무에 걸려 있다.

좌표【 N 35 36 ' 35. 33" E 127 5 ' 36 11" 】

묵방산 정상왼쪽아래 옥정호가 흐르고 운암대교 건너편에 나래봉이 건너다보이고 운암교 휴게소가 보인다.

정상에서 사진한판 찍고 9시14분 출발하여 갈림길에서 9시16분 마루금을 따라 왼쪽으로 내리막을 내리며 마사길 가파른 내리막을 내려 대나무밭을 지나 내려서면 가로등이 있고 물을 구할 수 있는 허술한 집을지나 폐농가 사이를 지나 왼쪽으로 폐가 뒤로 들어서면 리본이 걸려 있다. 왼쪽에 파란지붕 함석집 뒤로 가다 능선에 들어서면 풀섭으로 이어지며 넓은 바위옆에 커다란 거목 나무(느티나무) 두그루를 지나 능선으로 들어서며 칡넝

쿨과 잡풀이 엉켜있는 길을 헤치며 능선을 가다 광산김씨묘를 지나 내려서 이정표가 있는 배남재에 내려서니 9시 50분이다. 마침 젊은이 한사람이 강아지를 대리고 올라온다. 젊은이에게 부탁하여 사진한판 찍고 직진으로 포장길을 따라간다. 이정표에 이곳은 배남재 ← 섬진강 (임실군 운암면 여우치) 〔빗물〕→ 동진강(정읍시 산외면 여우치)↓ 완주군 구이면이라 되어있다. 마루금은 직진으로 왼쪽 스라브 단층집뒤 포장길을 따라가다 광산김씨 【光山金氏 文敏公派 二十九世孫 諱 壽顯 後孫宗族基圓】 묘역에 올라서 마루금은 묘역뒤로 올라간다.

　이곳 묘는 광산김씨 29대 壽顯부터 34대까지 안치되어 있으며 壇所 아래에 광산김씨 후손들의 안장할 수 있게 조성하여 있다. 마루금은 광산김씨 묘 위편 土地之神 뒤로 올라 숲속으로 들어가 능선을 올라 9시59분 삼각점 (283.4m)을 지나며 왼쪽에 물탱크가 있고 능선 오르막을 오르며 GPS 297봉을 10시 6분 넘어 내리막을 6분쯤 내려오면 묘군을 지나며 왼쪽옆에 감나무에 감이 주렁주렁 달려있어 군침은 도나 손이 안다 보고만 내려와 749번 지방도 정읍시 산외면 입간판 아래 내려서니 10시 15분이다.

좌표【 N 35 35 ' 38 . 15 E 127 6 ' 13.66"】

　도로 건너가는 정이 버스정류장에서 잠시 쉬고 도로를 따라 삼거리에서 마루금은 직진으로 옥정호 산장길을 따라 오른다.

삼거리 오른쪽은 정읍시 산외면 종산리이고 왼쪽은 임실군 운암면 운정리다. 삼거리 하운암 산장 표지석 건너편 옥정호 산장 입간판을 지나 포장길을 따라 오르면 옥정호산장 정문 앞이다. 이곳에서 왼쪽으로 가면 옥정호 산장 끝에서 공대지(택지)를 지나 옥정호 산장 뒤로 올라서면 잡풀이 무성한 개간지를 희미한 길을 따라가면 오르는 길이 여러군대서 올라와 합류하여 능선길로 들어선다. 숲길로 들어서 잡풀을 헤치며 오르막을 올라 334봉에 올라서니 10시 39분이다.

 마루금은 왼쪽으로 내리막 능선을 가며 왼쪽에 옥정호를 나무사이로 내려다보며 오르락내리락 하며 334봉을 지나고 능선을 가는대 산등성에 넘어진 전봇대가 있다. 마루금은 능선을 가다 오르막을 올라 능선 분기점에서 오른쪽으로 이어지며 여기서 부터는 왼쪽은 임실군을 벗어나 정읍시 산내면이다. 오른쪽으로 잡목숲길을 내려 다시 오르며 가파른 오르막을 한동안 올라 성옥산 정상에 올라서니 11시46분이다.

좌표【 N 35.35'2. 0.8" E 127.4'39.55" 】

나무숲이 둘러싸인 성옥산 정상에는 주렁주렁 매달린 리봉과 빨강글씨 표찰이 걸려있고 다른 볼거리는 없다. 마루금은 왼쪽으로 약간 내리막 능선을 잡목과 잡풀을 헤치며 길도 안보이는 능선을 가다 오른쪽으로 방향을 틀면서 가파른 마사길 잡목숲을 내려오는데 땅가시 명감나무 가시 등 온갖 잡풀이 우거진 내리막을 길이 안보여 발을 질질 끌며 넘어질세라 조심조심 내려와 파평윤씨(學生 坡平尹公諱相穆,配孺人長興高氏之墓)묘를 지나 숲길로 들어서 가다 다시 밀양박씨 묘군을 지나 산판길 숲길을 따라 내려오다 묘지군 뒤로 밭둑길을 지나 두월고개(소리개재) 2 차선 도로에 내려서니 11시14분이다.

좌표【 N 35.34'50.24" E 127.4'14.98" 】

소리개 재는 왼쪽은 산내면 두월리 오른쪽은 산외면 외목리로 삼거리에는 둥근 안내 입간판 {산내 情 ≪상두≫사계절 꽃피는 아름다운 산내}이 있고 마루금은 안내 입간판앞 농로를 따라 오른다. 언덕 농로를 따라 오르면 가족묘 뒤로 올라 잘 정돈된 김해김씨 묘를 지나 밭둑을 지나고 오른쪽으로 밭 갓길을 가는데 오른쪽 아래서 일을 하던 농민들이 점심을 먹고 있다. 오른쪽에 약초밭을 지나고 숲길로 들어서 오르막을 오르다 부령김씨〔學生 扶寧金公 炯式之墓 配孺人 固城李氏 合兆 子坐〕묘를 지나 GPS 280m 성주봉에 올라서니 12시 46분이다. 성주봉은 아무 표시도 없고 밋밋한 곳에 작은 공터만 있다. 산은 높지 않으나 빼지 하나를 받는다.

 성주봉을 넘어 산판길을 따르다 듬성듬성 서있는 왕솔밭길을 가다 왼쪽 방성골마을를 내려다보며 가는데 잘나있는 좋은 길은 방성골 마을로 내려가고 잡풀을 헤치며 작은 능선을 넘어 남쪽으로 내려오니 소 축사가 나온다. 여기서 부터 면계를 벗어나 산내면으로 이어진다. 왼쪽에 축사를 두고 임도를 따라 내려오면 방성골 당산나무가 나온다. 마루금은 직진으로 왼쪽에 비닐하우스옆 포장길을 따라 가다 가시 덩굴이 우거진 숲을 자나니 다시 산판길이 나온다. 오른쪽에 밭이 있는 산판길을 3분정도 오르면 커다란 물탱크가 나오며 물탱크 뒤로 숲길 오르막이 시작된다.

 이곳도 숲길이 보통이 아니다 오르막을 오르는데 태풍에 넘어진 나무들이 길을 가로막아 이리저리 좌우로 비켜가고 상석만 있는 묵은묘를 지나 능선길을 가며 듬성듬성 있는 왕솔밭길을 가다 남쪽으로 가던 마루금은 오른쪽(서쪽)방향을 틀면서 가파른 오르막을 올라 GPS 340봉에 올라서니 오른쪽아래 방성골 마을이 바로 내려다보인다. 능선내리막을 내리다 다시 오르막을 올라 GPS 410에 올라서 서쪽으로 오던 마루금은 북쪽으로 이어지며 산내면과 산외면 면계를 따른다. 가파른 내리막을 내려 태풍에 쓰러진 나무와 잡목을 헤치며 능선을 가다 오르막을 한동안 올라 왕자산 정상에 올라서니 2시13분이다.

좌표【 N 35.35'9.04" E 127.3'6.47"】

왕자산 정상은 삼각점 <갈담 453 1991.복구>이 있고 붉은글씨로 왕자산 표찰이 있다. 주위는 숲이 우거져 조망은 없으며 묘가 1기 있다. 마루금은 왕자산 정상에서 왼쪽 (서쪽)으로 이어진다. 사진 한판 찍고 허리쉼을 하고 왼쪽길 내리막을 내려가는데 벌목을 해서 나무가 길을 막은 곳을 피해가며 가는데 능선 왼쪽에 벌목을 해 시야가 먼처럼 확트여 왼쪽 아래로 마을이 내려다보인다. 벌목지를 내려와 오르막을 오르는데도 햇빛을 받

으며 잠시 올라 소나무 숲길로 들어서며 왼쪽으로 능선을 가다 묘 뒤로 올라서 다시 내리막을 내리며 산판길을 따라 내려오니 묘뒤에 거목 느티나무(당산나무)를 지나고 오르막을 오르며 새로 만든 산판길을 따라 올라 오른쪽(북쪽)으로 능선을 가며 벌목지를 지나 잘나있는 길을 따른다.

　능선을 넘어 왼쪽으로 내려 경주박씨〔贈嘉善大夫慶州朴公 萬淳之墓 配貞夫人 金海金氏公墓合墳 寅坐〕묘를 2시46분 지나고 능선을 가며 6분후 광산김씨 가족묘를 지나 숲길로 들어서 가다 작은 능선을 넘어 김해김씨〔琴隱居士 金海金公 諱容根之墓〕묘 아래 밀양박씨 묘군을 지나 내려서면 왼쪽에 논에서 벼가 누렇게 익어가는 논둑을 지나고 포장 임도에 느티나무(거목 당산나무)아래를 3시56분 지나간다. 이곳에서 왼쪽은 무래실골이며 포장길을 지나 산판길을 따라 오르며 담양전씨묘를 지나고 가파른 오르막을 올라 능선 분기점에 올라서니 3시17분이다. 언뜻 보기에는 왼쪽으로 가는게 맞는 것 같은데 오른쪽으로 리본이 걸려 있어 오른쪽 능선길로 가야한다. 능선길을 약간 오르내리며 멀리 구절재 오르는 도로를 멀리서 보며가다 4시29분 능선 분기점에서 왼쪽(남쪽)으로 가파른 내리막을 내려오는데 잡목 잡풀 땅가시 길을 헤치며 내려와 능선길을 가다 다시 오르막을 한동안 올라 423.1봉에 올라서니 4시7분이다.

이제 내려가기만 하면 구절재다. 마루금은 오른쪽(서남쪽)으로 가파른 내리막을 내려가는데 잡목 잡풀이 온종일 길을 가로막아 고생을 많이 하고 팔과 다리 어느곳 할 것 없이 글키고 할퀴어 온몸이 상처투성이다. 가파른 잡목길을 30여분 내려와 왼쪽에 밭둑길을 따라 내려오며 여산송씨 묘를 지나 왼쪽으로 내려와 구절재 30번 일반국도에 내려서니 4시40분이다. 오늘 산행은 도상거리 18km에 8시간47분만에 마무리 한다. 구절재는 정읍시 칠보면에서 산내면을 넘는 고개로 (天下大將軍과 地下女將軍)이 있고 사계절 꽃피는 아름다운 산내 커다란 입간판이

있다. 고개 왼쪽에 50여미터 내려가면 소금실 마을 버스정류장이 있다. 정류장에서 배낭을 내려놓고 보니 온몸이 풀섶길을 헤치며 걸어와 할퀴고 벌레도 물려 두드러기 난 것 같이 목이니 등이 붉은점이 많이 나타난다.

버스정류장에서 시간표를 보니 5시20분 정읍 가는 버스가 있다. 한참을 기다리니 버스가 온다. 버스로 칠보면 소재지에 오니 신태인 가는 버스가 있어 태인면에 와서 정류소앞 소머리 국밥집에서 저녁을 먹고 택시 기사에게 내일 새벽 구절재 가기로 약속을 하고 슈퍼에서 내일 아침 먹을 라면을 사가지고 기사가 가르쳐 준 숙소 산정모텔을 찾아가는데 산길도로를 따라 20분가량 걸어가니 산정모텔이 있다.

옛날에 모텔을 새로 수리하여 호텔로 이름을 바꾸어 시설이 잘되어 있다. (숙박요금 40,000원) 태인면에는 숙소가 이곳뿐이라고 한다. 숙소에 들어가 샤워를 하고 집으로 무사히 도착하여 저녁 먹고 숙소에 왔다고 전화를 하고 내일 일을 생각해서 일찍 잠자리에 들어간다.

제2차 호남정맥 단독종주 5구간

구절재~추령

구절재 : 전라북도 정읍시 칠보면 시산리 구절재
추령 : 전라북도 순창군 복흥면 서미리 추령
도상거리 : 구절재 23.1km 추령 장승촌
소요시간 : 구절재 11시간 5분, 추령 장승촌
구절재 출발 6시29분, 미리재 7시46분, 소장봉 7시59분, 사적골 8시37분, 사자산 9시19분, 노적봉 10시23분, 굴재 10시56분, 고당산 11시48분, 개운치 12시55분, 망대봉 1시44분, 여시목 2시54분, 509.2봉 3시12분, 복룡재 3시59분, 533봉 5시20분, 추령봉 5시36분, 추령 도착 6시17분

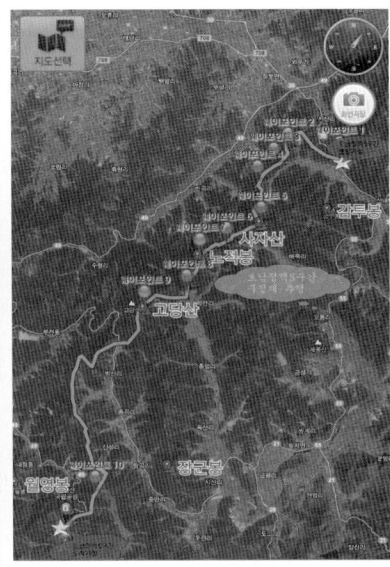

2013년 10월 20일 맑음

  오늘은 거리가 어제보다 약 5km 이상 멀다. 아침에 일찍 일어나야 해서 알람을 4시에 맞추어 새벽 4시에 일어나 라면을 끓이려고 버너를 꺼내 준비를 하고 불을 피우려고 보니 가스가 없다. 어제 아침은 식당에서 먹었기에 생각을 못하고 새벽이라 어디서 구할 수 없어 할 수 없이 산행준비를 하고 5시20분에 어제 예약한 택시를 불러 5시40분에 숙소를 나와 시내 25시 편의점에서 컵라면 김밥으로 아침 식사를 하고 6시에 태인면을 출발해 칠보면을 거쳐 구절재에 도착하니 6시27분이다. 산행준비를 하고 6시31분 산행에 들어간다.

산행 초입

초입은 휘문산 자연휴양림 입간판 옆에 리본이 달려있다. 초입부터 잡풀이 앞을 가로 막는다. 숲길을 오르고 5분후 송전탑을 지나며 아침 안개가 가득한 능선을 오르며 GPS 341m봉에 올라서니 6시47분이다. 341봉은 아무 표시도 없고 리본만 주렁주렁 달려있다. 341봉을 넘어 내리막을 내리는데 능선 전채를 벌목을 하여 소나무가 널려있어 길이 없어 애를 먹으며 이리저리 내려가 가파른 벌목지 오르막을 올라 GPS 339에 올라서니 7시2분이다.

마루금은 직진으로 내려가는 듯 내려가다 왼쪽길로 비탈길을 내려 가보니 바로 능선이 있는데 선답자들이 이길로 다녀 능선에 내려 왼쪽에 잘자란 편백나무 조림지를 지나 돌로 둘래석으로 둘려있는 전주최씨묘를 지나고 안부사거리에 내려서니 7시9분이다. 안부 사거리를 지나 오르막을 오르며 듬성듬성 왕솔밭길을 따라 3분후 붉은벽돌로 묘둘레를 쌓은 유인여산송씨 묘를 지나 오르막을 한동안 올라 GPS 330m 봉에 올라서니 7시18분이다. 북서쪽으로 오던 마루금은 왼쪽(남서쪽)으로 능선을 오르내리며 GPS 374m에서 남쪽으로 내려와 미리재에 내려서니 7시46분이다.

왼쪽에 거목(느티나무)나무가 풀속에 있고 잡목을 해치고 오르면 고압 철탑을 지나며 잡목과 잡풀을 헤치며 올라가 능선에 올라서 듬성듬성 자라고 있는 소나무 능선을 가다 삼각점(정읍

478 1997 재설)이 있는 366.6봉에 올라서니 7시 59분이다. 오른쪽은 칠보면과 신태인 김제 평야로 들판이 내려다보이고 높은 산은 보이지 않는다. 잠시 능선 내리막을 내려 다시 잡목잡풀 땅가시 숲길을 지나 오르막을 오르며 능선을 가는데 정맥 종주자 4명이 내려온다. 이분들은 굴재에서 온다고 한다. 오르막 능선을 올라 소장봉 정상에 올라서니 8시 24분이다.

좌표【 N 35. 33' 31.53" E 126.58' 53.52" 】

소장봉 정상에도 아무 표시가 없고 리본만 주렁주렁 달려있고 오른쪽에 멀리 평야지가 펼쳐져 있다. 마루금은 왼쪽으로 가파른 내리막을 내리며 잘 정리된 묘를 오른쪽에 두고 내려오며 감나무에 감이 주렁주렁 달여 손이 닿는데서 홍시 한개를 따먹고 석탄재 포장도로에 내려서니 8시36분이다.

좌표【 N 35. 34' 9.54" E 126. 59' 26.26" 】

마루금은 포장길을 따르다 외딴집 오른쪽으로 올라야 하는데 길이 없고 집 앞 석탄사 오르는 포장길을 따라 왼쪽으로 리본을 확인하고 4분정도 따라가다 오른쪽으로 2분가량가면 외딴집 뒤 능선으로 이어지며 도로를 버리고 왼쪽으로 능선 오르막을 올라 4분후 묘를 지나고 다시 4분 후 석탄사 오르는 포장도로를 만난다. 포장길을 따라가다 전봇대에서 조금가면 왼쪽으로 산길 진입로를 따라 오른다.

8시54분 가파른 언덕길을 올라 능선길을 오르며 무명봉에 올라서 능선을 가다 묘가 있는 GPS 486m봉에 올라서니 9시4분이다. 마루금은 언뜻 보기에는 직진으로 내려가는 것 같은데 조금 내려가다 왼쪽(동쪽)으로 우뚝 솟은 앞산을 바라보며 내리막을 내려 가파른 산죽길 오르막을 한동안 올라 사자산 정상에 올라서니 9시19분이다.

좌표【 N 35.33'41.24" E 126.59'25.37"】

사자산 정상은 아무 표시도 없고 리본만 몇게 달려있어 뺏지만 받고 사진 한판 찍고 내려간다. 동쪽으로 오던 마루금은 오른쪽(서남쪽)으로 내리막을 내려가며 산죽길을 따라 내려와 안부에 내려서니 9시31분이다. 안부에는 전봇대에 전기줄이 있는 것으로 보아 매죽리에서 석탄사로 연결되는 전기줄인 것 같다. 안부를 지나 오르막을 오르며 잡풀잡목길을 따르다 산죽길 오르막을 오르는데 젊은이 두사람이 올라온다.

두사람은 추월해 올라가고 오르막을 오르며 암능을 오르고 가파른 오르막을 올라 국사봉 갈림길 능선분기점에 올라서니 9시56분이다. 오늘산행 중 처음 이정표가 있다. 이정표에 국사봉2.92km ← 소장봉2.7km → 노적봉 0.88km 로 되어있다. 마루금은 왼쪽은 국사봉 방향이고 2시 방면으로 내리막을 내려 다시 가파른 오르막을 한동안 올라 노적봉에 올라서니 10시23분이다.

좌표【 N 35.33'9.64" E 126.58'14.24"】

노적봉 정상은 아무 표시가 없고 앞에 간 젊은이 두사람이 쉬고 있다. 이분들은 정읍에서 사시는데 호남정맥 구간 땜방하러 왔다고 한다. 이분들이 쉬면서 단감을 한게 주어 먹으니 조금 허기를 면한다. 노적봉 정상에서 오른쪽에 나무 사이로 아래 수곡리와 45번 지방도가 내려다보이고 멀리 호남평야가 넓게 보인다. 이분들 손을 빌려 사진한판 찍고 이분들은 개운치 까지 간다며 포근히 쉬고 나는 추령까지 가기에 바로 출발하여 왼쪽으로 내리막 능선을 내려와 김해김씨쌍분묘(學生金海金公顯明之墓 配 孺人漢陽趙氏)를 지나고 가파른 내리막을 한동안 내려 묘를 여러번 지나고 약초제배 밭에 내려오니 10시54분이다. 약초밭을 왼쪽에 두고 밭 갓길을 따라 비닐하우스가 있고 포장 임도에 도착하니 10시56분이다.

마루금은 포장길에서 오른쪽으로 숲길로 들어선다. 이곳부터

고당산 오르는 길은 풀치기를 해 길이 잘되어있다. 넓은 길이 계속되면서 태양빛을 보며 가기에 가을이라도 햇빛을 보며 올라가는데 그래도 숲길이 나은가 생각이 된다.

  태양빛을 받아가며 오르막을 올라 묘가 있는 GPS 502 봉에 올라서니 11시 26분이다. 502봉은 전망이 좋아 지나온 노적봉이 건너다보이고 앞에 고당산 정상이 올려다 보인다. 잠시 허리 쉼을 하고 출발해 내리막을 잠시 내리고 오르막을 오르며 가파른 오르막 또는 암능도 오르고 고당산 정상에 오르니 11시49분이다.

좌표【 N 35.32'17.91" E 126.57'10.09"】

　고당산 정상에 올라와 사진한판 찍는데 정읍사는 젊은이 두 사람이 올라온다. 이분들의 손을 빌려 사진한판 찍고 이분들도 사진한판 찍어둔다. 먼처럼 배낭을 내려놓고 쉬며 정읍 사람과 이야기를 나누고 12시 출발한다. 정읍 젊은이와 같이 내려가다 젊은이들을 앞에 보내고 가파른 내리막을 내려 대나무 밭에 내려서니 12시28분이다. 대나무 밭이라 상당히 시원해 대나무 밭에서 점심을 먹는데 젊은이들이 안내려 오니 궁금해서 인지 전화가 온다. 대나무 밭이 시원해 밥을 먹는다고 하니 자기들은 차로 정읍으로 내려간다고 한다.
　점심을 먹고 12시46분 출발해 왼쪽 민가에 내려오니 12시50

분이다. 외딴집에는 사람은 보이지 않고 일하러 갔는지 인기척이 없어 수도에 가서 식수를 보충하니 앞으로 추령까지 가는데 물 걱정은 없을 것 같다. 개운치는 정읍시에서 순창군을 넘는 21번 국도가 지나며 개운리 버스정류장이 있고 정읍 방면으로 황토방 건물이 보인다.

좌표【 N 35" 31" 43.43" E 126" 56" 36.17"】

마루금은 월정(21) 22km 입간판 아래서 오른쪽 대나무 숲으로 들어선다. 12시57분 대나무 밭에 들어서 잡풀이 우거진 오르막을 오르며 가파른 오르막을 오르는데 고당산은 길이 좋았으나 망대봉 오르는 길이 희미하고 길이 협소해 이리저리 길을 찾아 가파른 오르막을 숨을 몰아쉬며 올라 헬기장에 올라서니 1시19분이다. 헬기장은 잡풀이 우거져 잘 보이지 않고 군사 시설물 사진촬영금지 경고문이 있고 왼쪽 망대봉 철탑을 보며 능선길로 들어서 오르막을 올라 더러는 암능을 지나고 산죽길을 지나 망대봉 철조망 아래에 도착하니 1시36분이다. 마루금은 철망 왼쪽 비탈길로 이어진다.

비탈길이 물이 흘러 미끄럽고 낭떠러지여서 지나가는데 조심해야 한다. 조금 방심하면 낭떠러지로 떨어질 위험지구이고 겨울눈이 있을때 더욱 위험한곳이다. 비탈길을 조심조심 통과해 군부대 앞 도로에 올라오니 1시44분이다. 이곳부터 두들재 까지는 포장도로를 따른다. 도로를 따라 내려오다 철탑 앞에서 오른쪽 도로를 따라 한바퀴 돌아내려와 길가 헬기장을 지나고 두들재에 내려서니 2시3분이다. 포장도로는 오른쪽으로 능선을 넘고 마루금은 직진으로 산판길로 들어서면 오른쪽으로 리본이 달려있다. 오른쪽으로 숲으로 들어서 잡목숲 오르막을 6분 오르면 GPS 410m 작은봉에 올라선다. 작은봉을 넘어 약간 내리막을 내려 능선을 가며 태풍에 넘어진 나무들이 이리저리 널려있고 잡풀이 우거진 길을 가다 가파른 오르막을 올라 GPS 476봉에 올라서니 2시31분이다.

476봉을 넘어 내리막길을 내려 능선으로 이어져 곳곳에 넘어진 나무를 넘고 왼쪽 옛 철망을 따라가다 묘2기가 있는데 벌초를 한걸로 봐서 임자가 있는 것 같은데 멧돼지가 봉분을 파해쳐 놓았다. 묘를 지나고 능선을 가며 3분후 갈림길에서 직진하여 오르막으로 올라야 하는데 리본은 달여 있으나 출입금지 팻말이 있어 1차 2003년 11월에 이곳을 올라가 내려온 기억을 더듬으며 오늘은 오르지 않고 왼쪽길로 간다. 산판길을 따라 2분쯤 가면 시누대밭을 통가하여 벚꽃나무 한그루가 있는 여시목 고개에 도착하니 2시54분이다.

좌표【 N 35" 30" 30.6" E 126" 55" 44.2" 】

여시목은 농지(밭)이 있으며 왼쪽에 여시목 골이 내려다보이고 곳곳에 감나무에 감(홍시)이 많이 매달려 있으나 가지가 높아 따먹을 수 없다. 사거리 중앙에 벚꽃나무가 한그루 있고 밭길을 따라가다 오르막 숲길로 가파른 오르막을 한동안 올라 GPS 510m 봉에 올라서니 3시12분이다. 지도에 509.2봉에 올라서니 전망이 좋아 지나온 망대봉이 보이고 가야할 능선과 추령봉이 뾰쪽하게 높이 보인다. 앞으로 추령봉을 넘어야 추령고개다. 동남으로 오던 마루금은 오른쪽(남쪽)으로 암능과 가파른 내리막을 내려 능선을 오르내리며 434.9m을 3시35분 지나고 415m를 전후해 능선을 좌로 우로 오르락내리락 하며 잘나있는 길을 따라가다 세면 기둥에 국립공원 표시말을 3시41분 지나고 잘자란 소나무

밭 능선을 오르내리며 8분후 두번째 국립공원 표시말을 지나 작은 삼각점을 3시58분 지나간다. 삼각점을 지나면서 오른쪽에 오래된 철조망을 따라가며 왼쪽에 옛날에 없던 도로가 있어 자동차 지나가는 소리가 요란히 들린다.

능선을 가다 가파른 오르막을 300여미터 올라가다 아래 도로

가 혹시 추령가는 길이 아닌가 확인 차 다시 내려와 도로에 내려서 보니 터널 입구가 나온다. 아무래도 이상해 다시 능선에 올라가 가파른 오르막을 올라가 오른쪽 철망을 잡아가며 급경사 오르막을 한동안 올라 533 봉에 올라서니 5시20분이다. 마루금은 533봉에서 오른쪽으로 내려간다.

　시간은 자꾸 가는데 앞 추령봉을 올려다보니 마음이 바쁘다. 가파른 내리막을 내리며 4분후 작은 삼각점을 지나고 4분후 산죽길을 지나며 안부(비룡재)를 지나 오르막을 한동안 올라 송곳봉(추령봉) 정상 갈림길에서 시간이 촉박해 암봉인 송곳봉(추령봉)은 오르지 않고 5시36분 왼쪽 비탈길로 송곳봉(추령봉)출입금지 입관판 앞에 오니 5시40분이다. 마루금은 왼쪽으로 가파른 내리막을 내려간다. 아래 추령에서 확성기 소리가 요란하게 들여온다. 이 확성기소리가 여시목을 지나면서 들려 내장산 공원내에서 들리는 줄 알았는데 아래 추령에서 들려오는 것 같다.

　오른쪽 아래 추령 오르는 도로를 내려다보며 내리막을 내려오며 11분후 능선에 삼각점을 지나고 6분후 다시 삼각점을 지나며 마루금은 오른쪽(서쪽)으로 내리막을 내리며 암능에 삼각점을 지나며 왼쪽으로 가파른 내리막을 내려 묘를 지나고 잘나 있는 길은 왼쪽으로 내려가나 잘못하면 왼쪽길로 내려갈 수 있으니 주의하고 직진으로 능선으로 들어서가다 내리막을 내려서

면 묘군에서 왼쪽으로 내려서면 동명파크모텔앞이 나온다. 동명파크 진입로를 따라 가면 49번 지방도 추령고개다. 추령고개에 내려서니 6시16분이다. 내일 초입은 도로 건너 주차장 끝에 있다. 다음에 갈 진입로를 확인하고 추령가든 앞에 오니 도로옆에 거대한 확성기를 4개나 설치해 놓아 이 확성기 소리가 온 산을 흔들흔들하게 요란한 소리가 나든 곳이다.

추령 가든에 들여 콜라 한 캔을 사먹고 전주에서 부산가는 심야버스를 타려면 일찍 내려가야 한다. 택시를 불러놓고 한참을 기다리니 택시가 온다. 이곳에서 7시쯤 버스가 온다고 하나 시간이 촉박해 택시로 정읍에 (16,000원)와서 목욕탕에 들여 샤워

추령봉
(송곳봉)

를 하고 버스로 전주에 오니 9시다. 사상터미널 오는 시외버스는 매진이 되어 고속버스 터미널에 가니 자리가 있어 10시20분 고속버스로 두실에오니 1시20분이다. 택시로 송도까지 (20,000원) 집에 오니 1시50분이다. 총알택시로 빨리 와 집사람 고생했다고 격려해준다.

제2차 호남정맥 단독종주 6구간

추령~항탕목재

추령 : 전라북도 순창군 복흥면 서미리 추령
향목탕재 : 전라북도 순창군 복흥면 대방리 항탕목재
도상거리 : 추령 26km 항탕목재
소요시간 : 추령 12시간10분 항탕목재
추령 출발 6시 30분, 유군치 7시 12분, 장군봉 7시 47분,
연자봉 8시 18분, 신선봉 8시 59분, 까치봉갈림길 9시 39분,
소죽엄재 10시 30분, 순창새재 10시 48분, 상왕봉 11시 50분,
헬기장, 12시 25분, 구암사갈림길 12시 34분, 곡두재 1시 58분,
명지산 2시 26분, 감상굴재, 3시 3분, 대각산 3시 43분,
필립재 4시 8분, 강두재 4시 23분, 어은재 5시 6분, 도장봉 5시 20분,
분덕재 5시 34분, 생화산 6시 1분. 항목탕재, 6시 43분

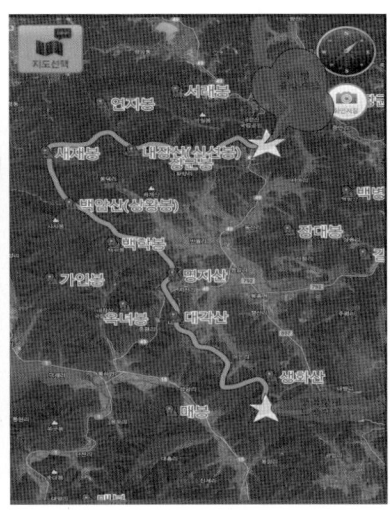

2013년 11월 2일 맑음

이번 구간은 추령에서 항목탕재 까지 거리가 멀다. 추령까지 갈려면 조금 일찍 출발하지 않으면 안되기에 11월 1일 낮 12시에 집을 나와 사상터미널에서 오후 1시 버스로 전주에 도착하니 오후 4시다. 정읍행 버스가 4시10분에 있다. 바로 매표소에 가서 표를 사가지고 4시10분 버스로 정읍에 도착하니 5시10분 이다. 복흥 가는 버스가 6시30분에 있어 터미널 앞 정읍시장에 들여 철물점에서 로프(줄)10m을 사고 시장식당에서 소머리 국밥으로 저녁을 먹고 내일 아침 먹을 국밥을 포장해가지고 나와 버스터미널에서 기다리다 버스가 와서 버스로 추령에 도착 동명파크모텔에 들어가 숙박(40,000)을 정하고 일찍 잠자리에 들어간다.

오늘 정읍에서 로프(줄)은 1차때 구암사 갈림길을 지나 GPS 698 봉에서 곡두재로 내려가는 능선에서 비온후라 암능 내려가는데 못내려가 길도 없는데로 돌아 내려가는데 고생을 많이 했고 요즘 선답자들의 말도 지금도 위험하다고 전해져 로프를 사게 되었다. 일찍 잠자리에 들어가 자고 4시 반에 일어나 샤워를 하고 어제 포장해온 소머리 국에 밥이 있는 줄 알았는데 밥이 없고 국만 있어 다행히 라면을 두개 사가지고와 라면 한개에 국물과 같이 끓여먹으니 배가 든든하다. 아침을 먹고 산행 준비를 하고 6시20분 숙소(동명파크모텔)를 나와 추령 주차장 앞에 오니 6시30분이다.

　추령은 정읍에서 순창을 넘는 고개로 국립공원 내장산에 속해 있으며 내장사와 백양사를 잇는 고개로 순창군 복흥면 서마리 장승촌 태마공원이 조성되어 많은이들의 호황을 받고 있다. 초입은 주차장 끝 옛날 1차때 올라간 그대로 철망을 넘는다. 철망을 넘어 오르막을 오르는데 1차때는 새벽에 올라가 잘못보고 올라갔는데 오늘은 혼자 올라가는데도 주위가 잘보여 올라가는데 별로 어려움이 없다. 잘나있는 오르막을 오르며 전망바위에 올라서니 6시44분이다. 전망바위에서 뒤돌아보니 지난번 지나온 추령봉등 정맥 마루금이 보이고 추령이 내려다보인다. 능선 오르막을 올라 능선을 가며 나무사이로 서래봉을 건너다보며 오르막을 올라 GPS 371봉을 지나면서 왼쪽으로 장군봉을 올려다보며 오르막을 올라 6시 56분 산림박물관에서 올라오는 길을 만난다. 삼거리에서 4분정도 오르면 국립공원 팻말이 서있는 409봉이다. 오늘은 날이 밝아 주위를 볼 수 있고 길도 잘나있어 산을 오르는데 편안한 마음이 든다. 409봉에서 내리막을 6분 내려오니 유군치다.(7시12분)

좌표【N 35.28'49.23" E 126.55'4.26"】

　우군치는 사거리로 오른쪽은 동구리 내장산 주차장 가는 길이고 왼쪽은 화양리 주차장 내려가는 길인데 이정표에는 탕방

로 아님이라 되어있다.

　유군치(留軍峙): 이고개는 북쪽의 내장사 지구로부터 순창군 복흥면을 거처 남쪽의 백양사 지구로 연결되는 길목이다. 임진왜란때 순창에 진을 치고 공격해오는 왜군을 승병장 희목대사가 이곳에서 머무르며 유인하여 크게 물리친 사실이 있어 유군치라 유래 되었다고 한다. 유군치를 지나면서 가파른 오르막을 올라간다. 오르막을 오르며 산죽길을 지나고 오르막을 오르는데 앞에서 사람 소리가 들인다. 젊은이와 학생이 일찍도 올라왔다. 팻말 (현위지 내장01-09 해발561m 장군봉 0.48km 유군치 0.49km)를 7시28분 지나고 이정표 (유군치←0.87km 장군봉→0.1km)를 7시42분 지나면서 산죽길 오르막을 올라 장군봉 정상에 올라서니 7시47분이다.

　　　　　　　　　좌표【 N 35.28'42.8" E 126.54'26.7"】

장군봉 (將軍峰) 696m)이 봉우리는 추령에서 연자봉 중간에 솟아있는 급경사의 험준한 봉우리로 수목이 울창하다. 임진왜란과 정유재란당시 승병장 희목대사가 이곳에서 승병을 이끌어 활약했다고 하여 장군봉이라 불리운다. 산정에는 지휘대가 있고 이곳을 장군대 또는 용바위라고 한다. 장군봉 에는 넓은 공터가 있고 장군봉 696m 을 알리는 안내판이 있으며 이정표에 ↙ 유군치 0.97km → 연자봉 0.99km 팻말(내장 01-18)있다. 장군봉에 올라와 사진 한판 찍으려고 하는데 40대 중반으로 보이는 산악인 두사람이 올라와 이분들께 부탁하여 사진 한판 찍고 이분들과 같이 출발하여 가파른 내리막을 내려 암능을 오르며 팻말(내장 01-17 ↑연자봉 0.50km ↓ 장군봉 0.49km)를 지나 철계단을 올라서니 전망이 좋아 사진한판 찍어둔다.

건너편(북쪽)에 서래봉 불출봉 암봉이 건너다보이고 백련암에 단풍

이 붉은색으로 물들여 있고 케이블카아래 단풍도 붉은색으로 도색한 것 같으나 능선길은 단풍이 시들어 볼품이 없다. 무루금은 암능을 지나며 날카로운 암능을 양쪽에 철 파이프 설치길을 지나고 나무계단을 올라서 능선을 가다 연자봉에 올라서니 8시 18분이다.

좌표【 N 35.28'50.3" E 126.53'39.0"】

연자봉에 올라서니 벌서 등산객이 여러 명 올라와있다. 연자봉(燕子峰) 675m은 풍수지리상 서래봉 아래에 위치한 백련암을 연소(제비의 보금자리)라 부르는데 이 봉우리와 백련암이 서로 마주보고 있어 연자봉이라 부른다. 백련암 대웅전 앞에서 연자봉을 바라보면서 글을 쓰면 좋은 문장이 나오며 일류 명사로서 입신출세 한다는 전설이 있다.

연자봉에서 백연암을 바라보면 서래봉 아래 제비집 같이 보이며 전망이 아주 좋아 내장산 주능선이 한눈에 들어오고 아래로 케이블카와 내장사가 있다. 내장산은 원래 영은사(靈隱寺)의 이름을 따서 영은산 이라 불리었으나 안에 숨겨진 것이 무궁무진하다하여 내장산(內藏山)이라고 불리게 되었으며 지명도 내장동이라고 부르게 된 것이다. 정읍시 남쪽에 자리잡고 있는 내장산은 순창군과 경계를 이루는 해발 600m-700m 급의 기암괴석이 말발굽의 능선을 그리고 있다. 내장산은 가을 단풍도 우리나라에서 최고지만 봄·여름·가을·겨울 사계절 모두 다 아름다워 찾는 사람이 많은 곳이다. 내장산 국립공원 안에 있는 내장사는 백제 무왕37년(636년)에 영은조사가 창건했다고 전해지며 한때는 50여동의 대 가람이 들어섰던 때도 있었지만 정유재란과 625때 모두 소실되고 지금의 절은 대부분 그 후에 중건한 것이다. 김제 금산사와 함께 전라북도의 대표적인 절이다. 내장산 산봉우리 들이 병풍처럼 둘러싼 가운데 자리잡아 주변 경치가 매우 아름다우며 특히 가을철 단풍이 들무렵의 절 주변의 아름다움은 이루 말할 수 없다.

『내장사 조선동종』전라북도 유형 문화제 제49호 는 1974년 9월27일 지정 되었다. 조선 동종은 조선 후기의 동종으로 고려후기 동종에서 보이는 일반적 양식을 가추고 있으며 내장사가 중건된후 전라남도 장흥 보림사(寶林寺)에서 옮겨온 것이다. 일제 말기에는 놋쇠 공출을 피하여 원적암(圓寂庵)에 감추었고 한국전쟁중에는 정읍시내 포교당에 피난시켜 보전을 꾀하였다. 높이 80cm 신종 길이 60cm 구경 50cm의 소형이나 명문(銘文)이 확실한 조선 후기 범종의 특징을 잘 나타나있다. 모양은 마치 김치독을 엎어놓은 것 같은 형태를 취하고 있으며 배부분(鐘腹)과 견대(肩帶),구연대(口緣帶)도 확연하며 문양대도 4개의 유곽(乳廓)을 배치하였고 배부분에 비천상(飛天像)대신 보살상(菩薩像)양각하였다. 종정(鐘頂)에는 네발로 천판(天板)을 딛고 용틀임 하듯 구부린 용으로 용뉴를 만든 것이나 그 옆으로 음관을 낸것도 격식대로이다. 다만 배 부분에 비천상(飛天像)대신 보살상을 양각한 것이 다를 뿐이다. 견대(肩帶)는 두줄의 띠로 구분하여 윗 띠에는 당초문(唐草紋)을 아랫띠에는 윗띠의 돌출부분을 따라 여의두문(如意頭紋)을 배열하였다. 견대 밑에는 24개의 작은 원문양을 돌리고 그 안에 범자(梵字)을 양각하였다. 유각은 각각 당초문을 새긴 사각띠로 둘러싸고 그 안에 3단 3열의 종유(鐘乳)가 정연히 배열되어 있고 각 종유 주위는 둥근 연화문(蓮花紋)이 받치고 있다. 유각과 유곽 사이에는 2구의 보살상을 배치하고 그 아래 둥근모양의 꽃무늬 당좌(撞座)가 2개있다. 당조 사이에 건융 33년 무자 10월 시주 조한보 전남 장흥보림사 주성 (乾隆三十三年戊子十月施主趙漢寶全南長興寶林寺鑄成)의 종기(鐘記)가 있다. 조한보가 부친의 복을 빌기 위하여 조성하였다는 내용이다. 건륭 33년은 조선영조 4년 (1768년)으로 이 종이 주조된 해를 말해준다. 옮긴글

마루금은 오른쪽으로 암능을 내려서면 바로 삼거리가 나온다. 이정표(↖신선봉 1.1km ↗케불카 0.7km ↘연자봉)119 팻말 (내장 01-16)을 지나 왼쪽으로 계단을 내려서면 순탄한 길이 이어지며 119 팻말(내장 01-15 신선봉 ↑ 0.86km 연자봉 ↓ 0.30km 해발 658m)를 지나 오르막을 올라 문필봉을 넘어 내리막이 이어져 가파른 내리막을 내려 삼거리에 내려서니 8시36분이다.

이정표에 ←연자봉 0.7km ↓ 내장사 2.3km ↗신성봉 0.4km이

고 119 팻말 (내장 04-04 해발 634m)가 있고 좌측으로도 길이 있으나 탐방로 아님 팻말이 있다. 가파른 내리막을 내려오다 보니 트랭글이 끊어져 복귀를 할여고 했는데 지워지고 말았다 다시 시작하여 나무계단을 오르고 거친 돌길을 한동안 올라 신선봉 정상에 올라서니 8시59분이다.

좌표【 N 35.28'50.3" E 126.53'39.0"】

신선봉 정상에 올라오니 넓은 헬기장에 많은 사람들이 올라와 있고 커다란 정상석에 <내장산 최고봉>신선봉 해발 763m로 되어있고 이정표에 ←연자봉1.1km ↓ 대가 1.8km. 까치봉 1.4km → 이고 헬기장 아래 119 팻말 (내장 01-14 ↑연자봉 1.16km 까치봉 1.44km↓)로 되어있다.

신선봉에서 사진 한판 찍고 서북쪽 까치봉을 향해 내리막을 내려 산죽 길가에 119 팻말 (내장 01-13 ↑까치봉 1.01km 신선봉 0.43km)↓이 있고 오른쪽 길에 탐방로 아님 팻말을 9시12분 지나고 헬기장이 있고 119 팻말 (내장 01-12 ↑ 까치봉 0.41 신선봉 1.03km

↓)를 9시29분 지나며 암능을 오르며 오르막을 한동안 올라 까치봉 갈림길에 올라서니 9시39분이다.

이곳 갈림길에서 까치봉은 직진이고 마루금은 왼쪽 순창새재 쪽으로 이어진다. 마침 스마트폰 배터리를 갈아 끼우라는 멧새지가 들어온다. 배터리를 갈아 끼우고 까지봉에 갔다 오려면 왕복 0.6km 빨리 갔다 와야 20분 걸리고 까치봉은 여러번 지난 곳이고 해서 바로 마루금을 따라 내리막을 내려간다. 가파른 내리막을 내리며 산죽길을 지나 암능을 넘어 119팻말(내장 08-01 ↑ 순창새재 1.99km 까치봉 1.0km↓)를 지나 마사길 언덕봉을 넘어 이정표에(↑소등근재 0.9km 까치봉 1.1km↓)를 10시2분 지나고 암능을 내려 탐방로 표찰이 있는 암능을 올라서 586 봉을 넘어서면 119 팻말(내장 08-06 ↑순창새재 1.63km 까치봉

1.37km↓)을 지나면서 내리막 능선 갈림길에서 왼쪽길은 소등근재로 내려가고 오른쪽 길은 소죽염재 길이다. (10시15분)

  소죽염재 길은 로프로 길을 가로막아 잘못하면 소근등재로 내려간다. 가파른 내리막을 내려 평이한 능선길을 가며 소죽염재를 10시28분 지나고 능선을 가다 오르막을 올라 516봉에 올라서니 10시36분이다. 516봉은 성곽같은 돌이 둘러싸여 있고 전망이 좋아 오른쪽 아래로 작은 서당재 중간에 주암지 멀리 아래로 제일 큰 용암저수지가 보이고 멀리 정읍시가지가 내려다 보인다. 능선을 가다 오르막을 올라서면 서래야 박건석이 걸어놓은 새재봉 536m 표찰이 있다. 지도에는 이곳이 새재봉이 아니고 순창새재를 지나서 새재봉이 있다. 마루금은 왼쪽(남쪽)으로 내리막을 내려서니 10시56분이다. 순창새재에는 안내판이 있고 사거리로 왼쪽은 소등근재 오른쪽은 입암산성 직진으로 상왕봉이다.

좌표【 N 35.28'46.2" E 126.51'35.9"】

  순천새재 이정표에 ╱까치봉 3.0km ↑상왕봉 2.3km╲입안 4.2km 이고 119 팻말 (내장 08-05 해발 510m ↑까치봉 3.0km 장성새재 2.14km↓) 이다. 마루금은 직진으로 오르막을 오르며 119 팻말 (내장 08-06↑상왕봉 1.14km 순창새재 0.6km↓)를 11시10분 지나고 5분 후에 이정표 ←순창새재 0.8km 상왕봉 1.4km 로 되어있다.

가파른 오르막을 올라 새재봉 정상에 올라서니 11시13분이다. 새재봉은 아무 표시를 못보고 새재봉 뺏지만 받고 지나간다. 새재봉을 지나면서 평등한 능선길을 오르락내리락 능선을 오르며 119 팻말 (내장 08-07 해발 647m ↑순창새재 1.07km 상왕봉 1.28km↓)를 11시17분 지나고 3분후 이정표 ←순창새재 1.3km 상왕봉 0.9km→를 지나 능선을 오르내리며 119 팻말 (내장 08-08 해발641m ↑상왕봉 0.73km 순창새재 1.62km↓)를 11시27분 지나며 암능을 지나고 가파른 오르막을 갈지자로 코가 땅닿게 힘들여 올라 119팻말(내장 08-09 해발 663m↑상왕봉 0.28km 순창새재 2.0km↓)를 11시36분 지나간다. 마루금은 계속 가파른 오르막으로 10여분 올라 구암사 갈림길에 올라서니 11시46분이다. 이정표에←순창새재 2.4km↑상왕봉 30m 구암사 2.6km 이고 119 팻말(내장 08-010 해발 735m↑순창새재 2.35km 구안사 3.6km↓)이다. 상왕봉은 오른쪽으로 30여미터 올라가는데 상왕봉은 갈림길부터 인파가 몰려 오르는데도 사람에 걸여 겨우 올라가니 정상에는 사진 찍는 인파가 얼마나 많이 있던지 기다리다 상왕봉 해발 740m 안내 입간판에서 사진 한판 찍고 내려온다.

좌표【 N 35.27'40.2" E 126.51'35.9"】

　정상에는 탐방로 안내판(상왕봉 741m) 왼쪽에 사자봉으로 가는 길이고 사람들이 많이 올라온다. 여기서부터 왼쪽은 전라북도 순창군 복흥면을 가지만 오른쪽은 전라남도 장성군 북하면 백양사 계곡이다. 마루금은 오른쪽 백학봉 쪽을 내려오면 삼거리 이정표가 있으며 이정표에←상왕봉↖순창새재 2.4km 백학봉 2.3km→ 이다. 이정표를 지나며 산죽길을 따라가다. 119 팻말 (백양 12-08 해발 740m ↑상왕봉 0.3km 백학봉 2.0km↓)에서 왼쪽 암봉을 올라야 도집봉을 오르는데 오른쪽 잘나있는 우회길을 가다보니 암벽위에 도집봉을 올려다보며 능선에 올라서 뒤돌아보니 도집봉 정상이 바로 위에 있다. 이길로 와도 정맥을 벗어나지는 않으나 도집봉에 올라갔으면 경관이 좋아 볼 것이 많은데 조금은 아쉽다.

　능선을 오르내리며 119 팻말 (백암 12-07 해발700m ↑백학봉 1.6km 상왕봉 0.7km↓)를 지나고 5분후 괴 소나무를 지나는데 경치가 좋은 곳마다 사진 찍느라 사람들이 분주하다. 이곳에서 배경 사진 한판 찍고 내리막을 내려와 119 팻말 (백암 12-06 해발 660m ↑백학봉 1.2km 상왕봉1.1km↓)를 지나 약간의 오르막을 오르며 이정표(←상왕봉 1.5km 백학봉 0.8km→백양사 2.7km)를 지나며 바로 헬기장을 내려서니 이곳도 많은 사람들이 전을 펴고 점심을 먹는다. 이곳에서 주의할지점이다. 많은 사람들이 백학봉 방향으로 길이 잘나있어 백학봉 쪽으로 내려가기 쉽다. 마루금은 입간판【산행중 가슴통증 답답함은 심장돌연사를 알리는 위험 신호입니다. 휴식 후 하산하세요, 내장산 국립공원 백양사무소) (나무와 새들도 담배연기를 싫어합니다. 공원구역내 흡연행위 시 최대30만원 이하 과태료 부과 (자연공원법 제1항)】 철제 간판 뒤로 이어진다. 들머리는 길이 희미하나 들어가 조금가면 길이 나타난다. 오른쪽 잘나있는 길은 백학봉으로 백양사 내려가는 길이다. 백양사는 대한불교 조계종 제18교구 본사이다.

632년(백제무왕 33)여환이 창건하여 백양산 백양사라고 했으며 1034년(덕종 3)중연이 중창하면서 정토사라고 개명하였다. 1350년(충정왕2) 각진국사가 3창하고 1574년(선조7)환양이 현재의 백양사라고 개칭하였는데 이것은 환양의 <법화경> 독성소리에 백학봉에 있는 흰 양때가 자주 몰려 온 것에서 기인한 것이라고 한다. 1786년(정조10) 환성이, 1864년(고종1)에는 도암이 중건하였다. 근세 이후에는 송만암(宋曼庵)에 의해 교세와 사운이 융성했고 일제 강점기에는 31본산중의 하나였으며 현제는 26개의 말사를 관장하고 있다. 현존당우로는 대웅전(大雄殿) (전라남도 유형문화재 제43호): 극락보전(極樂寶殿) (전라남도 유형문화재 제32호): 사천왕문(四天王門) (전라남도 유형문화재 제44호): 명부전, 칠성각, 진영각, 보선각, 설전당, 선실, 요사채, 범종각 등이 있다. 이밖에 백양사 재흥에 힘쓴 태능의 소요대사부도(전라남도 유형문화재 제56호): 와 고려때 각진국사가 심은 것으로 전해지는 절 주위의 비자나무는 천연기념물 제153호로 지정되어있다.

또한 이 절에서는 전통적인 재식이 집전되는데 관조부 전경부 전근부 송주부 범음부가 각각 행해진다. 1917년 송만암(宋曼庵)이 중건하여 오늘에 이르고 있다. 송만암(宋曼庵)은 45세때부터 백양사 주지직을 맡아 30년 가까이 주석 하면서 불사(佛事)에 진력하는 한편 강원(講院)을 개설하고 중앙불교전문학교장을 겸임하면서 많은 인재을 길러냈다. 백양사 대웅전은 1917년 송만암이 백양사를 중건할 때 건립한 것으로 내부에는 석가여래 삼존불과 1979년 보각행(普覺行)이 조성하여 새로 모신 10척 높이의 불상. 그 왼편에 용두관음탱화가 봉안 되어있다. 또한 대웅전 내 오른쪽으로 바늘귀를 꿰는 모습 등을 긁는모습. 등 해학적인 모습을 한 나한상 23체가 봉안되어 있다. 전라남도 유형 문화제 32호인 백양사 극락보전은 400여년전에 지은 것으로 백양사 건물 중에서 가장 오래된 건물로 영조.정조때에 지은건물인데, 건평 50㎡에 새워진 정면 3칸의 맞배지붕 건물이다.

1973년 단청하였으며 1976년 보수하였다. 명부전은 1896년에 건립한 것으로 정면 5칸 측면 3칸의 맞배지붕이며 각 주두(柱頭)마다 공포가 장식되어있다. 전내에는 흙으로 조성한 시왕과 목조 지장보살상(地藏菩薩像)이 봉안되어 있다. 전라남도 유형문화재 제 44호인 백양사 사천왕문(四天王門)은 백양사의 정문으로 1917년 건립되었으며 현재 문의 오른쪽에는 지국천왕(持國天王)과 증전천왕(增長天王). 왼쪽에는 광목천왕(廣目天王)과 다문천왕(多聞天王)이 봉안되어 있다. 이 밖에도 대웅전뒤편의 팔정도(八正道)를 상징한 팔층탑(八層塔)

에는 석가모니의 진신사리(眞身舍利) 3과가 안치되어 있으며 부도전에는 백양사에서 배출. 주석하였던 휴정(休靜). 유정(惟政). 모운(暮雲). 태능(太能). 범해(梵海)등 18승려의 사리와 유골을 모신 석종(石鐘) 모양의 탑과 碑가 있다. 이중 소요대사부도(逍遙大師浮屠)는 백양사 재흥에 힘쓴 태능의 유업을 기념하기 위하여 건립한 탑으로 그 둘레는 용이 구름을 감고 하늘로 올라가는 듯한 조각이 되어 있고 좌대에는 연잎들이 조각되어 있다. 이 부도는 석종형으로 상대(上帶). 유곽(乳廓). 하대(下帶)등에 양각으로 섬세하게 조각되었으며 기단은 복련(覆蓮)으로 덮은 위에 2단의 몰딩을 두어 종신(鐘身)을 올려놓은 모습이다.

이 백양사 소요대사 부도는 2002년 9월에 보물 제 1346호로 지정되었다. 백양사의 산내암자로는 약사암(藥師庵). 영천굴(靈泉窟). 1351년에 창건한 청류암(淸流庵).1981년에 지은 수도도량 물외암(物外庵). 천진암(天眞庵)등이 있다. 그러나 고려시대부터 있어온 운문암(雲門庵) 등 많은 암자들이 6.25 전쟁때 불타버렸다. 이 중 운문암은 6.25 전쟁 전까지만 해도 백양사 8개 암자중 대표 암자였으며 백양사 뒤 계곡을 끼고 3.5km 위에있다. 고려 때 각진이 창건했다는 운문암은 백양사 수도도량 중 전망이 가장 좋은 곳에 있으며 조선시대의 신승 진묵(震默)의 일화가 전해오고 있다. 진묵이 임진왜란 직전 이 암자에서 차(茶)를 달이는 소임을 맡고 있었는데 어느날 전체 대중이 차를 달이는 운문암 중을 조사(祖師)로 모시라는 현몽을 한뒤 진묵을 조실(祖室)로 앉혔다. 어느날 진묵은 "내가 올때까지는 이 불상을 도금하지 말라" 는 말을 남기고 자취를 감추웠으므로 지금도 그 불상은 거뭇한 그늘색을 띤 채 진묵이 나타나기를 기다리고 있다. 또 백양사 오른쪽 계곡 상부에 있는 국제기(國祭基)는 천신께 제사를 올리던 곳으로 호남 일대에 재난이 있을 때에는 나라의 명을 받아 이곳에서 천제(天祭)를 올렸다. 조선시대 영조 때 호남지방에 대유행병(大流行病)이 나돌아 호남 감사가 영조에게 상소를 올리자 영지를 택하여 크게 기도를 드리라고 하였으므로 이곳 바위에다 국제기(國祭基)를 임각하여 새기고 제사를 지내게 된 것이 그 유래이다. 또 영천굴은 20평 남짓한 천연석굴로 단칸의 영천암이 있는곳이다. 굴속 바위틈에서 샘이 솟아나오는데 이를 영천이라 한다. 장마때나 가뭄때나 항상 일정한 물이 흐르는 이 샘에는 옛날 한사람이 먹을 만큼의 쌀이 나왔는데 하루는 어떤 손님이 와서 더 많이 나오라고 작대기로 쑤셨더니 그 뒤로는 쌀이 나오지 않게 되었다는 전설이 전해지고 있다. 또 백양 십경의 하나인 일광정(日光亭)에서는 해마다 사월초파일에 불가(佛家)의 侍輦法食)이 거행되며 백양사 뒤의 학바위는 고려때부터 고려 종중때까지 천제를 지낸 곳이라 한다. 절 일대 비자나무는 천연기념물 제153호로 지정되어 있고 약 3만 그루가 밀집하고 있어 춘백양(春白羊) 추내장(秋內藏)이란 칭호를 얻고 있다. 이밖에도 백양산의 학봉 상왕봉 사자봉 가인봉 등의 절경과 설경 등이 어울려 백양사 일대는 예로부터 조선팔경의 하나로 유명한 곳이기도 하다.

옮긴글

마루금은 가파른 숲길을 내려가 구암사 사거리에 내려서니 12시 34분이다. 구암사 갈림길 안부사거리 이정표에 오른쪽은 백학봉 0.6km 이고 왼쪽은 구암사 0.6km이다. 마루금은 직진으로 출입금지 입간판 뒤로 올라간다.

입간판에 『국립공원을 보호하고 훼손을 예방하기 위하여 자연 공원법 제28조 규정에 의거 아래 구간을 출입을 금지합니다. ≪구간 국두재 - 백학봉 0.6km≫ 위반시 자연 공원법 제 86조 규정에 의거 과태료 부과』 입간판 뒤 오르막을 오르며 이곳부터는 혼자 외로운 산행길에 들어간다. 오르막을 오르며 산죽길을 헤치며 올라가 GPS 695봉에 올라서니 12시47분이다. 695봉에는 길도 협소하고 전망은 좋아 앞으로 가야할 마루금을 관망

하고 자리를 펴고 점심을 먹는다. 점심을 먹고 출발해 2분후 위험암능에 내려와 가져온 로푸(줄)를 나무에 묵어놓고 줄을 아래로 내려 두줄을 잡고 내려가니 쉽게 내려간다. 내려가서 보니 줄이 조금 짧으나 그러나 별지장없이 내려와 다음 종주자도 몇 년간은 어려움 없이 내려오게 될 것이다.

　계속해서 암능을 내려와 가파른 마사길을 내려오고 1시 46분 왼쪽 비탈길로 내려서니 작은 골이 나온다. 이상해 다시 올라가 정백 마루금을 찾아봐도 이길밖에 없어 다시 내려와 묘를 지나면서 뒤를 돌아보니 암능에서 바로 내려와야 하는데 암능이라 옆능선으로 내려온게 확실하다. 묘를 지나고 왼쪽에 고추밭을 지나며 약간에 오르막을 오르며 왼쪽에 오미자 재배지를 지나 오른쪽으로 비탈길 산판길을 따르다 묘를 지나고 숲길을 가다 작은 언덕(작은봉)을 넘어 내려서 뚝을 쌓아 만든 길을 가면 이정표에 ←구암사 2.23km ↓덕흥마을 0.97km ↑백양사 1.72km 정상 1.4km→로 되어있다. 이곳이 곡두재로 지도에는 임도로 되어있는데 뚝으로 임도를 막아 양쪽에 나무계단을 만들어 놓았으며 덕흥마을 쪽으로 나무계단 아래 컨테이너가 놓여있고 컨테이너 아래까지는 차량이 올라와 있고 오른쪽 뚝 아래에는 나무벤취(나무의자)가 여러개 있고 차량이 이곳까지 올라올 수 있게 길이 나있다.

좌표【N 35.26′48.6″ E 126.56′48.3″】

곡두재를 지나면서 오르막을 통나무계단을 올라가 큰 소나무 숲을 따라 올라가니 사각 정자가 나오며 이곳이 수목장이다. 이곳은 소나무가 무성히 자라고 있는 소나무 밭인데 소나무 밑에는 많은 영혼이 묻혀 있고 나무에는 영혼을 기리는 안내문이 있고 나무아래는 꽃들이 여기저기 놓여 있다. 마루금은 수목장을 지나면서 오르막길은 산판길로 오르기도 하고 묘를 지나고 벤취두개를 지나 작은봉을 넘어 안부사거리 이정표 ←수목장 0.25km ↙ 증평마을 0.9km ↗ 벌매마을 0.45km 정상 1.05km 를 지나고 가파른 오르막 나무계단을 한동안 올라 사각 정자에서 마루금은 오른쪽으로 이어진다. 이곳 이정표에 ↘ 수목장 0.5km ↓ 증평리 0.55km 정상 0.8km↗ 이다. 잘나있는 길을 따라 능선길을 가며 벤취가 있고 이정표 ↖ 수목장 ↑벌매마을 0.45km 정상 0.54km 를 지나면서 가파른 오르막 나무계단을 올라 명지산 정상에 올라서니 2시26분이다.

좌표【 N 35.26'20.49" E126.54'8.41"】

명지산 정상 이정표에 수목장 1.3km 명지마을 0.6 km이며 공터에 아무것도 못보고 왼쪽으로 내리막을 내려 능선을 가며 나무계단을 내려가 줄묘를 지나고 강릉유씨(學生 江陵劉公 天明 之墓 配 孺人 光山金氏)묘를 지나 밧줄이 설치된 나무계단을 4분동안 내려와 명지마을에서 증평을 넘는 임도에 내려서니 2시46분이다.

이정표에 왼쪽은 명지마을 0.45km 오른쪽은 증평 0.4 km 이고 명지산 정상은 0.43km 지선교차로 0.9km 이다.

마루금은 도로를 건너 오르막을 오르며 밧줄 설치한곳 오르막을 올라 산판길을 따라 작은봉을 넘으니 포장길이 나오며 오른쪽 옹벽아래 대각산 종합 안내도 간판 있고 길가에 개집이 있고 누런 개 한마리가 길가에서 위험을 과시하고 있다. 포장길을 따라 내려오면 오른쪽에 별장같은 잘 정돈된 집앞을 지나 왼쪽은 논이고 오른쪽

은 오미자 밭 포장길을 가면 강선정(降仙亭) 마을회관이 있으며 도로 교차로 감상굴재 신호대에 올라서니 3시3분이다.

좌표【N 35.25'55.1" E 126.53'56.3"】

마루금은 감상굴재 교차로 건널목을 건너 포장 임도를 따라 올라가면 비닐하우스에 농기구 있는 곳을 지나 밭둑 오름길을 올라 묘 아래 감나무에 감이 주렁주렁 달려있어 손닿는데서 감

두개를 따먹으니 요기가 된다.

　감나무 밑을 보니 지나가는 사람마다 감을 따먹어 낮은 곳은 다 따먹고 없어 간신히 나뭇가지를 잡아당겨 겨우 따먹고 묘뒤로 숲길을 조금 오르니 인동장씨(松岩仁同張公三柱之墓 配孺人南原梁氏)묘뒤로 오르며 가파른 오르막을 한동안 올라 중간봉에 올라서니 3시29분이다. 마루금은 오른쪽으로 능선을 오르내리며 묘를 지나고 오르막을 올라 삼각점이 있는 대각산에 올라서니 3시43분이다.

　대각산은 지나가는 산에 불과하고 마루금은 왼쪽으로 내리막을 내리며 벌목지를 지나며 왼쪽에 금월리 일대를 내려다보며 경사진 내리막을 내려 이정표 (←강상굴재-칠립재-어은재→)가 있는 포장 임도에 내려서니 4시8분이다.

　마루금은 직진으로 올라가며 왼쪽에 칠입마을를 내려다보며 묘를 지나고 숲길로 들어서가다 광산정씨 묘아래 고추밭을 내려서 고압철탑이 있고 철탑아래 컨테이너박스 앞을 4시21분 지나고 왼쪽은 논이고 오른쪽은 밭인 얕은 포장길을 가다 삼거리에서 언뜻 보기에는 왼쪽 오름길 같으나 오른쪽으로 리본을 따라 50여미터 가면 왼쪽으로 리본을 따라 능선으로 올라서 양천허씨(昌平陽川許公橄之墓 配孺人密陽朴氏)묘 뒤로 벌목지 능선을 올라 오른쪽으로 오르막을 올라 중간봉에 올라서니 4시48분이다. 다시 내리막 능선 산판길을 따라가다 10분후 대나무 밭을 지나고 8분후 거대한 느티나무(보호수당산나무)가 있는 어림재에 내려서니 5시6분이다.

좌표【N 35.24'21.09" E 126.55'38"】

어림재에 있는 느티나무는 고유번호 9-12-63 으로 1999년 10월8일 300년 수령으로 순창군 복흥면 어림리에 보호수로 지정된 당산나무로 이 나무는 전국에 자생(自生)하며 크게 자라는 나무로서 우리나라와 아시아 지방에 분포하고 있는 장수목(長壽木)입니다. 전라북도와 전라남도 경계에 위치한 곳에 방추형의 수관 형태를 띤 마을의 보호수목으로 댓가지가 6부분으로 갈라져 번영을 상징하는 상징수이기도 하다. 마루금은 임도를 건너 상수도 보호 철망 옆으로 오르막을 오르며 능선 오르막을 올라 삼군봉인 도장봉에 올라서니 5시20분이다.

좌표【N 35.24'8.27" E 126. 55'2.46"】

도장봉은 전라북도 순창군 복흥면, 전라남도 장성군 북하면, 전라남도 담양군 월산면으로 삼개군 경계로 되어있으며 담양군에서 새운 여기서부터 담양입니다. 호남정맥 마루금 도장봉 459m 밀재 5.3km 이정표 안내판이 있다. 여기서 부터는 오른쪽은 장성군을 벗어나 담양군으로 들어서간다. 마르금은 왼쪽으로 능선 오르막을 한동안 올라가 6분후 도장봉 뺏지가 들어온다. GPS 571m 봉을 넘어 왼쪽(동쪽)으로 내리막을 내려 분덕재 산판길을 5시 34분 지나는데 날이 어두워지기 시작한다.

오늘은 생화산을 넘어 항목탕재 까지 가야한다. 오르막 능선을 오르며 왼쪽에 편백나무 숲길을 가며 오르막을 올라 GPS 468 봉에 올라서니 5시43분이다. 약간에 내리막을 내려 능선을 가며 가파른 오르막을 올라 암능이 있는 생화봉 갈림길에 올라서니 6시다. 생화봉 정상은 직진인데 선답자들도 그냥 지나갔는지 오른쪽에 리본이 많이 달려있어 날도 어두워지고 해서 바로 오른쪽으로 내려간다.

손전등을 꺼내 전등을 켜고 가파른 내리막을 내려가며 암능길도 가고 경주최씨 묘를 6시 19분 지나고 2분후 대나무 밭을 통과 안부를 지나고 작은 봉을 넘는데 왼쪽 아래 불빛이 보인다. 잘못 왔는가 살피다 당산나무 나오기만 바라며 불빛을 뒤로 보며 가다 내리막을 내려 거대한 당산나무(느티나무) 있는 항목탕재에 도착하니 6시40분이다.

좌표【 N 35.23'54.16" E 126.55'52.49"】

오늘 산행은 향목탕재까지 오는데 날이 어두워 힘든 구간이다. 총 거리가 26.2km로 12시간10분 산행을 하고 하산한다. 이곳에서 금방동마을까지 270m 이며 금방동에 내려가니 마을 회관앞 비닐하우스 안에서 마을 주민이 매주를 달아매고 있다. 산골짝에서 밭보다 논에 콩을 심어 메주를 만든다고 하며 순 국산 매주로 질이 좋다고 자랑을 한다.

마을 주민에게 부탁하여 복흥면 소재지 택시를 불러줘 20분

가량 기다리니 택시가 온다. 택시(17,000)로 단양에 내려가 모텔 앞에 내려 숙소를 정하려고 하니 오만원에도 방이 없다고 하며 버스 터미널에 모텔이 있다기에 터미널까지 가서도 모텔 방이 없어 우선 식당에 들여 뼈다귀 해장국으로 저녁을 먹고 모텔을 물어보니 주인 아지메 친절히 가르쳐 준다. 식당은 바로백반 2호점으로 1호점에 정식과 주문 도시락 전문점으로 아침 6시에 문을 연다고 하며 10분정도가면 24시 찜질방이 있으니 거기에서 자면 된다고 가르쳐 준다. (바로백반 061-383-2955.2956 최봉습)내일 아침 6시에 오기로 약속을 하고 찜질방에 가보니 건물이 엄청나게 크다.

우선 4층 남탕에 올라가 샤워를 하고 자려고 3층으로 내려오니 보통 사람이 많은 게 아니다. 오늘은 담양 24시 찜질방에 잠자리를 정했다고 집으로 전화를 하고 휴식을 취할 수 있는 방으로 들어가 지는데도 오가는 사람들이 많아도 피곤해서 바로 잠들어 아침 4시 반에 일어난다.

제2차 호남정맥 단독종주 7구간

항목탕재-용추사갈림길

항목탕재 : 전라북도 순창군 부흥면 대방리 항탕목재
용추사갈림길 : 전라남도 단양군 용면 용암리 용추고개
도상거리 : 항탕목재 17.4km 용추고개
소요시간 : 항탕목재 9시간19분 용추고개

금방동회관앞 6시 55분, 항탕목재 출발 7시 2분, 451봉병풍지맥 7시 34분, 상여봉 8시 5분, 밀재 8시 22분, 추월산 9시 37분, 월계삼거리 9시 50분, 수리봉 10시35분, 복암삼거리 10시 44분, 심적산(깃대봉) 11시 24분, 가인연수원 12시 14분, 북추월산 12시 50분, 천치재 2시 11분, 치재산 3시 58분, 용추사 갈림길 임도 4시 20분

2013년 11월 3일 맑음

　오늘은 어제보다는 짧은 거리지만 어제 하루 종일 산행을 해서 다소 피로해 아침 일찍(4시30분)일어나 샤워를 하고 산행준비를 하고 어제 저녁 먹은 바로백반 식당에 가니 벌써 아침 준비를 하고 있다. 이 식당은 아침 6시만 되면 손님이 온다고 한다. (바로백반 061-383-2955) 아침밥을 먹고 점심밥을 포장해 가지고 어제 예약한 택시(담양개인택시 3161호 박영길)로 복흥면 금방동 마을회관 앞에 도착하니 6시50분이다. (택시요금 17,000원)산행준비를 하고 마을 회관을 출발해 임도를 따라가다 마지막 집에서 산길로 들어서 큰 당산나무아래 어제 마무리한 항목탕재에 올라서니 7시다.

　날이 새면서 주위는 밝아져 어젯밤에 내려 온 곳을 잘 볼 수 있어 당산나무를 카메라에 담아두고 7시1분 종주 산행에 들어간다. 마루금은 임도를 따라 능선으로 들어서 묘뒤로 숲속을 가다 작은봉을 넘어 내려서 묘앞을 지나고 안부를 지나 산판길을 따라 오르막을 올라 갈림길에서 오른쪽으로 억새밭을 지나 오른쪽 숲길 능선을 가며 약간에 오르막을 올라 451봉에 올라서니 7시32분이다.

좌표【 N 35.23'39.65" E 126.56'28.95"】

　451봉은 병풍지맥이 갈리는 분기봉으로 자그마한 표찰에 병

풍지맥 분기점 이라 나무에 붙어있다. 마루금은 왼쪽으로 내리
막을 한동안 내려 왼쪽개간지 농로를 따르다 능선으로 들어서
작은봉을 넘으니 농로를 다시 만난다. (농로를 따라와도 된다)
마루금은 농로 끝에서 가파른 오르막이 시작되며 마사길 오르
막을 오르며 가파른 암능길도 오르고 생여봉 오르는 데는 보통
힘든게 아니다. 아침이라 힘은 들어도 오르는데 조금 단축해 올
라가지만 저녁때 이런봉이 다다르면 더욱 힘들었을 것이다. 가
파른 암능을 올라서 전망 바위에서 잠시 쉬며 관망하고 생여봉
정상에 올라서니 8시4분이다.

좌표【N 35.23'47.52" E 126.56'55.13"】

생여봉 정상은 GPS 525m로 삼각점이 있고 전망을 볼 수 있

고 리본이 주렁주렁 달려있고 다른 표찰은 없다. 트랭글에 생여봉 빼지는 받는다. 생여봉은 전망이 좋아 가야할 추월산도 건너다 보이고 지나온 정맥 마루금도 능선이 잘 보인다. 마루금은 리본이 많이 걸린 오른쪽으로 가파른 내리막을 한동안 내려와 잘나있는 길을 따라 능선을 한동안 내려와 묘를 지나면서 산판길을 따라 내려와 밀재인 897번 지방도로에 내려서니 8시17분이다.

좌표【 N 35.23'48.46" E 126.57'18.24" 385m】

 밀재는 전라남도 담양군 월산면에서 전라북도 순창군 복흥면을 넘는 지방 도로에 전라북도와 전라남도 경계선이다. 밀재 이정표에는 ←도장봉 5.3km 밀재 천치재 9.7km로 되어있고 도계 이정표 간판이 있고 순창군을 알리는 간판도 있다. 이 도로는 1996년 착공해 2000년 8월 31일 완공된 도로 표지석이 있고 도장봉에서 오정자재 까지 등산로 안내판이 있다. 마루금은 도로를 따라가다 복흥면쪽 등산로 안내판에서 능선으로 올라서면 숲속에 추월산 이정표를 지나 오르막이 시작되며 느긋한 능선 오르막을 오르며 공터가 있는 작은봉을 지나고 가파른 오르막을 힘들어 올라 GPS 704m 중간봉에 올라서니 9시 21분이다. 704 봉은 전망이 좋아 바로 앞봉 추월산이 올려다 보이고 보리암 추월봉이 보이며 북쪽으로 가야할 수리봉 심적산 능선이보인다. 잠시 허리쉼을 하고 추월산을 향해 가파른 오르막 암능선을 힘들여 올라가 추월산 정상에 올라서니 7시37분이다.

좌표【N 35.23'59.82" E 126.58'33.80"】

추월산 (731m)은 전라남도 5대 명산의 하나로 담양읍에서 13km정도 떨어져 있으며 많은 수림과 기암괴석으로 깎아 세운 듯한 석벽이 마치 성을 쌓은 듯이 산의 정상을 차지하고 있고 오직 서쪽에 겨우 사람하나 통행할 정도의 길이 트였다. 숲이 유난히 깊고 골마다 약수와 맑은 물줄기가 솟는다. 가을이 되면 숲이 온통 붉은 색을 띠고 산 정상에서 보면 형형색색의 모습으로 단정한 산과 호수가 어우러져 산 정상에서 내려다보는 담양호와 주변 경치가 일대 장관을 이룬다.

추월산은 계절마다 특색이 있다. 봄에는 진달래와 개나리가 만개하고 여름엔 울창한 숲의 녹음과 발아래 펼쳐지는 담양호의 푸른 물결 가을엔 붉게 물든 단풍 눈 덮인 겨울에는 나무 숲에 가려있던 바위의 자태가

독특한 풍광을 자아낸다.

산림청 100대 명산에서 76위인 추월산은 울창한 산림과 담양호가 어우러져 경관이 아름다우며 추월난이 자생하는 점등을 고려하여 산정 되었으며 정상에서 1300 m정도 아래 지점에 보리암(菩提庵)이 있다. 정상은 전망이 좋아 아래로 담양호가 내려다보이고 건너편에 강천산 금성산 가야할 수리봉 심적산이 보이고 멀리 치재산 용추봉이 구름사이로 보이며 멀리 무등산이 구름위에 솟아있다.

추월산 정상에는 정상석이 있고 이정표에 보리암 정상 1.3km 월계리 1.4km 밀재 2.2km 이다. 정상에서 사진한판 찍으려고 하는데 보리암쪽에서 젊은부부 두사람이 올라온다. 이분들도 부산에서 왔다고 한다. 이분들에 부탁하여 사진한판 찍고 9시 40분 출발하여 내리막을 조금 내려오면 이정표 (←추월산 0.1km 밀재2.3km ↖월계리1.3km 견양동 4.2km - 보리암 정상 1.2km 주차장 2.4km→)가있다. 이정표에 정상이 0.1km이나 실지로는 50-60m에 불과하다. 추월산 보리암(菩提庵)은 대한불교 조계종 본사인 백양사의 말사이다. 절 일원이 전라남도 문화재 자료 제19호로 지정되어 있으며, 보리사(菩提寺)라고도 한다. 사다리를 이용해야만 오를 수 있는 절벽의 끝에 위치하며 고려 신종때 보조국사 지눌(知訥1158-1210)이 지리산 상무주암(上無住庵)에 있을때 나무로 매를 만들어서 날려 보냈는데 그 매가 내려앉아 불좌복전(佛座福田)임을 점지하여 주었으므로 절을 창건하였다고 한다. 그후 정유재란으로 불탔고 1607년(선조 40) 승려 신찬이 중수하였다. 그뒤 1650년(효종1)스님들이 힘을 모아 다시 건립하였다.

보리암(菩提庵)은 예로부터 뛰어난 경관을 자랑하는 추월산의 낭떠러지에 자리하고 있다. 이 절은 이름 있는 기도 및 수도처로서 많이 이용되었으나 중창 및 중건의 역사는 전래되지 않고 있다. 현존하는 당우로는 법당인 대웅전과 요사채가 있다. 대웅전은 매우 규모가 큰 것으로서 1980년에 주지 진공(眞空)이 신도 묘월화(妙月華)와 法界性) 등의 도움을 받아 2억원의 공사비로 완공한 것이며 당시 목재의 운반은 미공군의 헬리콥터 지원을 받아서 옮겨왔다고 한다.

특이할만한 문화재는 없으나 이 절에는 지름1.2m. 깊이 0.7m 정도의 큰 솥이 있다. 순창에 살았던 기생이 사람들을 동원하여 절 아래에 있는 굴까지는 운반 하였으나 그 앞의 절벽 때문에 더 이상 옮길 수 없어 애를 태웠는데 이튿날 보니 불력(佛力)으로 솥이 절에 옮겨져 있었다는 전설이 전한다. 또 바위 꼭대기 가까운 절벽인데도 이 절에는 많은 샘물이 솟아나고 있는데 이 샘은 부정을 타면 물이 나오지 않는다고 한다. 실제 파계승이 샘가에서 닭을 잡아먹은 일이 있는데 석달동안 물줄기가 끊어져 물이 나오지 않아 아랫동네에서 길어 와서 먹은 일이 있었다고 전한다.

암자에서 바라보는 천지 사방은 위로 기암절벽이 장관을 이루고 아래로는 시원하게 펼쳐지는 담양호가 한데 어우러져 그야말로 절경을 이룬다. 이렇든 세상을 향해 열려있는 보리암은 천상의 극락세계를 떠올리게 한다. 그리고 보리암 바로 아래는 조선 선조때 김덕령 장군의 부인 흥양이씨의 순절처로 유명하며 임진왜란때 흥양이씨는 왜적에게 쫓기자 이곳 절벽에서 몸을 던져 순절 하였다. 1840년(현종 6) 담양부서 조철영이 흥양이씨의 순절을 기리는 비문이 바위에 새겨놓았다. 지금도 이 암벽에는 김충장공 덕령부인 흥양이씨만녁 정유매 담양추월산 왜적 순절처(金忠壯公 德齡夫人興陽李氏萬歷丁酉潭陽秋月山倭賊殉節處)라는 명문이 남아 있다.

동으로 오던 마루금은 추월산에서 부터는 북쪽으로 이어진다. 가파른 내리막을 내리며 밧줄 설치한 곳을 밧줄을 잡으며 내려 능선을 가다 월계삼거리에 내려서니 9시50분이다. 삼거리 이정표에(←보리암정상1.57km 추월산정상 0.35km↓ 월계리 1.55km 견양동 3.47km 대법원 연수원 3.57km→)라 쓰여 있고 월계리에서 올라오는 등산객이 많이 올라온다. 이곳에서 오른쪽은 급경사로 월계리로 내려가는 길이고 마루금은 직진으로 수리봉을 향해 능선 오르막을 올라간다. 능선 오르막을 오르며 중간봉(GPS 715m)에 올라서니 전망이 좋다. 오른쪽 아래로 월계리 일대가 내려다 보인다. 내리막을 내려 수리봉 오르막을 올라가는데 산꾼들이 줄지어 내려온다. 길이 암능이라 내려오는 사람이 많아 기다렸다 오르며 몇번을 반복하여 수리봉 정상에 올라서니 10시 35분이다.

좌표【N 35.24'49.82" E 126.58'18.08" 723m】

수리봉 정상에 올라서니 많은 산꾼들이 올라와 있다. 젊은이 한테 부탁하여 사진한판 찍고 내려간다. 이정표에는 추월산 1.7km 복흥면 3.5km 사법연수원 2km 등산로 수리봉 723m 로 되어있다. 암능 내리막을 내려가며 밧줄을 잡고 내려가는데 복리암 마을에서 올라오는 등산객이 줄을 지어 올라온다.

오늘은 일요일 이고 추월산 단풍 등산객이 많이 올라온다. 평소에는 하루종일 사람구경 못하는 때도 있는데 오늘은 많은 사람들을 만난다. 급경사 내리막을 내려 복리마을 삼거리에 내려서니 10시44분이다. 삼거리를 지나 능선을 오르내리며 안부에 내려서 가파른 오르막을 오르는데 무능기재 이정표가 나온다. 11시8분 무능기재를 출발해 오르막을 오르며 견양동 정상 삼거리 이정표를 11시22분 지나고 심적산 정상에 올라서니11시 24분이다.

좌표【N 35.25'28.67" E 126.58'11.03" 715m】

심적산 정상은 삼각점이 있고 표찰에 심적산(깃대봉) 710m 이 걸려있다. 마루금은 직진으로 능선을 따라 내려가다 가인연수관이란 이정표에서 오른쪽으로 능선 내리막을 내리며 산죽길을 따라가다 심적산 삼거리에서 오른쪽 급경사로 내려간다. 이정표에 ←추월산 3km-심적산 삼거리 560m-낙덕정 1.7km 이다. 급경사 내리막 마사길을 조심조심 내려와 전망바위에 내려오니 11시47분이다.

　전망바위에서 가인연수원이 바로아래 내려다보이고 뒤로 심적봉 능선 단풍이 아름답게 보인다. 연수원을 카메라에 담고 내리막을 내려가는데 암능이 여러군데 있는데 로프줄이 설치되어있어 어려움없이 암능을 내려가 사법 연수원 주차장에 내려서니 12시13분이다. 등산로 입구 이정표에←추월산 3.7km ↓호남정맥 종주코스 복흥면 5km→이며 운동장 갓길을 따라가 연수원 뒤 임도에 들어서면 이정표가 나온다.

연수원 좌표【N35.25'39.49" E 126.58'38.31" 363m】

대법원 가인연수관은 순창군 복흥면 답동리에 총사업비 116억원이 투입돼 부지 80.303㎡. 연수원 5.203㎡ 규모로 2009년 2월 착공해 2010년 7월 준공했다. 가인 김병로 선생은 본관은 울산 호는 가인(佳人)으로 1887년 12월 15일 순창 사간원을 지낸 부친 김상희씨와 장흥고씨의 차남으로 태어나 1915년 변호사 시험에 합격한 후 광주학생항일운동 6,10만세 운동 등에서 무료 변론을 했고 1945년 광복 후 남조선 과도정부 사법부장과 대한민국 초대 대법원장을 지냈다. 선생의 호인 佳人은 거리의 사람이란 뜻으로 선생의 겸손함과 청염함이 드러난다.

옮긴글

마루금은 연수원 뒤 이정표(추월산 4km 천치재 3.5km)를 따라 임도를 따른다. 연수원 수도에서 물을 한병 받아가지고 임도를 따라가다 사각 정자를 지나고 능선 오르막을 오르며 가파른 오르막을 한동안 올라 북추월산 정상에 올라서니 12시42분이다.

좌표【N 35.25'50.78" E126.59'8.01" 520m】

점심시간이 지나 자리를 펴고 밥을 먹으려고 하는데 젊은이 5명이 올라온다. 젊은이에게 부탁해 사진한판 찍어둔다. 젊은이들은 밀재를 출발해 천치재까지 간다고 한다. 점심밥을 먹고 오후 1시12분 출발해 왼쪽(북쪽)으로 약간 내리막을 내려 능선길을 가며 오르막을 올라 525 봉에 올라서니 오른쪽 아래 u자형

도로가 내려다 보이고 용연리 계곡이 보인다. 마루금은 오른쪽으로 내리막을 내려가며 1시31분 고압 철탑을 지나고 임도 안부에 내려서니 1시 45분이다. 이 고개는 큰 부레기재로 담양군 용면 용치리에서 순창군 복흥면 답동리를 넘는 고개로 차량은 다닐 수 없고 농경기 정도 다닐 수 있다. 임도를 건너 오르막을 한동안 오르니 소나무에 호남정맥 산신산 390.6m 참 산꾼들 이란 표찰이 걸려있고 숲이 우거져 있다. 1시58분 우거진 숲길을 지나 내리막을 내리며 (配孺人晉州姜氏之墓)를 지나 천치재에 내려서니 2시11분이다.

좌표【N 35.26'42.50" E126.59'49.09" 278m】

　천치재는 담양에서 복흥면과 정읍으로 연결되는 29번 국도가 지나며 고개에는 포도원 농가가 한 채 있다. 농가 앞에 먼저 온 젊은이들이 쉬고 있다. 젊은이들은 이곳에서 마친다고 한다. 시간이 없어 바로 출발한다. 마루금은 도로를 건너 컨테이너건물을 지나 안동권씨 가족묘 왼쪽으로 올라가 숲길로 들어서 오르막을 한동안 올라 2시23분 임도를 지나고 능선 오르막을 올라 2시 29분 다시 임도를 만난다. 이 임도는 천치재 아래 탑동에서 용추사로 연결되는 산판 임도로 이번이 두번째 지나는 길이다. 마루금은 임도를 따라가다 2시32분 왼쪽 능선으로 올라서간다. 능선 오르막을 한동안 올라 GPS 489 봉에 올라서니 2

시44분이다.

 마루금은 리본이 많이 달린 내리막을 약간 내려 순탄한 능선 길로 이어지며 큰 오르내림 없는 능선을 가다 막바지 가파른 오르막을 한동안 올라 533봉 올라서니 3시21분이다. 533봉은 치재산 532m란 표찰이 걸려 있다. 이곳은 치재산이 아니다. 치재산은 30여분 더 가야 한다. 북으로 오던 마루금은 동남쪽으로 이어지며 오른쪽으로 조금 내려가면 정상에 있어야할 삼각점이 이곳에 있다. 삼각점을 지나 가파른 내리막을 한동안 내려 임도 (산판도로)에 내려서니 3시36분이다. 이 도로를 오늘 3번째 만만다. 도로를 건너 가파른 오르막을 한동안 올라 치재산 정상에 올라서니 3시58분이다.

좌표【N 35.27'26.74" E127.0'51.86"】

 정상에는 치재산 정상이란 팻말이 있고 호남정맥 치재산 591m 참산꾼들 표찰이 나무에 걸려있다. 이곳에서 직진으로 내려가면 신선대로 가마골 내려간다. 마루금은 왼쪽 북동쪽으로 가파른 내리막을 내려간다. 급경사를 내려가는데 베터리 갈아 끼우라는 신호가 온다. 어젯밤 충전을 한게 덜되어 예비 베터리까지 다 소모되어 할 수 없이 트랭글을 중지해야 하기에 아래 임도에서 중지해야 한다.

임도를 100여미터 남겨놓고 트랭글이 끊어지다. 내리막을 내려 임도에 내려서니, 4시20분이다. 이 도로는 정광사 들어가는 세면 포장도로다. 포장길을 따라 내려가 삼거리에 내려서니 4시23분이다. 오늘은 더 이상 갈수도 없다. 트랭글이 끊어져서다. 부산 문현산악회에서 추월산 아래 주차장에서 4시에 만나기로 김동열씨와 약속을 했는데 전화가 안되어 연락할 수가 없다. 이도로는 천치재에서 올라오다 만난 길이며 이번이 4번째 만나며 오른쪽으로 가면 용추사다.

오늘 산행은 여기서 마무리하고 다음 이곳까지 올려면 걱정은 되지만 시간도 있고 하여 용추사 길을 따라가는데 용추사 쪽에서 차 한 대가 온다. 이차는 복흥면 천치재 아래 탑동으로 내려간다고 한다. 젊은이 두사람이 타고 온 차에 이분들의 도움으로 용채교까지 내려왔다. 고맙게도 용추삼거리 까지 태워줘 삼거리에서 또다른 승용차가 담양까지 태워 준 다해 내려오는데 추월산 주차장을 지나가는데 부산차가 있다. 혹시나 하여 내려 버스에 가서 물어보니 부산 문현 산악회 차로 김동열씨 전화가 안되어 산행을 마치고 지금 막 출발할여고 하다며 반갑게 맞아 준다. 만약 이차가 없으면 담양으로 가서 광주에서 심야버스로 부산까지 가야 하는데 우연 일치다. 오늘 산행은 아침부터 순조롭게 시작되어 마치고 내려와 부산까지 오는데 여러 사람들의 도움으로 고생을 않고 호남정맥 7구간을 마무리 한다. 집에 오니 집사람 반가이 맞아주며 고생을 덜 하고 일찍 와 다행이라며 좋아한다.

제2차 호남정맥 단독종주 8구간

용추사임도~방축리 금과동산

용추사갈림길 : 전라남도 단양군 용면 용암리 용추고개
방축리금과동산 : 전라북도 순창군 금과면 방축리 방축재 금과동산
도상거리 : 용추고개 23.3km 방축재
소요시간 : 용추고개 10시간6분 방축재

용추사 갈림길 출발 7시 15분, 용추봉 7시 50분, 깃대봉 8시 26분, 오정자재 9시 28분, 521.9 10시 22분, 강천산 11시 35분, 형제봉갈림길 11시 47분, 북문 13시 2분, 연대봉 13시 21분, 북바위 13시 36분, 동문 13시 46분, 시루봉 13시 53분, 광덕산 15시 2분, 임도돌탑 15시 33분, 357봉 6시 5분, 덕진봉 16시 46분, 방축리 17시 19분

2013년 11월 16일 맑음

　이번구간(8구간)은 거리가 멀다. 이번구간 부터는 전주권을 벗어나 광주권이다. 11월15일 오후 3시50분 버스로 광주에 도착하니 7시10분이다. 버스에서 내리니 7시20분 담양 가는 버스가 있어 바로 표를 사가지고 바로 버스를 타고 담양에 도착하니 8시20분이다. 저녁 식사가 조금 늦었지만 지난번 갔던 바로백반 식당에 가니 사장님 반가이 맞아준다. 저녁을 먹고 내일 아침을 미리 예약을 해놓고 택시도 예약하고 대나무 찜질방에 가서 샤워를 하고 일찍 잠자리에 들어가 16일 아침 4시30분 일어나 샤워를 하고 산행 준비를 하고 5시40분 숙소를 나와 바로백반 식당에 가니 벌써 아침 준비가 다 되어있다. 아침을 거의 다 먹고 있는데 택시가 벌써와 기다리고 있다. (담양개인택시 1361호 박영길 061-383-3321) 택시로 29번 국도를 따라 담양호를 거쳐 792번 지방도로 순창방면으로 가다 가마골 입구에서 가마골 들어가는 길로 가다 갈림길에서 오른쪽 용추사 길로 들어서 오르막을 오르며 꼬불꼬불 오르락내리락 용추사 앞까지는 포장도로이다가 용추사를 지나면서 때로는 비포장도로 포장도로를 반복하며 정광사와 순창 복흥면 답동 갈림길에 도착하니 7시10분이다. (메타요금 32,000원 40,000원)

　　　　　　　　좌표【N 35.27'39.06" E 127.1'19.56"】

이곳은 지난번 하산한 곳으로 이곳을 1차때와 2차에 3번째 온 곳이다. 산행 준비를 하고 7시13분 산행에 들어가고 택시는 복흥면 쪽으로 간다. 처음부터 가파른 오르막이다. 건너편에 지난번 내려온 치재산을 뒤로하고 오르막을 한동안 올라 508봉에 올라서니 7시31분이다. 마루금은 왼쪽으로 이어지며 내리막을 내리다 오르막을 오르며 때로는 산죽밭도 지나고 가파른 오르막을 오르며 용추봉 정상에 올라서니 7시48분이다

좌표【 N 35.27'57.54" E 127.2'4.01"】

정상에는 헬기장이 있고 헬기장 아래에 전일상호 신용금고에서 세운 스텐레스로 만든 용추봉 팻말이 있다. 팻말은 1차때도 있었는데 지금도 그대로 있으며 전망이 좋아 북쪽아래로 21번 국도 밤재가 내려다보이고 세자봉 700m 여분산 774봉이 우뚝 솟아있고 멀리 지나온 내장산 백암산 추월산등 지나온 정맥길이 우뚝우뚝 솟아있고 가야할 강천산 금성산성이 남쪽으로 보인다. 용추봉은 순창군과 담양군에 걸쳐있는 산으로 당양군 용추사가 아래에 있고 가마골이 있다.

용추사는 제18교구인 백양사의 말사다. 526년(백제성왕 4) 혜총(惠聰)과 혜증(惠證)이 함께 창건하였다. 624년(무왕25)신라의 원광이 중창한 이후 조선중기까지의 연혁은 전하지 않는다. 1592년(조선선조 25) 임진왜란때 주지로 있던 태능(太能)이 승병을 모아 왜군과 싸웠다.

이때 금성산성(金城山城)에서 활략했던 김덕령(金德齡)장군과 합세 했는데 왜군이 절에 불을 질러 모두 태웠다. 1630년(인조 8)에 태능이 중창했다. 1481년(성종12)에 편찬된 ≪동국여지승람≫과 1799년(정조23)에 나온 ≪범우고≫에는 용천사(龍泉寺)라고 기록되어 있다. 1905년에 현재의 이름으로 바꾸었다. 하며 이후에는 최악현(崔益鉉) 등 의병들이 모이던 호국 사찰이었다. 1949년 다시 불에 탄 것을 1961년 본래의 절터에서 위

쪽으로 300m 떨어진 곳에 초막을 짓고 복원한 바 있다고 한다. 건물로는 입법당과 요사채 등이 있고 유물로는 전라남도 유형문화재 제138호로 지정된 용추사 부도군이 유명하다. 춘담(春潭). 월파(月波). 태능(太能) 등의 부도로서 옛 암자터에 모여 있으며 모두 조선 후기에 만들어졌다.

용추사 아래에는 유명한 담양 가마골이 있다. 가마골은 예날 담양 고을에 어떤 부사가 부임하였을때 가마골 풍경이 너무 아

름답다고 하여 이곳 경치를 구경하고자 관속들에게 예고령을 내리고 그날밤 잠을 자는데 꿈에 백발 선인이 나타나 내일은 승천하는 날이니 오지 말라고 부탁하고 사라졌다. 그러나 부사는 이튿날 가마골로 행차했고 갑자기 그 못의 물이 소용들이 치고 황룡이 하늘로 올랐다. 그러나 황룡은 다 오르지 못하고 떨어져 피를 토하며 죽었다. 이를 본 부사도 기절하여 회생하지 못하고 죽었다. 그뒤 사람들은 용이 솟은 못을 '용소'라고 하고 용이 피를 토하고 죽은 계곡을 '피잿골' 그리고 그 일대 계곡을 그릇을 굽는 가마터가 많다고 하여 '가마곡'이라 불렀는데 세월이 흐르면서 가마골로 불렀다고 전해진다.

정상에서 북동쪽으로 오던 마루금은 남쪽으로 이어진다. 정상에서 사방으로 사진 몇판 찍고 7시53분 출발하여 가파른 내리막을 한동안 내려 능선길을 오르내리며 산죽길로 들어서 산죽길을 따르다 안부 임도에 내려서니 8시15분이다. 이 임도는 닭사리에서 용추사 오르는 길로 이어지는 길인데 옛길로 사람이 다니지 않은 길로 되어있다. 임도를 지나 오르막을 오르며 가파른 오르막을 한동안 올라 삼각점이 있는 깃대봉에 올라서니 8시26분이다. 정상에는 서래아 박건식이 걸어놓은 깃대봉 516m 표찰이 있고 마루금은 남쪽으로 이어진다. 내리막을 내려 암봉을 지나고 암능위 전망바위를 지나고 암능 내리막을 내리며 험한 암능을 한동안 내려 능선으로 들어서며 잘자란 소나무 능선을 지나고 삼나무 조림밭을 내려 안부를 지나고 오르막을 올라 무명봉에 올라서니 8시58분이다.

　능선을 내려서며 암능을 지나고 내리막을 내려서며 왼쪽에 밤나무 단지를 내려서 임도에 내려서 왼쪽은 농장 철조망을 따른다. 밤나무 단지를 지나면서 오른쪽은 짐승이 못오게 한것인지 넓게 벌목(풀치기)을 해서 다니기가 편리하다. 안부를 지나고 오르막이 시작된다. 이곳도 풀치기를 해 길이 잘되어있으며 가파른 오르막을 오르면 큰 소나무가 몇그루 있다. 소나무를 지나 암능 오르막을 오르는데 오른쪽은 절벽이고 왼쪽은 농장 철조망을 따라가며 344봉을 지나 내리막을 내려서 고압철탑을 9시20분 지나고 조금가다 왼쪽으로 철조망을 따라 내려가다 2분 후 철조망 안에 하우스 건물을 왼쪽에 두고 길을 막아 오른쪽으로 내려서 쓰러진 잡목을 넘으며 다시 능선으로 올라서 밤나무 가운데 길로 들어서 가다 내리막을 내려서니 792번 지방도로 오정자재다. (9시28분)

좌표【 N 35.25'59.31" E 127.2'41.50"】

　오정자재는 전라북도 순창군 구림면에서 전라남도 담양군 용면으로 넘는 2차선 도로다. 마루금은 순창군방향 삼거리에서 호남정맥 입간판 뒤쪽에 리본이 많이 걸려있다. 민가에 양 벌통이 많이 있다. 능선으로 올라서 왼쪽에 짐승막이 전선을 따라 오르다 급경사 오르막을 한동안 올라 중간봉(423m)에서 오른

쪽으로 능선을 가다 9시55분 철탑을 지나고 태풍에 넘어진 나무를 이리저리 피해가며 능선을 가며 가파른 오르막을 한동안 올라 삼각점이 있는 521.9봉에 올라서니 10시22분이다.

좌표【 N 35.25'9.33" 127.2'55.30"】

521.9봉은 삼각점이 있고 전망이 아주 뛰어나 추월산 수리봉 심적산 치재산 용추봉 등 지나온 산들이 줄지어 보이고 가야할 강천산 금성산이 건너다보인다. 마루금은 강천산을 바라보며 가파른 내리막을 한동안 내려와 안부를 지나 오르막을 오르며 암능을 올라 암봉에 올라서니 10시40분이다. 암봉에 올라서니 왼쪽에 청계 저수지가 내려다보이고 오른쪽은 분통마을이 내려

다 보인다.

　마루금은 암능을 지나며 가파른 내리막을 한동안 내려와 분통재를 11시2분 지나며 다시 오르막이 시작된다. 느슨한 오르막을 오르고 작은봉을 넘고 다시 오르막을 오르며 중간봉을 지나면서 왼쪽으로 능선 오르막을 한동안 가다 깃대봉 삼거리에 도착하니 11시30분이다. 삼거리에 정맥길은 파란 파이프로 가로 막아 놓았고 깃대봉 쪽에서 오는 길은 넓은 길이다. 잘나있는 길을 따라 오르막 능선을 올라 강천산(왕자봉)삼거리에 도착하니 11시 34분이다. 정맥 마루금은 삼거리에서 오른쪽 능선으로 이어지며 왕자산은 정맥에서 벗어나 있다. 삼거리에서 왕자산은 200m이다. 잠시 왕자산에 가서 빼지를 받으려고 왕자산에 도착하니 11시37분이다.

좌표【 N 35.24'8.94" E.127.2'53.20"】

　군립공원 강천산에는 강천사가 있다. 강천사는 대한불교 조계종 제24교구 본사인 선운사(禪雲寺)의 말사이다. 신라 진성여왕 원년(887년)에 도선국사에 의해 창건되었다. 그후 번창하여 고려 축숙왕 3년(1316년) 덕현선사가 사찰을 중창하고 5층석탑을 세웠고 한때 12개의 암자와 1천여명의 승려들이 머물렀다고 한다.

　그런데 임진왜란때 석탑만 남고 모두 소실되었다. 조선 37년(1604년)에 소요대사가 재건했으나 다시 한국전쟁때 소실되었

다가 1959년 김장엽(金奬燁)이 첨석각을 1977년 보광전을 대웅전으로 바꾸었고 1997년 첨성각을 헐고 복원 하였다. 충실리와 남계리, 석장승, 순창객사, 순화리 3층석탑 등의 문화재가 있으며 주변 관광지로 금성산성, 용소폭포, 강천호, 담양호, 추월산, 희문산, 내장산 국립 공원등이 있다. 1482년에 작성한 『강천사모연문』에 보면 신령(信靈)이 광덕산(廣德山)가운데서 명승지를 골라 초암을 짓은 것에서 부터 유래한다고 나와 있다.

역사적으로 이 절에는 비구승보다 비구니들이 많이 머물렀는데 그 까닭은 '창건자 도선이 머리카락과 수염이 없는 사람이 있어야 빈찰(貧刹)이 부찰(富刹)로 바뀌고 도량이 정화된다'고 한 예언에 따라 절을 유지하여 왔기 때문이다. 현존하는 문화재로는 대웅전 앞에 있는 유형문화재 제92호인 5층 석탑과 금강문(金剛門)은 1979년 지정되었고 전라북도 유형문화재 제 27호인 삼인대(三印臺)등이 있다.

　왕자봉에서 트렝글 빼지하나 받고 사진한판 찍고 다시 돌아와 왕자봉 삼거리에서 마루금을 따라가며 능선길을 가다 형제1봉을 왼쪽에 두고 오른쪽 비탈길로 내리막을 내려 형제봉 삼거리를 11시49분 지나며 사진 한판 찍고 마루금은 형제2봉은 오르지 않고 오른쪽(서쪽)으로 내려가 능선을 가다 안부를 지나고 오르막을 오르며 산죽길을 지나며 495봉은 오르지 않고 왼쪽(남쪽) 비탈길을 한동안 따르다 사거리 안부에 도착하니 12시20분이다. 조금전 추월해 지나간 등산인이 점심을 먹으며 같이 점심을 먹자고 한다. (충청북도 청주시 김오중씨) 처음 보지만 산에서는 어떤 사람이든 친구나 같다. 서로 인사를 하고 같이 점심을 먹고 과일로 입가심을 하고 같이 출발해 오르막을 오르며 490봉을 오른쪽에 두고 왼쪽 비탈길로 오르막을 한동안 올라 북문 성 아래에 도착하니 12시58분이다. 북문은 옛날에(1차 때)는 성터만 있었는데 사각 정자가 있다.

좌표【 N 35.23'22.95" E 127.1'50.13" 】

　북문에 올라오니 등산객이 많이 있고 점심을 먹는팀이 많이 있다. 담양군은 대나무로 유명한 고장이며 전국 대나무 밭의 4분의1 정도가 담양에 있다고 한다. 담양읍에서 약6km 떨어진 담양호 못미처 있는 금성 산성은 쌓은 연대가 확실치 안으나 성의 주위 여건 및 고적의 증거로 보아 삼한 시대로 추정되며 포곡식

석성으로 철마봉 운대봉 장대봉을 연결하여 2중 산성을 이루고 있으며 외성은 6.486m 내성은 859m에 달하는 석성이다. 동·서·남·북 문의 터가 있는데 이 4개소의 통로 외에는 절벽 등으로 통행이 불가능 하여 요새로는 더할 수 없이 좋은 지리적 특성을 갖고 있으며 사적 제353호이다. 임난 이후 장성의 입암산성 무주의 적상산성과 더불어 호남의 3대 산성으로 알려지고 있다. 북문에 올라서니 오른쪽 아래 담양호가 내려다보이고 지난번 지나온 추월산이 건너다보인다. 청주에 김오중씨와 같이 사진 한판 찍고 김오중씨는 빨리 내려간다며 앞서가고 오후 1시8분 출발한다. 정맥 마루금은 북문을 지나 왼쪽 성벽 밖으로 사면길로 이어진다.

북문터(北門址) : 금성산성의 외성에는 4개의 문루가 있었는데 이곳은 북문이 있던 자리이다. 북쪽에 치성(雉城)이 있고 운대봉과 연대봉을 지나 동문과 연결된다. 남쪽으로는 서문과 연결되는데 비교적 가까운 거리이고 급경사를 이뤄 성곽을 단이 지게 쌓았다. 북문은 성곽 전체로 볼때 가장 높은 곳에 자리하고, 서쪽으로 많이 치우쳐 있다. 외부의 인글마을(담양군 용면 분통리)과 강천사(전북 순창)로 연결되는 좁은 산길이 있다. 성문 바깥쪽 산길 좌우는 급경사를 이루고 있어 유사시에는 외부로의 퇴각로로 이용되었을 것으로 추정된다. 북문은 외부에 드러난 주초석과 문지 주변 발굴조사를 통해 정면 3칸 측면 1칸으로 2012년 복원 하였다. 마루금은 9분후 오른쪽 성곽으로 올라서 가다 연대봉에 도착하니 1시21분이다. 연대봉은 자그마한 돌탑에 연대봉이란 표지판만 하나 성곽위에 있고 볼품이 없다. 사진만 한판 찍고 성길을 따라 5분후 삼각점을 만난다. 삼각점을 지나고 내리막을 내려 운대봉 북바위는 직진이고 마루금은 북바위를 바라보고 오른쪽 사면길로 이어진다. 잠시 운대봉 북바위에 올라 사진한판 찍고 내려와 마루금을 따라 오른쪽 사면길로 돌아가면 운대봉 아란 갈림길이 나온다. 이정표에 금정산 운대봉이라 되어있고 왼쪽은 장군폭포 1.73km 뒤로는 북문 1.2km 앞으로 동문 0.6km 광덕산 2.7km 이다. 마루금은 성곽을 따라가다 3분후 강천사 갈림길을 지나간다. 이정표에 강천사 3.2km 동문 0.3km 운대봉 0.3km이다. 갈림길에는 강천사로 내려가는 사람들이 북적댄다. 성곽을 따라 내려가 동문터에 도착하니 1시46분이다.

동문터(東門址)

금성산성의 외성에는 4개소의 문루가 있었는데 이곳은 동문이 있던 자리이다. 축단 상부에는 주초석이 일부 드러나 있어 문루가 정면 3칸 측면 1칸인 것을 알 수 있다. 협축의 성벽을 따라 형성된 옹성(甕城)이 있고 그 끝부분에는 높게 쌓은 망대(望臺)*가 있다. 망대는 상부 평면이 가로 6.25m 세로

2.5m 의 긴 네모꼴이며 바깥쪽 성벽은 2.7~3.8m의 높이로 외곽의 성벽에 비해서 놓은 편이다. 돌 쌓은 수법은 성벽과 달리 아랫부분에 점판은 계통이 길다랗고 납작한 돌로 쌓아 올렸으며 자연 암반과의 부착력을 강화하기 위하여 망대 아랫부분에는 강회를 사용하였다. 1999년도에 옹성과 성벽을 보수하였으며 다른 문지보다 성벽이 놓고 특이한 옹성 형태를 가지고 있다. '옹성(甕城)'* 성의 문을 보호하고 성의 방비를 튼튼히 하기 위하여 성문 밖으로 반원형(半圓形)이다.

* 방형(方形)등으로 쌓은 작은 성
* 적의 동정을 살피기 위하여 새운 높은 대(臺)로 금성산에서는 이곳이 유일함

　마루금은 동문 갈림길어서 왼쪽으로 이어진다. 1차때는 오른쪽 길로 들어서가다 되돌아온 기억이 난다. 성곽길을 따르다 시루봉 갈림길에 도착하니 1시 52분이다. 시루봉에 잠시 올라가는데 철계단을 오르고 암능을 올라 시루봉 정상에 올라서니 1시55분이다. 시루봉은 전망이 좋아 사방을 관망하고 사진한판 찍고 다시 내려와 마루금은 왼쪽 비탈길로 밧줄을 잡고 급경사 내리막을 내려가 철계단을 내려와 암능을 2시5분 내려가고 하성재 안부에 내려서니 2시15분이다. 안부를 지나 다시 오르막을 오르며 이곳부터 길은 양호하다. 마루금은 북동쪽으로 잘나 있는 길을 따라 오르막을 한동안 올라 470봉에 올라서니 2시25

분이다.

470봉에서 내리막을 약간 내려 다시 오르막을 오르고 무명봉에 올라서니 앞에 광덕산이 높이 보인다. 내리막을 내려와 임도에 내려서니 2시42분이다. 임도는 왼쪽으로 내려가면 강천사 내려가는 길이고 오른쪽은 장안리로 내려가는 임도다. 강천사 가는 길은 목문이 설치되어 있고 쉬어갈수 있는 비취도 있다. 마루금은 직진으로 철계단을 올라간다. 철계단을 잠시 오르면 가파른 능선길로 이어지며 숨을 몰아쉬며 올라 다시 철계단을 올라서면 갈림길이다. 이곳에서 광덕산은 직진이고 마루금은 오른쪽(남쪽)으로 이어진다. 암능을 올라 광덕산 정상에 올라서니 3시1분이다.

좌표 【 N 35.23'05.3" E 127.03'21.3" 】

정상에서 사진한판 찍고 다시 내려와 철계단 끝에서 오른쪽(남쪽)으로 급경사를 내려와 임도에 내려서니 3시 22분이다. 오늘 산행 중 가장 난이도가 심한 곳이다.

이 임도는 조금전 지나온 강천사로 이어지는 길이다. 임도를 건너 급경사 길을 내려오면 5분후 다시 임도를 만나고 다시 능선길로 들어서 내려오다 갈림길에서 오른쪽길로 들어서 내려오면 다시 임도를 만난다. 임도에는 바윗돌 3개를 쌓아 놓은게 있다. 마루금은 임도 오른쪽으로 리본이 걸려있다. 능선길을 가며 왼쪽에 마을을 내려다보며 안부를 지나고 오르막을 오르며 울

산김씨 묘를 3시46분 지나고 무명봉에 올라서니 4시5분이다. 마루금은 왼쪽으로 내리막을 한동안 내려와 안부를 지나고 오르막을 올라 묘봉에 올라서니 4시21분이다. 마루금은 오른쪽으로 덕진봉을 바라보며 내려와 안부를 지나고 덕진봉에 올라서니 4시46분이다.

좌표【N 35.21'26.31" E 127.3'55.53"】

 덕진봉(386.1m)은 나무에 표찰이 있고 완만한 공터에 돌탑이 있으며 볼거리는 없다. 덕진봉에서 내려가는 길은 편안한 길이며 내리막을 한동안 내리면 대나무 밭을지나 마을입구 양계장(닭장)을 지나 마을길로 들어서면 철망 울타리에 리본이 많이 걸려 있다. 마을길을(방축2길) 따라 방축마을 표지석이 있는 24번 도로에 나오니 5시16분이다. 도로에 내려와 보니 마을 뒤로 내려와야 하는데 전임자의 길을 따라 오다보니 잘못된 것 같다. 24번 도로를 따라 담양쪽으로 5분쯤 가면 금과동산

과 호남정맥 표지판이 있다. 이곳에 와보니 1차때 기억이 생생하다. 내일 이어가는 정맥길을 확인해놓고 오늘은 여기서 마무리 한다. 담양시내 숙소를 갈려고 다시 24번 도로를 따라 방축마을 버스 정유소에 가 버스로 담양에 가서 바로백반 식당에서 저녁을 먹고 내일아침 약속을 해놓고 대나무찜질방 숙소로 돌아와 오늘 도 무사히 마치고 저녁 먹고 숙소라고 집으로 전화를 하고 오늘 일정을 마무리 한다.

제2차 호남정맥 단독종주 9구간

방축리~방아재

방축리 : 전라북도 순창군 금과면 방축리 방축재 금과동산
방아재 : 전라남도 담양군 대덕면 문학리 방아재
도상거리 : 방축재 금과동산 22.9km 방아재 버스정류장
소요시간 : 방축재 금과동산 9시간 24분 방아재 버스정류장
방축리출발 7시39분, 고지산 8시37분, 88고속도로 9시4분,
이목재 9시30분, 봉황산 9시51분, 이목재 10시16분,
서암산 11시11분, 서흥재 11시35분, 임도 설산갈림길 12시32분,
쾌일산 12시54분, 성림수련원 갈림길 13시11분, 무이산 14시3분,
과치재 13번국도 14시54분, 호남고속도로철계단 15시19분,
연산정상 16시30분, 방아재 16시56분

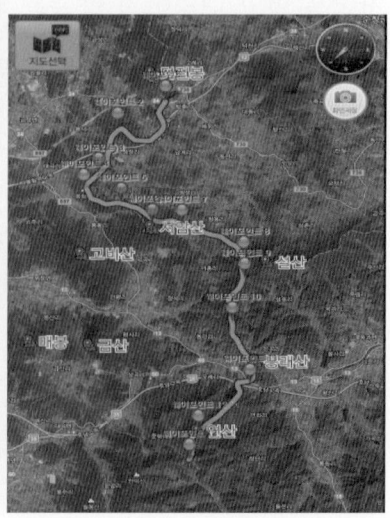

2013년 11월 17일 아침 비 흐리고 오후 맑음.

　오늘은 어제보다 거리도 짧고 고도차도 어제보다 덜하고 출발지도 가깝고 하여 5시에 일어나 사워를 하고 찜질방을 나와보니 어제는 맑은 날씨였는데 어젯밤부터 비가와 아침에도 가랑비가 내린다. 바로백반 식당에 가서 아침밥을 먹고 점심도시락을 준비하고 순창 가는 버스가 6시에 있다기에 산행준비를 하고 버스터미널에 나가니 출발하는 버스가 있어 방축리가는가 물어보니 운전기사 빨리 타라고 한다. 버스를 타고 가는데 운전기사 여기서 내려 200m가량가면 방축리라고 내리라기에 내려보니 아무래도 이상하다. 아침 일찍이라 사람도 없고 한참을 가도 어제 내린 방축리가 아니다. 이곳은 광주방면 방축리가 있다고 한다.

　담양개인택시를 불어 택시로 순창군 금과면 방축리 어제 마무리한 금과 동산앞에 도착하니 7시30분이다. 밤새 비가 와서 땅이 질퍽거리고 지금도 이슬비가 내린다. 산행준비를 하고 오늘은 비 맞을 준비도 하고 7시40분 산행에 들어간다. 어제 같으면 용추산 정상에 올라간 시간이다. 초입은 호남정맥 입간판에서 포장길을 따른다. 포장길을 따르다 갈림길에서 언뜻 보기에는 직진 같지만 왼쪽 컨테이너 있는 쪽으로 가다 능선길로 들어서 가다 왼쪽으로 방향을 틀어 묘를 지나고 대나무 밭을 지나가

면 공사중인 88고속도로가 나온다. 고속도로 공사구간이라 땅이 질퍽거려 차가 지나간 곳으로 한동안 가다 8시8분 안개 잦은 지역 1km지점 안내판 아래서 오른쪽으로 리본을 따라 들어가 잡목숲을 헤치며 길을 찾아 능선길을 올라간다.

지금은 공사중인 도로를 따르지만 공사가 완공되면 어느 쪽으로 가야할지 의문이다. 진입로를 찾아 올라가는데 길가에 멧돼지가 땅을 파헤쳐 놓아 주의해서 가는데 갑자기 멧돼지가 후다닥 하며 달아난다. 인기척을 하며 오르막 능선을 오르는데 다시 멧돼지가 앞으로 달아나 조심해서 올라가는데 중턱쯤 올라가니 멧돼지는 옆길로 가고 보이지 않는다.

가파른 오르막을 한동안 올라 중간봉에 올라서 오른쪽으로 능선을 가다 가파른 오르막을 올라 삼각점이 있는 고지산 정상에 올라서니 8시37분이다. 고지산 정상에는 자그마한 삼각점이 있고 새마포 등산클럽에서 고지산 316.9m란 표찰이 걸려있다. 잠시 배낭을 내려놓고 비가 그쳐 정리를 하고 8시40분 출발한다.

마루금은 왼쪽(남쪽)으로 내리막을 내려와 유인 나주임씨 묘를 지나고 안부에 내려와 잠시 오르막을 오르며 오른쪽으로 능선을 가다 다시 88고속도로에 내려서니 9시4분이다. 고속도로 분리대가 콩고리트 벽이라 넘을 수가 없어 선답자는 오른쪽으로 가다 지하통로를 지나야 한다고 되어 있는데 필자는 왼쪽으로 100여미터 가다 공사 중 도로를 건너 갓길로 가다 밭 끝에서 능선으로 올라서 9시19분 마루금을 따라간다.

마루금을 따라가다 산판길을 따르며 감나무 한그루를 지나면 포장길이 나온다. 포장길을 따르다 이천서씨(雲谷利川徐公章洙之墓)묘 앞을 지나고 가다보면 큰 소나무가 태풍에 넘어져 길을 가로막은 곳을 지나고 묘를 오른쪽에 두고 내려서면 담양군 금성면 봉서리에서 순창군 금과면 목동리를 넘는 자전거 포장길이 나온다.(9시30분) 【자전거 포장길 입간판에 오른쪽은 (국토종주 영산강 자전거길방향 -여기서 부터는 전라남도 담양군 입니다) 왼쪽 입간판에(국토종주 섬진강 자전거길 방향 여

가서 부터는 전라북도 순창군입니다)】라고 되어있고 포장길을 지나 능선길로 올라서 잘나있는 길을 따라 올라 봉황산정상(235.5m)에 올라서니 9시49분이다. 봉황산은 평편한 봉으로 높지는 않지만 지도에 나와 있으며 정상에 봉화산이란 팻말이 걸려있다. (6.4km 2간15분)

좌표【 N 35.19'18.35" E 127.2'36.06" 】

봉황산에서 사진한판 찍고 능선으로 내려서며 전주이씨 묘를 9시57분 지나고 능선을 가다 임도에 내려서 왼쪽에 단풍나무 묘목지를 지나는데 이곳은 단풍으로 물들여 있다. 임도를 끝나 내려서며 대나무밭을 지나고 오른쪽에 순천김씨묘(嘉善大夫行僉知中樞府事順天金公士龍之墓 配淑夫人玉川趙氏)를 지나 도(道)경계 표지판이 있는 일목고개에 내려서니 10시16분이다.(7.9km)

좌표【N 35.19'3.28" E 127.3'20.12" 】

일목고개는 도계 2차선 도로가 지나며 왼쪽은 순창군 금과면 목동리 일목부락이 지근에 있고 마루금은 도로를 건너 포장길을 따라 올라간다. 포장길을 따라 오르면 왼쪽에 묘군을 지나고 묘목 능선을 지나 리본을 따라 내려가다 농가 마당에 내려서니 농가주인 이길로 가면 된다고 알려준다. 마을 고샛길을 따라 올라가 커다란 송지농원(松旨農圓)표지석을 지나며 1차때 길도 없는 능선길을 오다 농원 주인한테 혼쭐이 난 기억이

난다. 포장길을 따라 오르다 과
수원 가운데로 포장길을 따라
가는데 과수원 주인 부부가 과
수목에 퇴비를 주는데 악취가
대단하다. 마루금은 과수원 끝
부분에서 능선으로 올라서며
초입부터 가파른 오르막이 시
작된다.(10시41분)

가파른 오르막을 오르는데
오늘 구간중 제일 가파른 오르
막 이다. 가파른 오르막을 숨을
몰아쉬며 한동안 올라 산불 감
시초소에 올라서니 10시58분
이다. 마루금은 초소에서 오른
쪽으로 내려서 다시 오르막을

올라 서암산어깨 서암산 갈림길에 도착하니 11시2분이다. 마루
금은 갈림길에서 왼쪽으로 이어지고 서암산은 오른쪽으로 올라
가야 한다. 서암산 뺏지도 받을겸 서암산에 다녀오기로 하고 가
파른 오르막을 밧줄을 잡고 올라 가파른 암능을 올라 서암산 정
상에 올라서니 11시10분이다.

좌표【 N 35.18'40.62" E 127.3'57.36" 】

서암산 정상은 팻말(서암산 해발 455m)이 있고 삼각점이 있다. 힘들여 올라와 사진한판 찍고 바로 내려간다. 가파른 내리막을 내려 갈림길을 지나고 내리막을 내려 벤취가 하나있고 왼쪽에 아담한 건물이 하나 있는데 사람이 사는지 창고인지 자그마한 건물을 지나며 오른쪽으로 임도를 따르다 오른쪽 능선으로 들어서 가다 내리막을 내려 임도사거리에 내려서니 11시27분이다. 사거리에서 임도를 버리고 직진으로 오르막을 올라 작은봉을 넘어 내리막을 내려가 이정표가 있는 서흥고개에 내려서니 1시35분이다. 이동거리(10.5km)

좌표【N 35.18'39.14" E 127.4'31.29"】

이정표에 서암산정상 1.06km 설산정상 3.11km 쾌일산 정상 3.23km이고 작은 포장길로 담양군 무정면 서흥리에서 순창군 금과면 청룡리를 넘는 고개로 농경차 한대가 지날 수 있는 길이다. 포장길을 건너 능선으로 올라서 작은 봉을 넘어 내리막을 내려가는데 칡뿌리를 캐는 사람이 길을 파헤쳐 놓아 야간 산행에는 위험하다.

길을 따라 내려 가다보니 곳곳에 칡뿌리를 캐 놓았으며 경운기 트랙 한 대가 있다. 경운기를 지나쳐 내려서니 산판길 임도사거리 안부다. 11시58분, 마루금은 산판길 임도를 따라 능선오르막을 오르며 12시15분 산판길을 버리고 오른쪽 사면길로 가다 왼쪽 능선으로 올라서 고압철탑을 12시22분 지나 오르막을 오르는데 앞에 벌목지가 나온다. 능선을 따라 직진하려고 보니 길이 없고 오른쪽에 길이 있어 비탈길로 6분쯤 가니 설산 갈림길 이정표가 나온다. {이동거리13km12시32분 통과 소요시간 4시간 59분}

좌표【 N 35.18'3.90" E 127.5'43.37" 】

임도에는 승용차 한대가 올라와 있고 나무의자 쉼터가 있으며 이정표에 쾌일산 1.3km <임도> 수도암 2.0km 설산 0.9km 이다. 이곳부터 전라북도 순창땅을 벗어나 오른쪽은 전라남도 담양군 왼쪽은 전라남도 곡성군으로 이어진다.

마루금은 임도에 또다른 이정표 방향으로 능선길로 들어서 잘 정돈된 오르막길을 한동안 올라 7분후 무명봉을 넘고 능선을 가다 가파른 오르막을 올라 암봉에 올라서니 전망이 좋아 옥과면과 남해고속도로를 관망하고 앞에 보이는 쾌일산을 카메라에 담고 능선 오르막 암능을 올라 쾌일산 정상에 올라서니 13시다. {이동거리 13.9km 통과시간 12시59분 소요시간 5시간25분}

좌표【 N 35.17'28.44" E 127.5'37.32" 】

정상에는 나무판자에 쾌일산 455m 표지판이 있고 이정표 성림수련원 1.3km 설산 2.1km 쉼터1.3km로 되어있다. 사진 한판 찍고 내려와 갈림길 삼거리 이정표를 1시11분 지나간다. 이정표에 왼쪽은 성림수련원 1.2km 임도 0.5km 쾌일산 0.1km.를 지

나 능선을 내려와 전망 좋은 넓은 바위에서 자리를 펴고 점심을 먹고 1시29분 출발해 능선 내리막을 내려 삼거리 이정표를 1시35분 지나간다. 삼거리이정표에 쾌일산 0.5km 설산 2.6km 성림수련원 0.8km 이며 마루금은 직진으로 내려가고 암능을 지나 내리막을 내려오다 왼쪽 비탈길로 내려와 이정표가 있는 임도에 내려오니 1시44분이다.

마루금은 능선으로 들어서 가다 다시 안부사거리에서 임도(산판길)를 따르다 오르막을 올라 무이산 정상에 올라서니 2시3분이다. {이동거리 15.8km 통과시간 14시3분, 소요시간 6시간 29분}

좌표【 N 35.16'51.61" E 127.5'30.47" 】

무이산 정상은 삼각점이 있고 나무판자에 무이산 304.5m 팻말이 있고 리봉이 주렁주렁 달려있다. 내리막을 내려와 오르락 내리락 작은봉을 오르내리며 통정대부 전주이씨 묘를 2시18분 지나고 오르막을 오르다 2시32분 오른쪽 우회길에 리봉이 많이 달려있어 238.9m 봉래산은 오르지 않고 오른쪽 우회길로 한동안 가는데 길이 만만치 않다.

  2시43분 능선에 올라 마루금을 따르는데 잡목이 우거져 길이 잘 보이지 않고 희미한 길을 따라 잡목을 헤치며 내리막을 내려와 13번 국도 담양군 무정면과 곡성군 옥과면 군계 표지판 아래 도로에 내려서니 2시53분이다. {이동거리 18.4km 통과시간 2시53분 소요시간 7시간20분}

좌표【 N 35.15'43.27" E 127.5'41.51" 】

  마루금은 13번 도로를 건너 NC.OIL 주유소 앞을 지나 고속도로를 건너야 하나 차량 통행이 많아 구 포장도로 오른쪽길로 한동안 가면 지하통로를 통과해 고속도로 갓길로 올라서 곡성

쪽으로 가다보면 철계단이 나온다. 고속도로 갓길을 따라 오다 오른쪽으로 길이 있어 올라가다 보니 묘군이 나오며 묘를 지나 길이 없어 다시 내려와 5분가량 허비를 하고 갓길을 따라와 철계단에 도착하니 3시19분이다.

가파른 철계단을 따라 오르막을 올라 마루금을 따라 오르는데 보통 가파른게 아니다. 가파른 오르막을 숨을 몰아쉬며 한동안 올라 중간봉에 올라서니 3시45분이다. 오늘 산행 중 가장 힘든 곳이다. 잠시 허리쉼을 하고 능선 오르막을 오르는 길에 오른쪽 안산봉을 바라보며 오르막을 한동안 오르며 리본이 많이 걸려있는 무명봉(중간봉)을 4시2분 지나고 오르막을 올라 전주이씨 묘에 올라서니 4시25분이다. 전주이씨 묘 갓길에 둥근 거울이 두 개 있고 가족묘로 잘 정되어 있다. 둥근 거울은 왜 설치했는지 궁금하다. (필자의 생각으로는 거울에 빛이 비추어 묘 전체에 태양빛을 비추므로 잔디가 잘 자랄지 않을가 생각된다) 마루금은 묘뒤로 능선을 올라서 연산봉에 올라서니 4시30분이다. {이동거리 21.8km 통과시간 4시 30분, 소요시간 8시간 56분3 6초}

좌표【 N 35.14'52.00" E 127.4'51.78" 】

연산정상에는 표찰에 ≪호남정맥 연산(508.1m)참산꾼들≫ 이 나무에 걸려있고 리봉이 주렁주렁 달려 있다. 연산은 오늘산행중 가장 높은 산이다. 마루금은 왼쪽으로 곡성군 오산면을 따르다 연산봉을 지나면서 담양군 대덕면 땅을 밟으며 남쪽으로 진행한다. 능선을 따라 한동안 내려와 묘를 지나 왼쪽으로 능선내리막을 내려오는데 왼쪽 언덕에 무지개가 잠시 나타난다. (사진 참조) 가파른 마사길 내리막을

내려오며 왼쪽 아래 담양 참사랑 병원 건물을 내려다 보며 벌목지라 나무가 없는 내리막을 한동안 내려오며 대나무밭을 통과해 방아재 2차선 지방도로에 내려오니, 4시55분이다. {이동거리 22.9km 도착시간 4시 55분 소요시간 9시간 21분}

좌표【 N 35.14'20.48" E 127.4'41.15" 】

방아재는 담양군 대덕면에서 화순군 북면을 넘는 2차선 도로다. 오늘 산행 종주는 방아재에서 마무리하고 잠시 피로를 풀고 지나가는 차를 얻어 타려고 손을 들어도 보통 그냥 지나친다. 한참을 기다리다 지나가는 1톤 트럭이 오길래 손을 드니 젊은이 차를 세워줘 이차로 광주까지 와서 목욕탕에서 샤워를 하고 시내버스로 광주터미널에가 심야버

갑작스레 나타난 무지개를 카메라에 담는다

스로 부산에 도착 집에 오니 11시가 넘는다. 집에 오니 집사람 잠도 안자고 기다리며 고생했다고 위로해 준다. 이제 금년에는 겨울이고 머지않아 구정 대목이 돌아와 내년 3월부터 다시 이어가기로 하고 오늘로 마무리한다.

제2차 호남정맥 단독종주 10구간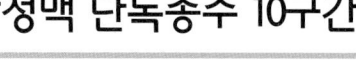

방아재~유둔재

방아재 : 전라남도 담양군 대덕면 문학리 방아재
유둔재 : 전라남도 담양군 가사문학면 경상리 유둔재
도상거리 : 방아재 21.6km 유둔재
소요시간 : 방아재 9시간 유둔재
방아재 출발 8시11분, 만덕산 9시18분, 물통구리전망대 9시29분, 453.6봉 9시58분, 호남정맥 중간지점 10시10분, 수양산갈림길10시34분, 입석고개 10시49분, 국수봉 11시36분, 산불감시초소 12시5분, 노가리재 1시36분, 431.8봉 2시8분, 최고봉 2시33분, 유두봉 4시19분, 산불감시초소 4시44분, 유둔재 5시11분

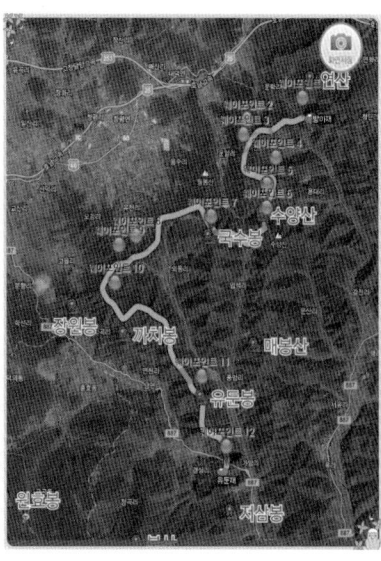

2014년 3월 1일 토요일 흐리고 비

  2월28일 금요일 사상 서부터미널에서 2시52분 광주행 버스로 광주 터미널에 도착하니 6시다. 담양군 창평면 가는 군내 버스가 서방 시장 앞에 있어 담양 가는 버스로 서방시장앞에서 33번 버스로 갈아타고 평창에서 내리니 저녁 8시가 넘었다. 버스에서 내리니 바로 앞에 창평곰탕집이다.(061-382-8013) 우선 곰탕집에서 양지곰탕(8,000원)으로 저녁을 먹고 내일아침 6시 전에 문을 연다기에 약속을 해놓고 식당에서 5분 거리에 창평모텔(061-381-0778)로 가서 내일 일을 생각해서 일찍 자고 아침 4시반에 일어나 산행 준비를 하고 5시40분에 밖에 나가보니 비가 온다. 다시 들어와 7시에 밖을 내다봐도 비는 그치지 않는다. 비가 조금 주춤하기에 나가 식당에 가서 아침식사를 하고나니 가랑비가 내려 철물점에 가서 우의(5,000원)를 한벌 사가지고 택시로 출발해 방아재에 도착하니 8시5분이다.

                              좌표【N 35.14'20.0" E 127.04'40.4"】

  방아재에 도착하여 사진 한판 찍고 산행준비를 하고 8시11분 산행에 들어간다. 초입부터 오르막을 오르며 2분후 상석만 있고 봉분이 없는 묘를 왼쪽에 두고 오르막을 올라간다. 묘에 상석만 나란히 있는 것으로 보아 화장해서 모신 묘터인 모양이다. 가파른 오르막을 처음부터 치고 올라 400봉에 올라서니 8시 23

분이다. 정상에는 금성범씨(錦城范氏)묘가 있고 마루금은 왼쪽으로 급하게 떨어지며 8시33분 임도에 내려선다. 임도에는 포장을 할여고 인지 자갈을 깔아놓았으며 차량도 다닐 수 있다. 자갈길 임도를 따라 왼쪽으로 80-90여미터 가다 오른쪽 능선으로 올라서 가파른 오르막을 힘들여 올라 중간봉에 올라서니 9시2분이다. 마루금은 오른쪽으로 편한 능선 오르막을 오르며 9시10분 구 헬기장을 지나고 만덕산 갈림길에 올라서니 9시16분이다. 만덕산 정상은 오른쪽에 있고 마루금은 왼쪽으로 이어진다. 이정표에 ↘만덕산 정상 0.09km ↗입석마을 3.48km ↘문재2.15km ↗호남정맥 으로 되어 있으나 만덕산 정상은 2분 거리도 안되며 정상에 올라서니 9시18분이다.

좌표【 N 35.14'02.7" E 127.03'38.2" 】

만덕산 정상 대리석 표지석에는 대덕면10.7.12. 만덕산 할미봉 575m라 되어있고 전망이 좋아 보이지만 이슬비가 내리며 운무가 가득해 전망이 보이지 않는다. 사진한판 찍고 다시 돌아와 삼거리에서 남쪽으로 내려서면 잘 정돈된 묘 오른쪽으로 능선을 가다 물통구리 전망대 표지판을 9시29분 지나간다. 이곳 역시 운무가 끼어 전망을 감상하지 못하고 지나가 2분후 신선바위를 지나고 약간 오르막을 오르며 9시35분 작은봉을 넘으며 잘나있는 능선길을 가며 사거리(이정표←만덕산 정상 0.88km ↑임도0.2km↓ 상운마을 0.7km 입석임도 2.92km→)를 9시37

분 지나고 4분후 이정표 (문재 등산로입구 2.10km 만덕산 정상 60m 입석 등산로입구 3.0km 수양산 정상 3.9km 호남정맥으로 되어있는데 잘못된 이정표같고 이곳에 있을 이정표가 아닌 것 같다. 다시 5분후 이정표에 수양산 정상 2.60km 만덕산 정상 1.40km 입석마을 1.7km를 9시49분 지나고 성터같은 돌담을 쌓은봉에 올라서 왼쪽으로 내리막을 내리며 묘를 지나고 임도에 내려서니 9시52분이다. 임도는 산판길로 이정표에 수양산정상 2.30km 만덕산정상 1.68km 이며 잘나있는 길 오르막을 올라 삼각점이 있는 453.6봉에 올라서니 9시 58분이다.

좌표【 N 35.13'29.7" E 127.04'09.4" 】

동으로 오던 마루금은 오른쪽 남쪽으로 내려서며 이정표에 수양산정상 1.4km 만덕산 정상 2.50km 이며 임도를 따르다 오른쪽 능선길로 들어서 가며 왼쪽에 임도를 바라보며 능선길을 가다 호남정맥 중간지점(알미늄 표지판 호남정맥 중간지점 231km)에 도착하니 10시10분이다.

좌표【N 35.13'00.0" E 127.03'54.7"】

팻말에 호남정맥 중간지점 231km로 되어있는데 이지점은 금·호남정맥 영취산에서부터 중간지점이고 호남정맥 주화산부터는 181km 지점으로 섬진강 망덕산까지 456.8km중간지점은 천운산아래 광주학생교육원부근 (224.8m)이다. 마루금은 호남정맥 중간지점 팻말을 지나 능선을 오르내리며 임도에 내려서니 10시19분이다. 마루금은 직진으로 임도를 건너가며 이정표에 수양산정상 0.7km 만덕산정상 3.25km 을 지나고 가파른 오르막을 한동안 올라 수양산 갈림길에 올라서니 10시34분이다. 수양산은 직진이고 마루금은 오른쪽(서쪽)으로 급경사로 이어진다. 내리막을 한동안 내려 신안주씨(新安朱氏) 묘를 지나면 산판길을 따라 내려가 선돌재 입석리 마을 입구 897번 지방도로에 내려서니 10시49분이다.

897번 지방도로는 담양군 대덕면 입석리에서 운암리를 넘는 지방도로다. 도로 변에는 담양군 군기가 휘날리고 (여기는 입석리입니다 안녕히 가십시요) 입간판이 있고 마을 표지석에 1981

년도 새운 犯罪없는 마을이 있고 보호수(保護樹)(고유번호 15-6-6-10 수종 느티나무 수령 355년 둘래 2.2m 수고 20m 관리자 마을리장, 담양군 대덕면 입석리) 두 그루가 있으며 마루금은 도로를 건너 이정표 ←만덕산 →노래기재 를 따라 포장길을 따라간다. 포장길을 따라가다 외딴집에서 오른쪽 소로로 들어서는데 외딴집 개를 길가에 매 놓아 요란하게 짖어댄다. 농경기길 소로를 따르다 가파른 오르막을 한동안 올라 중간봉에서 능선을 오르며 태풍에 넘어진 나무를 이리저리 헤치며 올라가 포장임도에 올라서니 11시19분이다. 임도는 왼쪽으로 가고 직진으로 급경사 오르막을 한동안 올라 국수봉(558.5m)에 올라서니 11시36분이다.

좌표【 N 35.12'41.9" E 127.02'53.1" 】

국수봉 정상에는 무인 감시탑이 있으며 자그마한 삼각점이 있으며 많은 리본이 주렁주렁 걸려있다. 아침부터 내리던 비가 차츰 굵어지며 정상에 올라와도 전망은 볼 수가 없다 오후에는 비가 약해진다고 했는데 갈수록 비방울이 굴어진다. 이제는 옷도 젖을 대로 젖고 오늘 산행은 한사람도 만나지 않을 것 같다. 단독 산행은 어려움이 많지만 비가 온다고 포기할 수는 없다. 끝까지 이어가야 하기에 가는 것은 어렵지 않으나 시간이 많이 걸리며 신발이 젖어 걸음걸이가 둔해진다.

급하게 오르던 마루금은 오른쪽(북쪽)으로 능선 내리막을 내려가며 인동장씨 묘(通政大夫戶曹參護仁同張公福鉉之墓)를 지나 내려서 임도를 따라가며 왼쪽에 철조망을 따라간다. 잘 나있는 능선길을 가다 월봉산 갈림길을 지나며 이정표에 월봉산정상 0.9m 국수봉 0.9km 노가리재 3.1km 로 되어있으며 북쪽으로 오던 마루금은 왼쪽(서쪽)으로 이어지며 철망문을 통과하여 산불 감시초소가 있는 활공장봉에 올라서니 12시5분이다. 12시가 넘으니 시장기가 들어 초소가 있어 비오는데

초소에 들어가 점심을 먹으려고 들여다보니 초소안에 쓰레기 더미가 가득차 있어 가다가 비가 느근하면 먹기로 하고 출발한다. 서쪽으로 오던 마루금은 왼쪽(남쪽)으로 이어지며 가파른 내리막을 내려 능선을 오르내리며 과수원 철망을 따라가며 왼쪽 외동마을를 내려다보며 작은봉을 넘고 또 넘고 활공장에 내려서니 1시2분이다.

좌표【 N 35.12'41.9" E 127.02'53.1" 】

★ 비 행 안 전 수 칙 ★

1. 비행중 방심하지 말고 서두르지 마시기 바랍니다.
2. 지형을 먼저 파악 하시기 바랍니다. (고압선 착륙장등)
3. 안전장비 완료 후 비행하시기 바랍니다. (송신기, 안전모, 비상 낙하산등)
4. 비행시 사주 경계를 철저히 하시기 바랍니다. (추돌사고예방)
5. 반드시 3인이상 비행하시기 바랍니다.
6. 초급자의 경우 강사의 지도하에 비행하시기 바랍니다.
7. 기상악천후(풍속25km/H, 배풍, 측풍, 비, 눈)시 비행을 금지하시기 바랍니다.
8. 이륙전 하네스 및 기체 산줄을 확인하시기 바랍니다.

　월봉산 제2 이륙장은 유천리 주민의 동의를 얻어 광주시 호크클럽에서 전용으로 사용하는 곳이므로 타 동호인의 무단 사용을 금합니다.

씨호크레포츠클럽

　활공장은 근래에는 사용하지 않은 모양이고 비행안전수칙 안내판만 있다. (위참조)
　남쪽으로 오던 마루금은 오른쪽 (서쪽)으로 이어지며 내리막을 한동안 내려오니 다시 활공장이 있다. (1시12분) 이곳은 지금 사용하는 활공장이고 이곳에도 비행 안전 수칙이 있고 깃대가 있으며 현수막이 걸려있다.

≪공고≫

본 창평 활공장은 사설관리 재산으로 유료 활공장입니다. 비행전 반드시 사용료 납입과 무선 주파수 및 비행자 명을 등록해야 하며 비행에 관한 모든 사고는 민·형사상 책임이 본인에게 있음을 공고 합니다.　　　　　　　－ 관리자 백

활공장에는 위와 같은 엄한 현수막이 걸려있으며 비는 계속 내리고 주위는 어두컴컴하다. 점심때가 지나 아무튼 비가와도 넓은 장소에서 밥을 먹으려고 전을 펴는데 많은 비는 아니지만 계속 내린다. 그래도 할 수 없이 밥을 먹고 전망을 보니 10여미터 후방은 보이지 않는다. 점심밥을 먹고 1시31분 출발해 내리막을 내려서니 바로 이정표 (월봉산 4.0km 후산마을 6.7km)가 있는 노가리재 지방도로다. 활공장에서 내려오는데 2분밖에 안 걸리는데 주위가 보이지 않아 가름을 못하고 내려와 사진 한판 찍고 길을 건너 오름길이 없어 다시 올라 동물 이동통로를 따라가 능선 오르막을 오르며 고압 철탑을 1시40분 지나고 가파른 오르막을 올라 능선분기봉에 올라서니 1시 54분이다. 분기봉에서 직진으로 넓은 묘지가 있고 마루금은 왼쪽으로 이어지며 오르내림이 별로없는 잘나있는 능선을 가며 삼각점이 있는 431.8봉에 올라서니 2시8분이다.

일기예보에 오후에는 비가 약해진다고 했는데 계속 비가 오

며 주위는 여전히 보이지않고 길만 보고 간다. 잠시 내리막을 내려 안부를 지나고 오르막을 오르며 장원봉 갈림길을 2시 18분 지나간다. 갈림길 이정표(←호남정맥 ↓장원봉 ↗해남터갈림길)에서 마루금은 왼쪽으로 이어지며 2시27분 해남 갈림길을 지나간다. 해남갈림길 9번이정표에 유둔재 7.141m 소쇄원주차장 1.800m 한국가사문학관 2.86m이며 오르막을 한동안 올라 돌탑이 있는 최고봉에 올라서니 2시33분이다. 최고봉정상에는 최고봉해발 493.0m 표찰이 있고 돌무덤이 있으며 직진으로 까치봉 가는 길인데 날씨가 좋으면 까치봉도 보이지만 주위는 아무것도 보이지 않는다. 마루금은 왼쪽(동쪽)으로 급경사 내리막을 내려와 널찍한 공터에 등산로 야영장 표찰이 땅에 떨어져 있는 곳을 지나며 오른쪽으로 능선을 가다 삼거리(이정표14 ← 한국가사문학관 2.635m ↓ 교육연수원 → 유둔재 6.621m)를 2시 49분 지나며 오르락내리락 거의 같은봉을 오르내리며 작은 삼각점이 있는 능선을 지나 이정표 (16 한국가사문학관 3.736m 유둔재 5.520m)를 3시16분 지나고 좌로 우로 작은 봉들을 오르락내리락 가며 이정표 (17한국가사문학관 "17~1" 5.586m 유둔재 "7~20" 3.670m)를 3시54분 지나간다. 마루금은 17번 이정표를 지나며 오른쪽으로 가파른 오르막을 한동안 올라 삼각점이 있는 유둔봉 정상에 올라서니 4시19분이다.

좌표【 N 35.10'28.95" E 127.2'41.81" 】

유둔봉은 참산꾼들의 표찰(호남정맥 유둔봉 459.1m)이 있고 나무에 리본이 주렁주렁 걸려 있으며 주위는 운무가 가득차 있어 전망은 볼 수가 없다. 오늘은 하루종일 비속에 산행이라 지도와 트랭글 나침판으로 산행을 하지 주위를 보며 산행하기는 불가능 하다. 호남정맥 10구간 오는 중에 비오는 산행을 이번이 두 번째다. 앞으로 마칠때까지 몇번을 더해야 할지 아무도 모른다. 유둔봉을 지나 가파른 내리막을 10여분 내려 어산재 이정표 18번을 지나고 오르막을 올라 봉오리 하나를 넘고 다시 오르막을 올라 산불감시초소가 있는 봉에 올라서니 4시44분이다. 마루금은 감시초소를 오른쪽에 두고 왼쪽으로 이어지며 내리막을 내려 19번 이정표가 있고 청주한씨 묘를 5시1분지나 오른쪽으

로 산판길을 따라오다 20번 이정표를 5시6분지나면서 산판길을 벗어나 대나무 밭가운데 길을 지나고 유둔재 887번 지방도로에 내려서니 5시11분이다.

좌표【 N 35.09'32.0" E 127.03'09.6" 】

　내려서는 곳에 이정표(호남정맥구간 ←장원봉. 무등산→유둔재)가 있고 가사문학 등산안내 간판이 있다. 유둔재는 담양군 남면 연천리에서 가암리를 넘는 887번 지방도로 인데 지금은 아래로 터널이 뚫여 구 도로로 차량이 다니지 않는다. 다음 산행 입구는 왼쪽 가암리쪽으로 20여미터 가면 '여기는 무등산 국립공원 유둔재입니다'란 통나무 안내목이 있고 무등산 국립공원 안내판이 있으며 등산로입구 이정표에 백남정재 3.7km 북산 5.6km 장불재 10.7km 유둔재 260m가 있고 입구길이 국립공원이라 길이 잘나있다.

　내려와서 보니 사람 꼴이 말이 아니다 신발은 흠벅 젖어있고 비옷을 입었으나 옷이 모두 젖어있어 물이 없어 어디나 싰을 수 있는 곳이 없다. 구 도로라 차량은 다니지 않고 사진한판 찍고 남면 개인택시로 전화를 걸어보니 택시기사 화순에 가있어 못온다고 한다. 할 수 없이 내려가다 차가 지나가면 얻어 타려고 도로를 따라 경상마을까지 내려가도 차량한대 지나가지 않는다. 터널을 통해 다니는 차량이 많으나 아래 버스정류장에 가서 다소 옷을 가다듬고 있어도 비를 맞아 꼴이 꼴이 아니라 차를

얼어 탈수 없어 다시 걸어서 평촌마을까지 내려와도 비가 와서 인지 한사람도 만나지 못한다.

걸어서 아마도 2km 정도 내려 온 것 같다. 평촌 버스 정류장에서 한참을 기다리다 남면 개인택시에 전화를 걸어보니 조금 전에 화순에서 왔다며 10분이면 간다고 한다. 조금 기다리니 택시가 와 택시로 남면 럭키하우스 모텔 앞에 내려주어 모텔에 숙소를 정하고(35,000원) 우선 비 맞은 옷과 장비를 정리하고 샤워를 하고 옷을 갈아 입으니 사람 같다. 우선 저녁을 먹어야 하기에 모텔 앞 오페라 하우스 식당에서 산채비빔밥 으로 저녁밥을 먹고 내일 점심도시락도 준비하고 숙소에 들어오니 8시가

넘었다. 오늘은 우중 산행이라 집에서 걱정 할까봐 무사히 도착해 저녁 먹고 숙소에 왔다고 전화를 하고 다행히 방바닥이 따뜻해 젖은 옷을 말리고 젖은 신발도 드라이로 말리며 내일 일을 생각해서 잠자리에 들어간다.

제2차 호남정맥 단독종주 11구간

유둔재~어림고개

유둔재 : 전라남도 단양군 가사문학면 경상리 유둔재
어림고개 : 전라남도 화순군 동면 청궁리 어림고개
도상거리 : 유둔재 18.8 km 어림고개
소요시간 : 유둔재 9시간 40분 어림고개

유둔재 출발 7시 10분, 저삼봉 8시 39분, 백남정재 9시 23분,
북산 10시 13분, 신선대억새평전 11시 10분, 장불재갈림길 11시 16분,
규봉암 12시 3분, 장불재 12시 58분, 낙타봉1시 34분, 안양산 2시 10분,
둠병재 2시 50분, 사각정자 3시 5분, 641봉 4시, 해주최씨묘 4시 16분,
철탑 4시 29분, 광산김씨묘 4시 41분, 어림고개지방도로 4시 48분

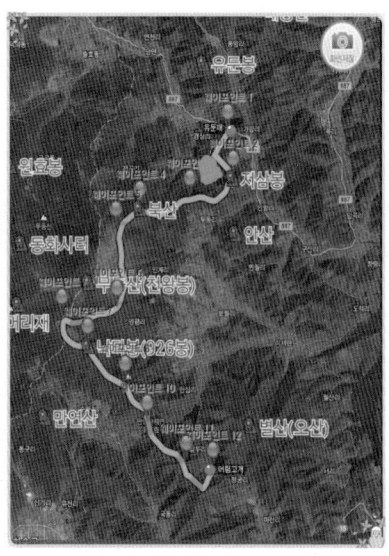

2014년 3월 2일 맑음

　오늘 일어나니 어제와는 달리 날씨가 좋다. 남면은 아침식사 할만한 식당이 없어 컵라면으로 아침밥을 대용하고 어제타고 온 택시에 전화를 걸어 6시50분에 남면을 출발해 어제 내려온 유둔재에 도착하니 7시3분이다. 택시기사에게 부탁해 사진한 판 찍고 산행준비를 하고 7시10분 산행에 들어간다. 초입부터 국립공원이라 길은 또렷하다. 능선길을 가며 4분후 이정표(유둔재 0.2km 백남정재 3.5km 북산 5.4km)를 지나 가파른 오르막을 올라 삼거리 이정표 (유둔재 0.9km 백남정재 2.8km 북산 4.7km 현위치 무등 10-01)를 지나 갈림길에서 왼쪽으로 가야하는데 지도에 이 부분이 없어 착각을 하고 오르막을 올라 정상에서 내리막을 내려가다 묘를 지나고 내려가다 보니 길이이상해 다시 가파른 오르막을 올라와 갈림길에 돌아와 왼쪽으로 길이 확실해 가파른 내리막을 내려가 구자창 고개에 내려서니 8시22분이다. 무려 40여분 허비한 샘이다.

　구자창이정표(유둔재, 1.3km 백남정재 2.4km 북산 4.3km 현위치 무등10-02)를 지나 오르막을 오르며 묘를 지나고 왼쪽능선에 잘자란 편백나무를 따라 오르막을 한동안 올라 삼각점이 있는 저삼봉에 올라서니 8시39분이다. 저삼봉에는 삼각점이 있고 참산꾼들 표찰에(호남정맥 저삼봉 450m)가 나뭇가지에 걸려있고 이정표에(저삼봉 해발 450m 유둔재 1.8km 백남정재 1.9km 북산 3.8 km 현위치 무등10-03)있으며 마루금은 오른쪽 (서쪽)으로 이어진다.

좌표【N 35.08'52.8" E 127.03'16.9"】

저삼봉에서 오른쪽으로 내리막을 내려 8분후 이정표 (유둔재 2.1km 백남정재 1.6km 북산 3.5km)를 지나고 3분후 고압 철탑을 지나 고도차가 없는 잘나있는 능선길을 가다 이정표(유둔재 2.4km 백남정재 1.3km 북산 3.2km 현위치 무등10-04)을 지나고 오르막을 올라 작은봉을 넘고 능선을 가며 왼쪽에 웅덩이를 지나고 이정표(유둔재 3.1km 백남정재 0.6km 북산 2.5km 현위치 무등 10-05)를 9시 8분 지나 능선 오르막을 오르며 산죽밭을

따라올라 430봉에 올라서니 9시18분이다. 430봉을 지나면서 내리막이 상당히 가파르다. 급경사 내리막을 미끄러지듯 내려와 백남정재에 내려서니 9시23분이다.

좌표【 N 35.08'35.8" E 127.02'50.0" 】

백남정재에 이정표(←유둔재 3.7km ↓ 경상리 0.7km↑무동리 0.6km 장불재 7.0km 백남정재 해발 370m 현휘치 무등 10-06)가 있고 다른 이정표에 무돌길 표찰이 있다. 무돌길이란 무등산 둘레길을 말함이다. 무돌길은 오른쪽 경상리에서 좌측 무동리로 연결된다. 백남정재를 지나 가파른 오르막을 올라 작은 봉을 넘어 안부 이정표(북산 1.5km 백남정재 0.4km 현위치 무등 10-6)를 지나고 다시 가파른 오르막을 힘들여 올라 중간봉에 올라서 능선을 따라가다 이정표(북산0.7km 백남정재 1.2km 현위치 무등 10-07)에서 오른쪽으로 내려가 억새밭 안부에 내려서니 10시13분이다. 이정표(북산 0.5km 백남정재 1.4km)를 지나고 가파른 오르막을 한동안 올라 성터가 있는 북산에 올라서니 10시35분이다.

좌표【 N 35.08'27.2" E 127.02'50.0" 】

북산(777.9)정상에는 태양열 탑이 있고 이정표(장불재 5.1km 꼬막재 2.1km 신선대 0.1km 사봉실마을 2.2km 백남정재 1.9km 유둔재 5.6km 현위치 무등10-09)가 있으며 왼쪽 건너편에 무등산이 올려다 보이고 아래로 신선대 와 신선대 억새평전능선이 내려다보인다. 마루금은 왼쪽으로 내리막을 내려서며 신선바위를 10시42분 지나 내리막을 내려 임도에 내려서니 10시 50분이다.

이정표(장불재 4.6km 신선대 0.4km 송계마을 2.9km 현위치 무동 09-01)를 지나 억새밭 오름길을 올라 억새평전에 올라서 넓은 바위에서 간식을 먹고 11시12분 출발해 5분후 장불재 갈림길에 도착한다. 갈림길 이정표(장불재 4.2km 꼬막재 1.2km 신선대 0.8km 신선대 억새평전 해발 745m)에서 오른쪽은 꼬막재 왼쪽은 장불재 마루금은 직진이지만 산불방지 통제구역으로 이곳은 불법 산행이다. 그래도 선답자에 말에 의하면 갈수가 있다기에 갈려고 하니 길이 어디가 있는지 찾을수가 불가능하며 능선을 치고 올라가도 되지만 길이 잘 나타나있지 않아 시간이 많이 걸릴 것 같고 단독산행이라 위험성도 있고 해서 왼쪽 규봉암 길을 택한다.

좌표 【 N 35.8'11.07" E 127.0'58.52" 】

이길은 자동차 다이어 줄을 역어 깔은 길을 따라간다. 이곳부터는 길이 잘나 있으며 산행하는 사람들이 가끔 지나간다. 이곳은 무등산 국립공원이라 곳곳에 이정표가 있다. 3분후 이정표에 꼬막재 1.4km 북산 1.1km 신선대 1.0km 장불재 4.0km 현위치 무동 01-08 로 이곳부터는 01로 되어있다. 무등산 사면길로 시무지기 갈림길 이정표(장불재 3.3km 석불암 1.8km 규봉암

1.5km 꼬막재 2.1km 시무지기폭포 0.6km 무동 01-07)를 11시 31분 지나간다.

　이곳 삼거리에서 시무지기 폭포는 왼쪽으로 600m 지점에 있으며 잘나있는 등산로를 따라가며 이정표(꼬막재 2.9km 북산 2.6km 장불재2.5km 무동 01-06)을 지나면서 오른쪽 오르막을 오르며 산죽길도 지나고 너덜길(돌길)을 이리저리 오르며 규봉암갈림길에 올라서니 12시3분이다. 이정표 (규봉암 갈림길 해발 820m ←꼬막제 3.5km 신선대 3.1km → 장불재 1.9km 석불암 0.4km 규봉암 0.1km 무동 01-05)에서 오른쪽 위로 규봉암 암자가 올려다 보인다.

좌표【 N 35.7'5.51" E 127.0'59.91" 】

　규봉암은 전라남도 화순군 이서면 도원길 40-28(영평리)무등산 국립공원 내에 있으며 신라시대 의상대사가 창건하고 이후 절의 모습을 갖추어 중창하기는798년(신라원성왕14)순흥대사였다고 전하며 신라의 명필김생(711-791)이 쓴 규봉암의 현판이 전해오다가 절취 당했다고 전해오고 있다. 그리고 고려초 도선국사, 보조국사가 창건하였다고도 전한다. 역사적으로 보면 고려 말에 왜적들과 전투를 벌였던 격전의 현장이기도 한데 이성계가 황산대첩에 나가 왜적과 싸우다가 규봉암으로 도망친 왜군 패진병 12명을 생포했다는 기록도 있다. 1739년 3월 20에 쓴 규봉암 상량문이 발견되어 당시에 규봉암을 재건하였던 것으로도 보인다.

그러나 여지도서(1759)에 의하면 폐찰된 것으로 기록한 게 있는데 이를 보면 규봉암이 증축되지 않았거나 폐찰되었을 가능성이 있다. 이후에 6.25 동란으로 사찰이 불에 타 다년간 폐허로 있다가 1957년 관음전과 요사채를 지어 복구하면서 명맥을 유지하고 있다. 규봉암 옆에 있는 하늘을 찌를듯한 기암괴석 광석대는 유네스코 세계지질공원 사찰단이 방문하여 서석대 입석대와 더불어 등산 3대 석경으로

호평을 쏟아냈다고 한다. 무등산 주상절리는 8.500만년 전 인중생대 백악기 시기에 형성되었으며 대규모로 전개하며 단일 절리면의 크기가 세계 최다급으로 최대 7m에 이른다. 무등산에 볼만한 풍경이 있는 구경거리는 서석대 입석대 광석대 규봉암 세인봉 규봉 원효계곡 용추계곡 지산너덜 덕산너덜 등이 있다. 이곳을 보지않고 무등산을 보았다고 말하지 말라고 할 정도로 한폭의 한국화를 대하듯 산들이 옥을 깍아 놓은 듯 무등산에서

가장 절경이 빼어난 곳이다.

　규봉암 갈림길을 지나 3분후 이정표(←규봉암0.1km／석불안 0.3km 지공너덜 0.2km →장불재 1.8km)를 지나고 12시16분 석불암 갈림길 해발 800를 지나간다. 삼거리 이정표(←규봉암 0.6km ↑석불암 0.3km 지공너덜 0.4km →장불재 1.3km 무등 01-04)에서 오른쪽으로 올라가면 석불암이고 마루금은 직진으로 사면길로 이어진다. 석불암 갈림길을 지나고 5분후 피암교를 지나고 널찍한 바위에서 중식(점심밥)을 먹고 출발해 장불재 쉼터에 올라서니12시 54분이다. 장불재쉼터 880m 이정표(←신선대 4.8km규봉암 1.7km 석불암 1.4km／도원마을 3.4km→장불재 0.2km)를 지나 오르막을 올라 장불재에 올라서니 12시58분이다. 장불재는 광주시와 화순군의 경계가 되고 있는 능선 고개로 해발 990m의 고갯길이다.

　이곳은 입석대 서석대 규봉암 광석대로 가는 유일한 등산로이다. 장불재에는 많은 등산객이 올라와 있고 정상쪽으로 많은 사람들이 오르내리며 오늘은 날씨가 아주 좋아 등산하기에 적합한 날씨고 많은 사람들이 곳곳에 점심을 먹고 있다. 이곳은 2004년 5월2일 호남정맥 1차때는 백남정재에서 출발해 새벽 4시38분 이곳을 지나가고 무등산 산행차 여러번 온 곳이라 낯익은 곳이다.

　　　　　　좌표【 N 35.06′54.0″ E 127.59′54.8″ 】

장불재 표지석에는 장불재 해발 900 로 되어 있고 이정표에는 (↖원효분소6.4km ↑입석대 0.4 km ↑서석대 0.9km ↙중머리재 1.5km →규봉암 1.9km 석불암 1.6km ↓만연산 3.4km↓안양산 3.1km 현위치 무동 01.08)이며 휴게소가 있다. 서쪽으로 지나오던 마루금은 왼쪽(남쪽) 통신탑 방향으로 도로를 따르다 송신탑 아래서 왼쪽 능선으로 들어서가다 장불재 삼거리 이정표(↖장불재 0.3km 입석대 0.9km↓만연산 3.1km 너와나 목장 1.2km ↗안양산 2.8km 무동 01.02)를 1시7분 지나며 왼쪽으로 능선 오르막을 올라 암능을 지나 능선암 이정표(능선암 해발 920m ← 장불재 0.9 km ~ 들국화마을 2.3km 안양산 2.2km → 무동 05-07)를 1시19분 지나고 느슨한 능선 오르막을 오르며 백마능선 낙타봉에 올라서니 1시33분이다.

좌표【 N 35.06'33.4" E 127.00'25.6" 】

백마능선 낙타봉은 암봉으로 길이 없고 오른쪽 사면길로 가다 암봉끝에 낙다봉 팻말이 있다. 팻말 이정표에 (낙타봉 해발 930m ←장불재 1.4km ~들국화마을 1.8km → 안양산 1.7km→ 무동 05-06)으로 되어있고 왼쪽에 로푸로 길을 막아놓아 탐방로 아님 표찰을 지나고 내리막을 내려 안부 삼거리에 내려서니 1시51분이다.

삼거리 이정표에 (들국화마을 갈림길 해발 770m ← 장불재 2.2km ↓국화마을 1.0km ~안양산 0.9km 무동 05-05)라 되어 있고 국화마을은 오른쪽으로 내려가고 마루금은 직진으로 가다 2분후 무선 카메라 철탑을 지나고 왼쪽으로 내리막을 내려 안부를 지나고 오르막을 오르는데 얼른길이 녹으면서 길이 질퍽거려 한동안 이리저리 가도 신발이 흙탕에 빠져 불편하다. 오르막을 오르며 중간쯤 오르니 길이 좋아진다. 오르막을 올라 능선을 가며 철쭉 군락지 이정표를 1시56분 지나간다. 이정표 (철쭉 군락지 해발 770m ← 장불재 2.5km ↓들국화마을 1.1km ~ 안양산 0.6km 무동 05-04)를 지나며 들국화 마을은 오른쪽으로 내려가고 직진으로 오르막을 오르며 노끈으로 역어서 깔아 만든 길을 따라 올라가 안양산 정상 (853.1m) 에 올라서니 2시 10분이다.

좌표【 N 35.06'01.3" E 127.01'08.5" **】**

안양산은 철쭉 군락지로 정상에는 넓은 공터에 행사할 수 있는 무대가 있고 화순군에서 새워놓은 표지석(안양산 해발 853m)이 있고 사방에 전망이 좋아 뒤로는 무등산이 건너다보이고 가야할 마루금이 동쪽으로 보이며 오산과 멀리 우뚝 솟은 모후산이 보인다. 모후산은 정맥에서 벗어나 있고 정맥 마르금은 오산을 지나며 고도를 낮추며 동쪽으로 가다 오산을 지나며 500m 전후로 남쪽으로 이어진다.

안양산 정상 이정표(←장불재 3.1km 입석대 3.5km~안양산휴양림 1.8km)가 있으며 이정표를 따라 가파른 내리막을 내려간다. 2004년 5월 2일 일차때는 백남정재에서 출발해 안양산에서 날이 밝아지며 전망을 볼 수 있었고 1차 산행기에는 야간 산행이라 이번과는 차이가 많고 기록하기도 힘들었다. 마루금은

가파른 내리막을 내려가며 양쪽에 로프를 설치해 놓은 곳을 로프를 따라 내려가 나무 의자가 있는 쉼터에 내려서니 2시 28분이다. 이정표(←입석대 4.1km 장불재 3.7km 안양산 0.6km~안양산 휴양림 1.2km→무동 05-02)를 지나며 나무계단 또는 돌계단 국립공원답게 잘 정돈된 급경사 내리막을 한동안 내려와 탐방로 안내 간판이 있고 이정표가 있는 임도에 내려서니 2시 44분이다.

이정표(안양산 휴양림 해발 440m ←장불재 4.3km 안양산 1.2km~ 안양산 휴양림 0.6km)를 지나며 오른쪽으로 임도를 따라 내려가 체육시설이 있고 구름다리가 있는 둔병재에 내려서니 2시 50분이다.

좌표【 N 35.05'29.1" E 127.01'35.0" 】

둔병재는 7번 지방도가 담양군 남면 갈두리에서 화순읍 동구리를 넘는 지름길이며 왼쪽으로 안양자연휴양림이 있고 마루금은 구름다리(출렁다리)를 건너가며 다리를 건너면 편백나무 숲이 나오며 표고버섯 재배장을 지나 임도를 따르다 오른쪽 철조망에 리본이 주렁주렁 달라 놓은 곳에서 가파른 능선으로 편백나무 갓길을 한동안 올라 사각 2층 정자에 올라서니 3시5분이다. 배낭을 내려놓고 잠시 쉬며 마지막 간식을 먹고 3시 16분 출발한다.

사각 정자를 지나면서 산판길을 따라 능선 오르막을 올라 2분 후 산판길은 왼쪽으로 내려가고 마루금은 직진으로 가파른 오르막을 오르며 편백나무 갓길로 오던 마루금은 편백 능선을 벗어나며 가파른 오르막을 오르며 산죽길 능선을 올라 전망바위가 있는 중간봉(602m)에 올라서니 3시 36분이다.

좌표【N 35.05'11.2" E 127.01'45.5"】

602봉 능선분기점에서 오른쪽으로 조금가다 능선 분기점 갈림길에서 왼쪽으로 내려서며 좌우로 오르락내리락 하며 산죽길 능선을 오르다 가파른 오르막을 한동안 올라 삼각점이 있는 625.1봉에 올라서니 4시 1분이다.

좌표【 N 35.4'56.97" E 127.2'21.28"】

동쪽으로 오던 마루금은 625.1봉에서 오른쪽으로 급경사 내리막을 내려가다 능선 분기점 삼거리에서 언뜻 보기에는 직진으로 가야 될것 같은데 분기점 능선에서 왼쪽으로 내려서면 해주최씨 묘가 나온다. 해주최씨 묘를 지나 능선길을 오르내리며 안부를 지나 오르막을 올라 임도에 올라서니 4시 21분이다. 임도를 건너 벌목을 하느라 만든 길을 따라 올라 능선 분기봉 에서 왼쪽(북쪽)으로 고압 철탑을 보며 벌목나무를 이리저리 피해가며 철탑봉에 내려서니, 4시 29분이다. 마루금은 철탑 아래로 벌목하느라 길도 없는 능선을 한동안 이리저리 능선만보고 내려가 벌목끝자락에 리봉을 확인하고 능선을 한동안 내려와 광산김씨 묘에 내려오니 4시 41분이다.

　임도에서 부터 벌목지대는 길도 없어 이리저리 벌목을 비겨가며 내려오는데 어려움이 많았다. 광산김씨 묘앞에 두릅밭이 있으며 왼쪽으로 들어서 오른쪽에 밤나무밭을 지나며 내리막을 4시 43분 내려 대나무숲길을 통과해 도로에 내려서니 만지맥(蔓芝脈)이란 표지석이 있다. 만지맥(蔓芝脈)이란 사전에 들어가 봐도 특별한 게 없고 담양군 남면 갈두리에서 순창군 동면 천궁리를 넘는 어림마을 앞 어림고개(897지방도)임도 접속부의 규봉로에 만지맥(蔓芝脈)이라는 표지석이 있다고만 되어있다. 만지맥(蔓芝脈) 표지석에서 오른쪽(동쪽)으로 70m거리에 897번 지방도 어림고개이다. 4시 47분 표지석앞 포장도로를 따라 897번 지방도로에 도착하니 4시 49분이다.

좌표【 N 35.04'51.5" E 127.02'52.9" 】

　도로 2차선으로 되어있는 어림고개는 담양군 남면에서 화순군 동면을 넘는 군 경계로 오른쪽에 어림마을이 있다. 사진 한판 찍고 다음 초입을 확인하고 어림마을 앞 버스정류장에서 잠시 쉬며 몸을 풀고 어림마을 회관 앞에 가봐도 시골이라 사람들이 안보인다. 다시 버스정류장에 나와 한참 있으니 아주머니 한 사람이 밭에서 일을 하고 돌아온다. 아주머니에게 버스시간을 물어보니 6시가 넘어야 화순가는 버스가 있다고 한다. 하는 수 없이 화순개인택시를 부르니 10분도 안되어 온다. 택시로 화순에 와서 목욕탕에서 목욕을 하고 화순시외버스 터미널에 가니 바로 광주 가는 버스가 있어 광주행 버스(2,000원)로 광주터미널에오니 7시 20분이다.

이번에는 부산에서 버스표를 사가지고와 걱정할게 없다 우선 식당에 가서 저녁밥을 먹고 나와 보니 7시 50분이다. 버스표는 심야버스 9시 버스다. 앞으로 1시간 기다려야 기에 8시 출발하는 버스기사한태 부탁하여 자리가 나면 한자리 부탁한다고 해놓고 기다리니 다행히 자리가 4개나 남아 8시 버스로 부산 사상 터미널에 도착하니 10시 50분이다. 도착시간이 늦으면 택시로 가야 하는데 일찍 도착하니 버스가 있어 버스로 집에 와도 11시 40분 밖에 안되었다. 집사람 오늘 빨리 왔다며 고생했다고 격려해 준다. 3월 셋째 토요일 다시 이어가야 한다.

제2차 호남정맥 단독종주 12구간

어림고개~돗재

어림고개 : 전라남도 화순군 동면 청궁리 어림고개
돗재 : 전라남도 화순군 한천면 오음리 돗재고개
도상거리 : 어림고개 20.2km 돗재고개
소요시간 : 어림고개 9시간43분 돗재고개
이동시간 : 어림고개 8시간 20분, 붓재고개 휴식시간 1시간23분
어림재 출발 7시 17분, 성산 7시 54분, 오산(별산) 8시 24분,
묘치 9시 55분, 천완봉 10시 50분, 서밧재 1시 38분, 학생회관 1시 58분,
호남정맥 중간지점 2시 10분, 제일쉼터 2시 33분, 능선삼거리 3시 8분,
천운산 3시 55분, 팔각정 4시 48분, 돗재 5시정각

2014년 3월 16일 맑음

  3월15일 사상 터미널에서 오후 1시 광주행 버스(15,100원)로 광주에 도착하니 오후4시다. 4시30분 화순행 버스(2,000원)로 화순에 도착해 내일아침 식사를 할 수 있는 식당을 찾아 현대요양병원옆 다미정식당에서 저녁밥을 먹고 찜질방(7,000원)으로 옮겨 하룻밤을 새고 아침 일찍 일어나 식당에가 니 식당문이 열려있다. 식당에서 아침 식사를 하고 화순 개인택시(김용국)로 지난번에 마감한 어림재에 도착하니 7시12분이다.

                         좌표【 N 35.04'51.5" E 127.02'52.9" 】

  택시기사에게 부탁하여 사진한판 찍고 산행 준비를 하고 7시17분 산행에 들어간다. 초입은 언덕을 올라 대나무 밭을 지나면 큰 소나무가 나오며 나무 위쪽에 잘정돈된 묘가 있다. 이 소나무는 보호수로 지정된 200년된 소나무다. 높이가 15m 둘래가 3m 2008년 8월1일 보호수로 지정된 소나무다. 묘를 지나 조금 오르면 벌목지가 나온다. 벌목지에서 오른쪽으로 임도를 따라 가면 왼쪽능선으로 오르며 능선길을 따라 오르막을 한동안 올라 무명봉에 올라서니 7시43분이다. 오른쪽으로 잠시 내려 다시 오르막을 한동안 올라 성산봉에 올라서니 7시54분이다. 지도에는 580봉으로 표시되어 있고 산이름은 없는데 걸려있는 표찰에는 성산600.0m로 되어있다. 왼쪽 산판은 벌목을 해놓았고

벌서 포클레인 몇 대가 올라와 나무를 치우고 길을 내느라 소리가 요란하다. 벌목지 내리막을 내려 안부 임도를 지나고 오르막을 한동안 오르며 다시 임도를 8시12분 지나고 능선으로 올라 산판길을 따르다 능선으로 오르며 암능을 올라서 별산(오산) 정상에 올라서니 8시25분이다.

좌표【N 35.05'27.76" E 127.3'38.80"】

정상에는 준희가 걸어놓은 표찰(호남정맥 별산(오산) 687m) 있고 암봉으로 넓은 바위가 있다. 북동으로 오던 마루금은 별산(오산)을 지나면서 오른쪽(남동)으로 이어진다. 별산은 암산으로 전망이 뛰어나 건너편으로 지나온 무등산과 정맥능선을 볼 수가 있고 모후산 철탑이 날씨가 흐려 희미하게 보인다.

정상에서 암능 사이를 건너면 널찍한 평바위가 있다. 건너기가 위험하다. 암능사이를 내려 왼쪽으로 돌아가는 길이 마루금이다. 암능을 내려 산판길을 지나 능선을 가다 8시27분 무인카메라 철탑을 지나고 4분후 임도를 지나며 4분후 헬기장를 지나간다. 잠시 오르막을 올라 작은봉을 넘으니 비석이 넘어져 있는 묘가 나온다. 묘를 지나 내리막을 내려와 안부를 8시51분 지나고 오르막을 오르며 산죽길을 오르내리며 삼각점이 있는 5,94.6봉에 올라서니 9시 7분이다.

마루금은 능선 내리막을 내리며 3분후 능선 분기점에서 왼쪽으로 급경사 내리막을 밧줄을 잡고 미끄러지듯 내려 9시27분 임도 산판길을 따르고 3분후 묘를 지나 잘나있는 능선길을 가다 6분후 안부를 지나고 다시 오르막을 올라 오른쪽에 편백나무 숲에 올라 작은 봉을 넘고 묘 2기를 지나 내리막을 한동안 내려와 15번 국도가 지나는 묘치고개 삼거리에 내려서니 9시 55분이다. 이도로는 광주 화순에서 보성 순천으로 이어지는 도로다.

좌표【 N 35.4'12.39" E 127.5'26.40" 】

마루금은 이서면 적벽가는 23번 지방도 도로표지판 뒤로 내려서 삼거리 적벽가는 표지석에서 사진 한판 찍고 15번 도로를 건너 능선으로 올라서면 쌍분묘를 지나고 10시5분 오른쪽에 거대한 연통 있는 곳을 지나간다. 연통 크기로 보아 공장연통 같은데 왜 이곳이 그런 연통이 있을까? 궁금증은 나중에 풀기로 하고 오르막을 올라 작은봉을 넘어 잠시 내리다 전주이씨 묘 (學生全州李公奉宇之墓)를 지나 오르막을 오르며 삼각점이 있는 385.8봉에 올라서니 10시 39분이다.

정상에서 내리막을 내려 능선을 가며 태풍에 쓰러진 나무를 이리저리 피해가며 능선을 내려 (處士李公元坤之墓)가족묘를 10시55분 지나 2분후 주라치 임도에 내려선다. 임도를 지나 오르막을 오르며 11시11분 작은 봉을 넘고 11시17분 중간봉을 넘어 능선 오르막을 오르락 내리락 하며 가다 가파른 오르막을 한동안 올라 삼각점이 있는 천왕산에 올라서니 11시50분이다.

좌표【 N 35.2'35.14" E 127.5'35.77" 】

천왕산(427.3m) 정상은 삼각점이 있고 붉은글씨(천왕산)표찰이 있으며 전망이 좋은편이다. 사진 한판 찍고 허리쉼을 하고 출발해 남으로 오던 마루금은 천왕봉에서 오른쪽(서쪽)으로 급경사 암능 내리막을 내려가며 묘1기를 지나 안부에 내려서니 12시9분이다. 안부에서 왼쪽 (남쪽)으로 작은봉을 넘어 창녕조씨 묘를 지나고 사거리 안부를 지나며 리본이 주렁주렁 달려있는 오르막을 오르며 산짐승 접근 못하게 한 전선줄을 따라가다 포장도로가 나오면 포장길은 왼쪽으로 이어지고 능선길을 한동안가다 포장길로 들어서가다 철탑건물 못가서 다시 오른쪽 능선으로 올라 철탑을 왼쪽에 두고 작은 고개를 넘어 다시 포장길로 내려서 밤나무밭 중간길 임도를 따라가다 밤나무밭 끝에서 임도를 버리고 가파른 오르막을 오르다 중간봉 삼거리에서 직진은 구봉산으로 이어지고 마루금은 구봉산을 오르지않고 오른쪽으로 내리막을 내려간다.

12시44분 갈림길에서 내리막을 내려 태풍에 쓰러진 나무를 넘고 피하고 하다 시장기가 들어 묵은묘 아래서 점심밥을 먹고 출발해 임도 산판길을 따르다 가족묘지를 지나고 산판길 끝에서 포장길을 만나는데 포장길은 가지 않고 오른쪽 능선으로 올라가 편백 묘목농장을 지나 오른쪽 아래 15번 국도를 내려다보며 내리막을 내려가는데 위험 출입금지라고 줄로 길을 가로막아 오른쪽 비탈길로 내려가다 보니 묘 치장하느라 사람들이 있다. 묘끝에서 내려서니 서밧재 15번 국도다.

좌표【 N 35.01'05.6" E 127.04'41.3" 】

마르금은 15번 도로를 건너야 하나 가드레일이 설치되어 있어 오른쪽 문성석재 앞 건널목을 건너야 한다. 돌아가려면 거리가 멀어 차가 뜸 한사이 가드레일를 넘어 남면 표지석 앞으로 건너간다. 15번 국도는 4차선 도로가 2004년도 1차때는 공사중이었는데 언제 계통이 되었는지 4차선으로 되어있다.

도로변에 2012년12월 30일 새운 대형 표지석에는 고려인삼 시원지, 남면↑모후산 유마사 →사평리 임대정 으로 되어 있고 마루금은 표지석 뒤로 상수원 건물쪽으로 올라간다. 1시41분 서밧재를 출발해 리본을 따라 오르다가 묘를 지나고 아직도 공사중인 상수도 건물 앞으로 올라 개간지를 오른쪽에 두고 왼쪽 능선 오르막을 한동안 올라 암능을 오르며 밧줄 설치한 곳을 힘들여 올라 자그

마한 삼각점이 있는 무명봉을 1시52분 넘어 임도를 따라가다 학생 교육원 A동 뒷마당길을 따라가며 B동 C동 D동을 지나 등산로 안내판이 있고 이정표(정상 3.6km)가 있는 곳에서 이정표 방향(왼쪽)으로 가지않고 직진으로 오르막을 오르며 오른쪽 아래로 학생 교육원 건물 E동 H동을 내려다보며 올라 능선 분기점에서 왼쪽으로 내려서면 조금전 갈려진 길과 만난다.

 이정표 (↙154 kv 승주 송정선로 227호 경사도 30" 0.4km 40분 소요 ↗천운산 정상 3.6km)를 지나며 잘나있는 길을 따라가다 등산로 방향 안내판이 걸려있는 곳을 2시3분 지나며 오르막을 한동안 올라 제일쉼터에 올라서니 2시33분이다. 제일쉼터에서 오른쪽으로 내리막을 내리며 3분후 방향표시판을 지나고 제2쉼터 삼거리에 내려서니 2시38분이다. 이곳에서 오른쪽으로 내려가면 제2쉼터로 학생들 등산로이고 정상마루금은 직진으로 오르막을 올라간다.

 직진으로 오르는 길은 학생들은 못가게 인지 밧줄로 가로막아 있다. 밧줄을 넘어 가파른 오르막을 한동안 올라 돌탑에 올라서니 2시48분이다. 이 돌탑이 호남정맥 중간지점이 아닌가 싶다. 호남정맥 진안 주화산에서 광양 망덕산 망덕나루까지 456.8km 중간지점이 서밧재에서 천운산 중간에 있는데 학생교육관 부근으로 되어있어 정확한게 없고 제1쉼터 전후 50m 사이에 있는게 틀림없다. 필자는 이 돌탑을 호남정맥 중간지점으로 간주한다.

　돌탑을 지나 가파른 오르막을 숨을 몰아쉬며 한동안 올라 이정표가 있는 능선삼거리에 올라서니 3시8분이다. 능선삼거리 이정표(↖천운산 정상1.9km ↓광주학생 교육원 2.4km ↗성덕마을 3.6km)가 있으며 마루금은 왼쪽으로 이어진다. 잠시 내리막을 내려 능선을 오르내리며 가다 가파른 오르막을 올라 구 헬기장을 지나 정상아래 이정표에 올라서니 3시54분이다. 이정표(↖학생교육원 3.6km↓동면 운봉리 2.3km ↗한천휴양림 1.7km)가 있으며 정상은 오른쪽으로 20여미터 위 산불감시 시설 뒤에 있다.

좌표【N 34.59'53.2" E 127.02'52.05"】

　천운산 정상에는 삼각점이 있고 오석 표지석이 있으며 감시카메라시설이 있고 마루금은 오던길로 다시 내려가 이정표에서 왼쪽 한천휴양림 이정표방향으로 내려간다. 삼거리에서 잠시 쉬며 남은 밀감을 먹고 4시5분 출발해 내리막 능선을 내리며 7분후 풀없는 묘를 지나고 가파른 내리막을 내려 4분후 쉼터를 지나고 삼거리를 4시20분 지나간다. 삼거리 이정표(←정상 0.5km↓한천휴양림 1.2km→팔각정 1.0km)를 지나 오르막을 올라 무명봉을 넘으며 암능 능선을 내리며 다시 오르막을 올라 중간봉에서 오른쪽으로 내려 밴취가 2개있고 팔각정에 내려서니 4시48분이다.

　팔각정 아래 이정표에 ↖정상 1.8km ↓주차장 0.4km→주차장 0.4km로 되어있다. 주차장 거리는 직진 능선쪽 거리나 오른쪽 거리나 같으나 마루금을 따라 능선길로 내려가며 가파른 내리막을 한동안 내려 822번 지방도가 지나는 한천휴양림 주차장에 내려서니 4시 56분이다.

좌표【 N 34.59'53.2" E 127.03'05.6" 】

　822번 지방도는 남면에서 한천면을 넘는 고개로 한천휴양림 주차장이 있고 한천휴양림 안내판에 *사계절 썰매장 *물놀이장 *체험학습장 *소달구지 *천연염색 *천연비누 만들기, 가있고 주차장 앞에 돗재 표지석이 있다. 마루금은 반대편 빛바랜 안내간판 앞 옹벽을 올라 이어진다.

　오늘은 이곳 돗재에서 마무리하고 사진한판 찍고 조금 있으니 지나가는 차가있어 손을 들으니 (1톤 봉고차)세워줘 한천면 소재지까지 태워준다. 남면 반곡리에 사는 60대 부부가 한천면 소재지 볼일이 있어 간다며 고맙게 한천 소재지에서 내려줘 버스 정유장 슈퍼에서 음료수 한개를 사먹고 버스시간을 물으니 7시가 넘어야 있다고 한다.

능주개인 택시에 전화를 걸어 택시를 불어놓고 조금 있으니 택시가 온다. (능주 개인택시 박종탁 061-372-1550) 개인택시(7,000원)로 능주면 소재지에 와서 저녁 식사 할여고 식당에서 내일 아침 일찍 하느냐고 물으니 일찍 문을 안연다고 해 우선 로즈모텔로 가서 숙소를 정하고 목욕을 하고 모텔1층 목우촌 식당이 있어 내려가 보니 근래에 문을 닫고 쉰다고 해 시내로 나가 삼거리 식당(곰탕집 061-372-1376) 에서 저녁을 먹고 내일 아침

6시반 온다고 부탁하고 숙소로 와서 오늘도 무사히 하산해 저녁 먹고 숙소에 왔다고 집으로 전화를 걸고 내일 일을 생각해서 일찍 잠자리에 들어간다.

제2차 호남정맥 단독종주 13구간

돗재고개~예재고개

돗재 : 전라남도 화순군 한천면 오음리 돗재고개
예재 : 전라남도 보성군 노동면 신천리 예재고개
도상거리 : 돗재고개 25.4km 예재고개
소요시간 : 돗재고개 11시간33분, 예재고개
이동시간 : 돗재고개 10시간10분, 예재고개 휴식시간 1시간23분,
돗재 출발 7시, 태악산 8시9분, 노인봉 9시15분, 성재봉 9시41분,
매봉 10시15분, 말머리재 10시27분, 촛대봉 11시48분, 두봉산 1시8분,
개기재 2시21분, 중간봉 3시8분, 헬기장 3시51분, 계당산 4시,
541봉 4시51분, 388봉 5시33분, 헬기장 6시18분, 예재 6시28분

 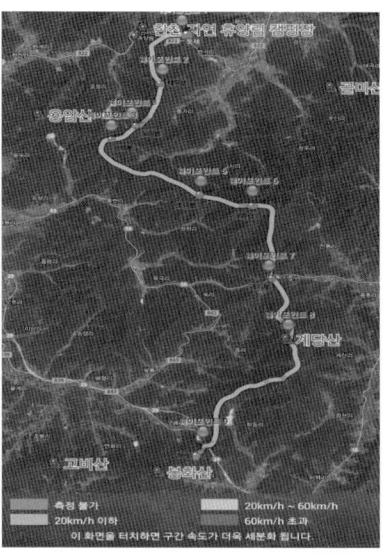

2014년 3월 17일 맑은 후 오후 4시부터 비

　오늘은 거리가 25km 이상 되어 아침 일찍 일어나 산행준비를 하고 6시10분에 모텔을 나와 삼거리식당에 도착하니 6시25분이다. 식당에 문이 열려있어 들어가니 아침이 아직 덜되어 기다리다 아침을 먹으며 택시를 불러 식사후 택시가 와서 택시로 어제 내린 돗재에 도착하니 6시55분이다.

좌표【 N 34.59'4.90" E 127.3'4.50" 】

　산행준비를 하고 7시 산행에 들어간다. 산행 초입은 빛바랜 간판앞 옹벽을 올라 초입부터 가파른 오르막이 시작된다. 가파른 오르막을 오르며 뒤로 어제 지나온 천운산과 한천휴양림을 건너다보며 오르막을 한동안 올라 작은봉을 넘고 약간 내리막을 내리다 다시 가파른 오르막을 힘들여 올라 중간봉(458m)에 올라서니 7시37분이다. 마루금은 왼쪽으로 능선 내리막을 내려 안부를 지나 다시 오르막을 오르며 중간봉에 올라서니 건너편에 태악산이 능선 너머로 보인다. 중간봉을 넘어 암능을 지나며 왼쪽에 벌목지를 보며 능선을 따라 오르막을 한동안 올라 태악산(529m)정상에 올라서니 8시7분이다.

좌표【 N 34.58'5.90" E 127.2'41.80" 】

　태악산은 전망이 좋아 지나온 정맥을 가름할 수 있고 가야할 노인봉 성재봉 용암산이 줄지어 보인다. 태악산 정상에서 마루금은 오른쪽으로 가파른 내리막을 내려 능선을 오르내리며 작은 돌무덤(돌탑)을 8시25분 지나고 한성김씨묘를 지나는데 갑작스레 대변이 나올 것 같다. 대변을 보면 뱃심이 없어 될 수 있으면 참는 게 좋은데 참을 수가 없어 대변을 보고나니 뱃심이 없어진다. 돌탑과 묘를 지나고 능선을 한동안 오르내리다 암봉을 오르는데 오른쪽 비탈길로 내려 암능 오르막을 올라 중간봉을 넘어 능선을 가며 왼쪽에 녹슨 철망을 따라가다 2분후 암능에 올라 중간봉을 9시1분 넘어간다. 암봉을 지나 내리막을 잠시 내리고 다시 오르막을 한동안 올라 노인봉 정상에 올라서니 9시 5분이다.

좌표【 N 34.57'13.39" E 127.2'5.92" 】

노인봉은 전망이 좋아 앞에 성재봉과 용암산이 건너다보이고 앞으로 가야할 촛대봉 두봉산이 왼쪽(동쪽)으로 능선이 보이고 남동쪽 멀리 계당산이 희미하게 보인다. 조금전 대변을 보아 뱃심이 없고 힘이 약간 떨어진다. 마루금은 성재봉을 향해 내리막을 한동안 내려 다시 가파른 오르막을 올라 성재봉(514m) 정상에 올라서니 9시 41분이다.

좌표【 N 34.56'57.93" E 127.1'41.90" 】

　마루금은 용암산쪽(서쪽)으로 능선을 따라 4분쯤 가다 용암산 능선 분기점 에서 마루금은 왼쪽(남쪽)으로 가파르게 떨어져 안부에 내려서 왼쪽(동쪽)으로 다시 오르막을 한동안 올라가 매봉정상에 올라서니 10시15분이다. 국립지리원 지도에는 표고점 표시도 없고 산이름이 없는데 서래아 박건식이 걸어놓은 표찰(매봉 430.0m)이 나무에 걸려있다. 산봉이 뾰족하여 전망이 좋아 오른쪽으로 채석장이 보이고 고암촌 마을과 멀리 58번 지방도로가 보인다. 매봉을 지나 가파른 내리막을 한동안 내려 말머리재에 내려서니 10시27분이다.

좌표【 N 34.56'25.5" E 127.01'51.7" 】

　말머리재는 왼쪽 한천면 말머리골에서 이양면 고암촌을 넘는 고개로 움푹 페인 안부로 나뭇가지에 말머리재 표지가 걸려있다. 대변을 보아서 인지 배에 힘이 없어 잠시 쉬며 밀감을 꺼내 먹고 출발해 가파른 오르막을 올라 작은봉을 넘어 오른쪽으로 장치 저수지를 내려다보며 왼쪽(북동쪽)으로 능선 오르막을 오르며 산죽길을 한동안 올라 분기봉에 올라서니 11시다. 마루금은 오른쪽(동남쪽)으로 이어진다. 전망이 좋아 촛대봉 두봉산 능선이 늘어서 보이며 거의가 오르내림 없는 능선으로 이어지며 작은 봉들을 오르고 내리며 4개의 봉을 넘어 촛대봉(522.4m)에 올라서니 11시48분이다.

좌표【 N 34.55'51.95" E 127.3'26.77" 】

촛대봉 정상은 표쭉봉으로 멀리서도 잘 보이며 전망이좋아 두봉산 철탑이 건너다보이고 지나온 성재봉 노인봉 태악산 천운산 등 정맥을 가름해보며 가야할 계당산 능선을 바라보며 멀리도 보이던 계당산이 차츰 가까워보인다. 마루금은 촛대봉에서 능선을 가다 중간봉을 지나고 가파른 암능을 내려 산죽길을

오르내리며 가파른 오르막을 올라서 두봉산 턱 아래서 다시 올라야 하기에 산은 배가 고파도 힘들고 배가 불러도 힘드는데 시간이 12시35분이라 도저히 힘이 들어 자리를 펴고 점심을 먹고 출발하니 오르기가 편하다. 오늘 점심은 식당 아주머니가 71세 노인인데 밥을 도시락에 가득 담아줘 시장한 판에 밥을 다 먹고 나니 힘이 솟는다. 가파른 오르막을 올라 두봉산 정상에 올라서니 1시8분이다.

좌표【 N 34.55'39.96" E 127.4'26.95" 】

두봉산은 630.5m로 어제 687m인 병산(오산)이어 오늘 산행 중 가장 높은 산으로 전망이 뛰어나며 주위 산들을 조망할 수 있고 정상에는 무인감시카메라철탑이 있으며 오래된 삼각점이 있고 시설철망에 색바랜 두봉산 표찰이 걸려있고 리본이 주렁주렁 걸려 있다.

지금까지 온 거리는 GPS에 11.9km 이다. 소요시간은 6시간9분이 지났다 앞으로 남은 5시간에 예재까지 가야한다 그렇지 않으면 오후 늦게 일기예보에 비도 온다고 하고 늦으면 밤길이 위험하니 밝아서 하산하여야 한다. 이제 개기재까지는 내리막이 많으니 다소 안심은 되지만 그래도 방심하면 안되어 두봉산에서 사진 몇판 찍고 바로 출발한다. 마루금은 가파른 내리막을 내려 능선을 가다 중간봉을 1시17분 넘어 2분후 묵은 헬기장을 지나고 능선 분기점봉을 1시23분 지나간다.

동으로 오던 마루금은 남으로 향하며 중간봉들을 오르고 내리며 468.6봉을 1시44분 지나고 왼쪽으로 내리막을 내려 1시51분 죽산안씨묘(贈通政大夫竹山安公珏瑞之墓, 配淑夫人羅州羅氏)를 지나고 능선을 내리다 오른쪽으로 왼쪽으로 능선을 오르내리다 쌍분묘를 지나 내리막을 내려서니 묵은밭을 지나 개기재 58번 지방도에 내려서니 2시21분이다.

좌표【 N 34.52'12.6" E 127.04'49.7" 】

개기재 58번 지방도로는 화순군 이양면에서 보성군 복내면을 넘는 2차선 지방도로가 지나며 마루금은 오른쪽 (화순쪽)으로 진입로를 따라가면 (宜寧南氏世葬山) 비석 뒤로 올라 (宜寧南氏七世設壇碑) 의령남씨 비석과 간판 뒤로 올라 묘에서 오른쪽 능선 오르막을 한동안 올라 작은봉에서 오른쪽으로 잠시 내리다 잘나있는 능선 오르막을 오르며 마루금은 서남쪽으로 가파른 오르막을 힘들여 올라 중간봉에 올라서니 3시18분이다. 중간봉을 지나며 서남쪽으로 오던 마루금은 동남으로 능선을 가며 가파른 오르막을 올라 헬기장이 있는 능선 분기점에 올라서니 3시51분이다.

헬기장 이정표에는 ← 복내면사무소 5.09 km* ↓ 개기재* 계당산 0.41km → 로 되어있다. 삼거리에서 왼쪽 능선은 복내면으로 내려가고 계당산은 오른쪽 서남쪽으로 이어진다. 이곳에서 부터는 길이 잘나있으며 3분후 쉼터를 지나고 잘나있는 능선을 오르다 나무계단을 올라서 계당산 정상에 올라서니 오후 4시다.

좌표【 N 34.52'58.2" E 127.05'09.1" 】

계당산 정상에는 넓은공터에 이정표(계당산정상*/복내면사무소 5.5km*↖쌍봉사*↓노동)가 있고 다른 이정표(←개기재 3.2km 쌍봉사 3.3km→)가 있고 삼각점이 있으며 사방에 전망이 아주 좋아 등산객이 많이 왕래하여 길이 좋고 지나온 정맥 마루금을 가름할 수 있다. 마루금은 왼쪽(남쪽)으로 이어진다. 정상에서 허리쉼을 하고 사진 몇판 찍어둔다. 앞으로도 6km이상 거리를 가야 하기에 바로 출발한다.

이재 남은 길은 능선 내리막이 많으므로 속도를 내면 밝아서 예제에 도착할 수 있다 그러나 예측 불허하기에 조심해가며 빠른 걸음으로 속도를 내어 내리막을 한동안 내려 잘나있는 능선

을 가다 오르막을 올라 4시 21분 중간봉을 넘어 안부를 지나고 가파른 오르막을 힘들여 올라 리본이 주렁주렁 달린 중간봉에 올라서니 4시 50분이다. 일기예보에 오후6시에 비가 온다고 했는데 구름이 산을 덮으며 가랑비가

내리기 시작한다. 조금 전까지만 해도 앞산이 보였는데 운무가 가득차 주위가 보이지 않고 마루금만 따라 간다.

우선 배낭 카바만 씌우고 가속을 하며 오르락내리락 5시33분 무명봉 5시51분 지나며 무명봉을 오르내리며 운무가 끼어 주위는 볼 수가 없고 멀리서 차소리가 들려 보성택시에 전화를 걸어놓고 능선을 오르내리며 다시 무명봉에 올라서니 5시59분이다. 가랑비도 오래 맞으니 옷도 젖고 신발도 축축하다. 능선을 오르내리며 헬기장에 내려서니 6시18분이다. 예재에서 택시가 도착되었다고 전화가 온다. 얼마전까지만 해도 6시가 넘으면 날이 어두워 산행하기 어려웠는데 그래도 운무가 끼어서 멀리 안보여서 어려움은 있지만 길은 그래도 잘보여 가는 데는 지장이 없다 능선을 가다 오른쪽으로 급경사 내리막을 내려 예재에 도착하니 6시28분이다.

좌표【 N 34.54'48.9" E 127.03'28.7" 】

예재는 옛날 도로가 보성군 미륵면에서 화순군 이양면을 넘는 고개인데 아래로 터널이 뚫리면서 전혀 차량이 다니지 않고 지금은 산판길에 불과하다. 예재에 내려서니 택시가 기다리고 있다. 택시기사님 여러명이 오는 줄 알고 신문지를 뒷좌석에 깔아놓고 기다리고 있다 혼자라고 하니 깜짝 놀란다. 계당산에서 예재까지 GPS로 6.4km 인데 이정표에는 8.6km로 되어 있다. 계당산에서 예재까지 소요시간이 2시간 26분 걸렸다.

  오늘산행은 총거리 25.4km로 소요시간은 11시간33분 21초 이동시간은 10시간10분33초 그래도 예정시간 안에 도착해 밝아서 산행 마무리를 하고 택시로 보성에 와서 목욕탕에서 목욕을 하고 저녁식사를 터미널 식당에서 라면 한그릇 먹고 나와 보니 8시10분, 버스가 막 떠나고 8시30분 버스로 순천에오니 부산가는 버스막차가 9시30분 출발한지 5분 밖에 안된다고 한다. 하는 수 없이 순천에서 하룻밤을 자고 다음날 첫차로 부산에 왔다. 이번은 장흥방면이 처음이라 차 시간을 몰라 고생 했는데 다음부터는 이런 일이 없게 미리 예상을 해 차를 놓이지 않을 것이다.

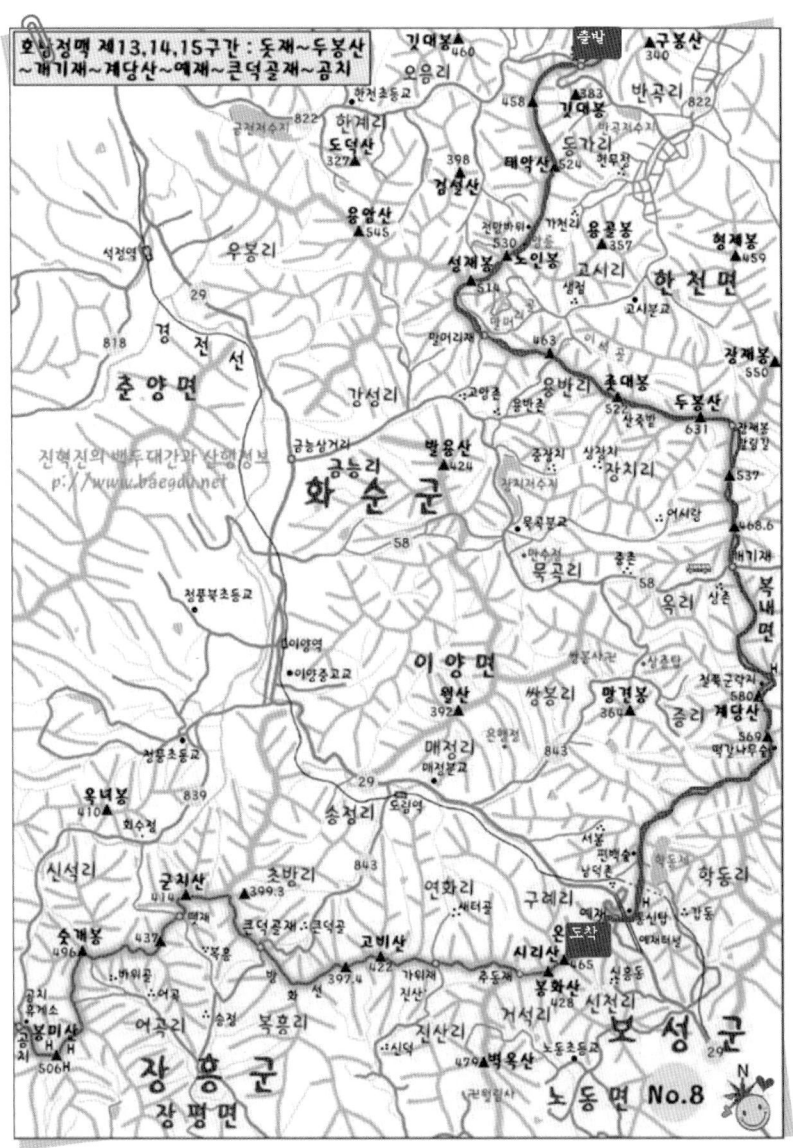

제2차 호남정맥 단독종주 14구간

예재고개~장고목재

예재 : 전라남도 보성군 노동면 신천리 예재고개
장고목재 : 전라남도 장흥군 장평면 병동리 장고목재
도상거리 : 예재고개 24.7km 장고목재
소요시간 ; 예재고개 11시간40분, 장고목재
이동시간 : 예재고개 10시간 장고목재

예재 출발 7시16분, 온수산 7시31분, 사리산 7시51분,
봉화산 8시1분, 추동재(진산재) 8시12분, 가위재 9시12분,
고비산 9시29분, 군치산 11시44분, 떳재 11시51분, 외딴집 1시9분,
숫개봉 1시33분, 봉미산 2시40분, 곰치 3시12분, 475봉 4시13분,
백토재 4시52분, 국사봉 5시11분, 깃대봉 5시35분, 노적봉 5시55분,
삼계봉 6시16분, 장고목재 6시54분

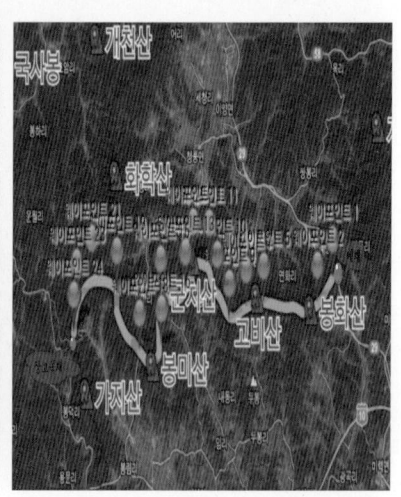

2014년 3월 30일 맑음

　이번 호남정맥 14구간부터는 광주권을 벗어나 순천 목포행 버스로 보성권으로 들어서간다. 3월29일, 사상터미널에서 오후 4시40분 목포행버스로 보성(18,700원)에 도착하니 8시20분이다. 보성택시 주차장아래 옹기종기식당(061-852-8812)에서 저녁밥을 김치찌개로 먹고 금호장(061-853-9992)모텔 (25,000원)에서 내일 일을 생각해서 일찍 잠자리에 들어가 30일 아침 일찍 일어나 6시20분 오케이 숯불갈비집에서 아침식사를 하고 지난번(3월17일)예재에서 타고 온 보성 개인택시(김승기 010-4793-××××)로 전화를 하여 식사가 끝나니 택시가 와있다. 택시로 예재에 도착하니 7시10분이다. 예재는 보성 화순간 29번 국도 옛날 도로인데 지금은 터널이 생겨 차가 거의 안다니는 옛날 도로이기에 택시 아니면 올라가기가 불가능 하다.

　예재는 지난 17일 비가 올때 내려와 운무가 가득차 멀리 볼수가 없었는데 오늘도 안개가 많아 멀리는 볼 수가 없다. 택시기사한테 부탁해 사진한판 찍고 7시16분 산행에 들어간다. 초입은 가파른 오르막으로 시작되어 중간봉에 올라서니 7시25분이다. 능선 오르막을 올라 온수산(391.7m)정상에 올라서니 7시31분이다. 온수산은 새마포 등산 클럽에서 걸어놓은 표찰(온수산 해발 395m)이 땅에 떨어져 있고 아무런 표시가 없다. 잠시 내리막 능선을 내리고 다시 오르막을 오르며 남으로 오던 마루금은 오른쪽(서쪽) 방향으로 능선을 오르내리며 시리산(465.3m)정상에 올라서니 7시51분이다.

좌표【 N 34.50'24.65" E 127.2' 50.34"】

시리산 정상은 삼각점이 있고 새마포등산클럽 표찰(시리산 465.3m)이 나무에 걸려있다. 준희가 걸어놓은 또 하나 표찰(호남정맥 시리산 465.3m)이 걸려 있고 아침이라 안개가 가득해 주위 전망은 볼 수가 없고 나침판으로 방향을 보아가며 산행을 한다. 마루금은 서남쪽으로 좌우로 오르내리며 봉화산 정상에 올라서니 8시1분이다.

좌표【 N 34.50'18.1" E 127.2'37.3" 】

봉화산 정상에는(봉화산 해발495m) 표찰이 있고 다른 표찰(봉화산 495.3m)이 있다. 주위는 온통 안개가 가득차 근거리만 볼 수 있으며 조금 먼 곳은 볼 수가 없다. 봉화산 정상에서 사진 한판 찍고 출발해 잠시 내리막을 내려 능선을 좌우로 오가며 산죽길을 지나며 평바위를 지나 추동재(전산재)에 내려서니 8시12분이다. 추동재 삼거리 안내판에(전산재 호남정맥 - 봉화산 ←＼보성수도녹차／백옥산)삼거리 표시가 있는데 마루금은 오른쪽 보성수도 녹차 방향이다.

잠시오르막을 올라 4분후 백옥산 분기봉에 올라서니 온갖 나무를 배어 길가에 널려있다.

이곳부터는 왼쪽은 보성군을 벗어나 장흥군으로 들어서고 오른쪽은 화순군 이양면 경계로 이어진다. 마루금은 잘나있는 능선길을 오르내리며 8시39분 무명봉을 지나 다시 잠시내리며 다시오르막을 올라 351봉에 올라서니 8시52분이다. 이제 안개가 조금씩 걷히며 조금씩 멀리 보이기 시작한다. 정상주위에 진달래가 만발하여 사진한판 찍고 내리막을 내려가며 3분후 벌목지를 오른쪽에 두고 능선을 가며 8분후 왼쪽으로 내리막을 내려와

안부를 지나고 왼쪽에 진산마을을 내려다보며 능선을 가다 자갈이 있는 임도(가위재)에 도착하니 9시12분이다.

좌표 【 N 34.50'23.16" E 127.0'50.23" 】

임도는 왼쪽에 묘에 올라오는 길이고 넘는 길은 아니며 작은 나무에 가위재 표찰이 걸려있고 넘는 길은 아니다. 마루금은 가

위재 표찰에서 능선으로 오르다 능선 분기점에서 오른쪽으로 오르막을 올라 고비산 정상에 올라서니 9시 28분이다.

좌표【 N 34.50'28.46" E 127.0'36.15" 】

고비산 정상에는 빛바랜 붉은글씨 (고지산) 표찰 위에 고지산 422m 표찰이 있다. 지도에는 416m로 되어있는데 잘못된 것이다. 고비산을 넘어 잠시내리막을 내려 풀치기를 한 널찍한 능선길을 가다 작은봉을 넘어 석축을 쌓은 가족묘를 내려서 다시 오르고 397.4봉에 올라서니 9시49분이다.

좌표【 N 34.50'20.16" E 126.0'10.50" 】

마루금은 왼쪽으로 내리막을 내려 10분후 안부를 지나고 다시 오르막을 오르며 오른쪽(서쪽)으로 산판길을 따라가며 무명봉에 올라서니 10시25분이다. 오늘은 날씨가 맑아 지나온 마루금과 가야할 정맥이 한눈에 들어온다. 서쪽으로 오던 마루금은 오른쪽(북쪽)으로 잘나있는 임도를 내려다보며 맨땅이 드러난 방화선 내리막을 내려 임도를 따라가다 큰덕골재에 내려서니 10시 38분이다.

좌표【 N 34.50'32.9" E 126.59'04.8" 】

큰덕골재는 장흥군 장평면 복흥리에서 화순군 이양면 초방리를 넘는고개로 (1/50.000)지도에는 843번 지방도로 인데 정맥지도에는 임도로 (농로)되어있어 비포장 임도로 되어있으며 비석(副護軍竹山安公正宅之墓 入路)이 있다. 마루금은 비석앞에 산판길을 따라 능선을 오르며 5분후 하동정씨 묘뒤에 올라서니 오른쪽에 벌목지를 만난다. 묘 뒤에서 왼쪽으로 약간 내려 다시 벌목 능선을 따라 오른쪽으로 올라야 하는데 왼쪽으로 리본이 있어 가다 삼거리에서 오른쪽으로 올라서니 다시 벌목지 능선이다. 벌목지 능선을 오르다 정상 부근에서 왼쪽으로 잠시 올라 분기봉에서 왼쪽으로 내리막을 잠시 내려 오르막 능선으로 오르며 작은봉을 넘고 가파른 오르막을 올라 중간봉에 올라서니 11시2분이다. 앞에 능선 분기봉이 올려다 보이고 왼쪽으로 가야할 군치산 숫개봉 능선이 보이고 뒤로 지나온 마루금이 한눈에 들어온다. 중간봉에서 잠시 내려가다 가파른 오르막을 올라 분기봉(399.3m)에 올라서니11시 15분이다.

좌표【 N 34.51'0.79" E 126.58'46.27"】

북으로 오던 마루금은 왼쪽(서쪽)으로 내리막을 내리다 산죽길을 지나고 중간봉을 올라서 다시 가파른 내리막을 내려 안부 사거리에 내려서니11시32분이다. 마루금은 움푹 페인 안부를 지나 가파른 오르막을 한동안 올라 군치산(412.0m)정상에 올라서니 11시44분이다.

좌표【 N 34.51'1.64" E 126.58'9.92" 】

군치산 정상에는 붉은글씨 표찰이 하나 걸려있고 '호남정맥 종주자 최병화씨가 산우님들 힘내세요'라고 표찰이 나무에 걸려있고 조망은 좋은편이며 다른게 없고 마루름은 10시방향으

로 약간 내려 능선을 가며 오르막을 올라서니 사람소리가 난다. 400m가 넘는 정상에서 묘를 정돈하고 있다.

　마루금은 오른쪽 (동남쪽)으로 가파른 내리막을 내려 뗏재에 내려서니11시51분이다.　다시 가파른 오르막을 올라 6분후 중간봉에 올라서 방향을 오른쪽(남서쪽)으로 능선을 가며 오늘 처음으로 암능을 한동안 내리고 제법 큰 암능을 오르며 437봉에 올라서니 12시22분이다.

　　　　　　　좌표【 N 34.50'36.20" E 126.57'53.40" 】

　능선을 오르내리며 10분후 중간봉에 올라서 남으로 오던 마루금은 오른쪽(서쪽)으로 방향을 틀어 가파른 내리막을 한동안 내려 능선을 가다 12시41분 자리 좋은 데서 자리를 잡고 점심을 먹고 1시4분 출발해 2분후 묘를 지나며 묘뒤 능선으로 가야하는데 리본을 따라 내려가 안부에서 오른쪽으로 파란 외딴집쪽으로 간다. 파란지붕 외딴집에는 태양열 전광판이 있어 자체 전기를 사용하는 것 같다. 파란집에서 왼쪽으로 집앞을 지나가다 움푹페인 웅덩이에서 산길로 들어서 올라 오른쪽으로 능선오르막을 한동안 올라 숫개봉 정상에 올라서니 1시33분이다.

좌표【 N 35.50'28.6" E 126.56'56.7" 】

숫개봉 정상은 전망이 좋아 지나온 정맥을 보며 가야할 봉미산을 건너다 보며 서쪽으로 오던 마루금은 왼쪽(남쪽)으로 이어지며 가파른 내리막을 내려 안부를 1시49분 지나 6분 후 중간봉을 지나고 가파른 내리막을 내려 인부 사거리를 지나고 20여미터 오르면 임도가 나온다.

임도 산판길은 어곡마을 바위골에서 올라오며 이곳이 끝이다. 임도에서 리봉을 따라 가파른 오르막을 한동안 숨을 몰아쉬며 올라 헬기장에 올라서니 2시23분이다. 마루금은 오른쪽 능선으로 이어지며 완만한 능선을 가며 산죽길도 지나고 능선을 오르내리며 삼각점이 있고 헬기장이 있는 봉미산(505.8m)정상에 올라서니 2시40분이다.

좌표【 N 34.49'28.7" E 126.56'41.1" 】

봉미산 정상은 505.8m로 준희가 걸어놓은 호남정맥 505.8m 표찰이 있으며 빛바랜 봉미산 표찰이 나무에 달려있다. 봉미산은 오늘 산행 중 가장 높은 산으로 전망도 좋아 지나온 산들과 가야할 정맥이 줄줄이 보인다.

　오늘 산행은 곰치까지인데 시간이 많이 남아 장고목재까지 가기로 마음먹고 마루금을 따라 능선을 가다 중간봉 헬기장에서 오른쪽(북쪽)으로 급경사 내리막을 내려 절개지 못가서 왼쪽(서남쪽)으로 가파른 내리막을 내려 곰치에 내려서니 3시 12분이다.

좌표【 N 34.49'41.58" e 126.56'10.14" 】

　곰치고개는 장흥군 장평면에서 화순군 청풍면을 넘는 839번 2차선 도로가 지나며 장평쪽으로 1차때(2004.5.30.)있던 버섯 제배건물이 없고 다른 건물로 변경되어 있으며 잘 지은 주택도 한체 있다. 지금도 역시 버섯을 제배하는 농장인 것 같다. 길가 호남정맥 안내판도 옛날 있던 것이 아니고 새로 만든 것인데도 곳곳에 파손되어 있고 새로 만든 팻말만 선명하다.

1차때는 곰재휴게소에 가서 김동열 대원과 같이 수돗가에서 머리도 감고 라면을 사먹고 온게 생각난다. 곰치 이정표에 삼비산 39.5km 사자산 34.5km 제암산 30.7km 용두산 18.7km 가지산 9.7km 삼계봉 6.1km 이고 곰치 휴게소는 0.1km이다. 마루금은 임도를 따라간다. 1차때는 새벽이라 길만 따라갔는데 오늘은 길이 잘 보이는데도 등산로를 따라가다 보니 임도 삼거리에서 오른쪽 능선으로 올라야 하는데 리본이 달린 등산로를 따라가니 임도끝 능선아래에 여흥민씨 비석이 나온다. 1차때도 이길로 간 기억이나 기록을 보니 (華泉處士驪興閔公泳福之墓 夫人南平文福德女史 合兆 酉坐)비석 사진이 있다. 등산로는 비석 오른쪽으로 능선길로 들어서 올라가 민씨 묘뒤로 올라가 능선을 따라 오른쪽으로 가다보니 마루금 길이 나오는데 길이 희미하다.

곰치부터는 등산로가 잘나있어 맥은 조금 비겨가지만 모두가 이길로 간다. 능선을 가다 앞산을 올려다보니 가당차 길가에 안자 간식으로 허기를 면하고 출발해 왼쪽으로 내려서며 릉성구씨(陵城具氏)묘을 지나고 능선을 원형으로 돌아 오른쪽으로 능선길을 따라가다 산판길을 건너 가파른 오르막을 오르며 3분후 다시 임도를 건너 오르고 다시 3분후 오른쪽에서 오는 임도(산판길)는 왼쪽 능선을 휘감고 가며 직진으로 올라 돌길을 한동안 올라 가파른 오르막을 오르며 이정표가 있는 478봉에 올라서니

4시13분이다.

좌표【 N 34.49'58.66" E 126.55'32.52" 】

468봉을 넘어 가파른 내리막을 내려 평탄한 능선을 오르내리다 왼쪽으로 가파른 오르막을 한동안 올라 중간봉에 올라서니 4시37분이다. 마루금은 오른쪽으로 능선 내리막을 내려 이정표가 있는 백토재에 내려서니 4시52분이다. 이곳 삼거리에 왼쪽으로 운곡마을 감나무골이고 직진은 삼계봉 뒤로는 곰치 이정표가 있다. 다시 가파른 오르막을 오르고 구헬기장을 5시7분 지나고 산죽길을 따라 오르막을 올라 국사봉 정상에 올라서니 5시11분이다.

좌표【 N 34.50'36.05" E 126.55'19.1 】

국사봉 정상에는 검정오석 표지석이 있고 이정표가 있으며 표지석 양면(앞뒤)에 국사봉 해발499m로 되어있고 이정표(↑ 제암산 27.3km·용두산 11.5km 병무산 8.6km 피재 9.5km 가지산 2.3km 깃대봉 0.9km↓ 곰치휴게소 3.5km 백토재 0.4km)가 있다. 곰치재 이정표와 국사봉 이정표가 서로 다르며 오류가 많다. 곰치이정표로 계산하면 용두산은 15.2km이고 가지산은 6.2km가 옳다.

국사봉 정상은 산죽이 있고 전망이 좋아 건너편 화악산이 건너다보이고 삼계봉 가지산이 줄지어 보인다. 마루금은 북쪽 화학산 방면 내리막을 내려 능선을 가다 8분후 왼쪽(서쪽)으로 방

향을 틀어 산죽길을 따라 오르막을 올라서니 깃대봉 정상이다. 국사봉에서 깃대봉 사이는 산죽길이 많다. 깃대봉 정상에 올라서니 5시35분이다.

좌표【 N 34.50'45.31" E 126.54'51.48" 】

깃대봉 정상에도 오석(검은돌) 표지석에 깃대봉 해발 448m 정남진 장흥이라 양면(앞뒤면)에 쓰여 있다. 정남진 장흥은 정남쪽 장흥을 기리키는 말이다. 이정표(←백토재 1.3km 국사봉 0.9km 곰치휴게소 4.4km →제암산 26.4km 용두산 14.6 km 피재 8.6km 가지산 5.4km 삼계봉 1.8km)가 있다. 국사봉 이정표와 대조적이다. 깃대봉 이정표는 오차범위 내에 있으나 국사봉 이정표는 맞지가 않다. 앞에 노적봉이 건너다보이고 삼계봉만 지나면 장고목재다.

해는 얼마 남지 않아 바로 출발해 내리막을 내려 안부 삼거리

를 5시44분 지나간다. 안부에 운곡 들꽃향기 펜션 안내입간판이 있고 오르막을 3분쯤 올라 헬기장(93- 6-2)을 지나 가파른 오르막을 올라 묘적봉 정상에 올라서니 5시55분이다.

좌표【 N 34.50'47.84" E 126. 54'21.27" 】

노적봉은 땅끝기맥 분기점으로 땅끝기맥은 북쪽으로 호남정맥은 남쪽으로 갈라지며 자그마한 화강석 표지석 노적봉(路積峰)430m 호남정맥과 땅끝기맥 분기점. 이곳에서 해남 땅끝까지 도장 117km 시발점 2002년12월 8일)이 있고 이정표(←재암산 25.5km 용두산 13.7km 피재 7.7km 가지산 4.5km 삼계봉 0.9km ↑ 화악산 4.5km 바람재 0.2km →깃대봉 0.9km 국사봉 1.8km 백토재 2.2km 곰치휴게소 5,3km)가 있다. 마루금은 왼쪽(남서쪽)으로 내리막을 내리고 산죽길 능선을 가다 오르막을

오르니 삼계봉 표지석과 이정표가 나온다. (6시16분)

좌표【 N 34.50'34.54" E 126.53'55.63" 】

오색(검은색) 표지석에 삼계봉 해발 503.9m 정남진 장흥이라 쓰여 있고 이정표(←곰치휴게소 6.2km 백토재 3.1km 국사봉 2.7km 깃대봉 1.8km →제암산 24.6km 용두산 12.8km 피재 6.8km 가지산 3.6km)이다. 사진한판 찍고 약간 내리고 다시 오르니 삼각점이 나오며 트렝글 빼지가 들어온다. 삼각점이 있는 이봉이 지도에 삼계봉이다.

좌표【 N 34.50'26.60" E 126.53'47.53" 】

6시26분 삼각점이 있는 봉을 지나 왼쪽(남쪽)으로 가파른 내리막을 밧줄을 잡고 내려와 다시 오르막도 밧줄을 잡고 오르니 이정표가 나온다.

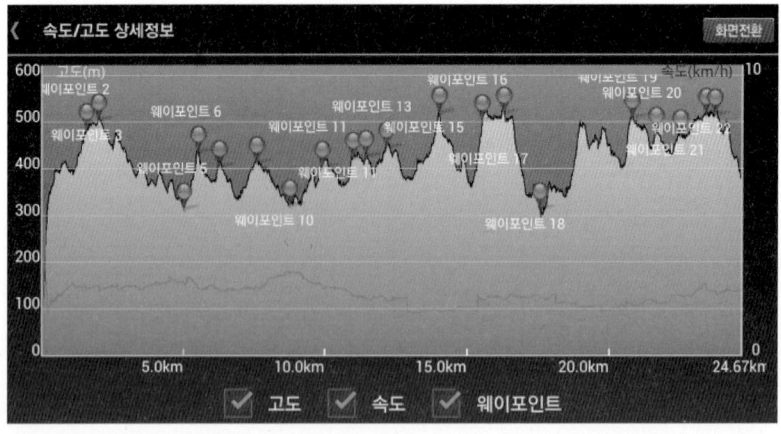

　이곳 이정표에도 현위치 삼계봉 ←곰치휴게소 6.7km 화학산 5.9km 국사봉 3.3km →제암산 25.7km 용두산 12.3km 가지산 2.8km로 지난 삼계봉 이정표와 다르고 어떻게 이런 이정표가 있는지 오차가 너무 심해 알 수가 없다. 6시39분 다시 가파른 내리막을 밧줄을 잡고 내려 평탄한 능선을 한동안 내려와 장고목재에 내려오니 6시54분이다.

좌표【 N 34.49'57.85" E 126.53'40.32" 】

　장고목재는 장흥군 장평면 병동리 월곡마을에서 장흥군 유치면 봉덕리 죽동마을 820번 지방도와 연결되는 비포장 임도다. 오늘 산행은 예상보다 많이 와 내일 거리가 수월하게 되었다. 오늘 온 거리는 지페스 기록에 24.7km로 소요시간 11시간40분 이동시간 10시간이다. 1개월 전만해도 7시면 깜깜할텐데 아직도 해가 있다. 이곳에서 월곡까지는 1.3km로 되어있어 바쁘게 내려가야 하기에 사진 몇판 찍고 임도를 따라 내려가 월곡마을 버스정유소에 내려가니 7시20분이다. 시골이라 사람이 없고 버스가 언제 오는지 몰라 앞집에 들어가 물으니 막차버스가 벌써 나가고 이제는 없다고 한다.

할 수 없어 택시를 불러달라고 부탁을 하니 장평에 전화를 걸어 택시에게 숙소를 물어보니 요즘은 문을 닫았다고 한다며 고맙게도 자기집에서 같이 자고 가란다. (장흥군 장평면 병동리 월곡마을 최복석 67세) 지금 이 시간에 장평까지 갔다 내일 오려면 고생이 많을텐데 그래도 나이가 많으신 분이고 시골 인심이라 고맙다. 젊은 사람 같으면 누가 자라고 하겠나, 나보다 6살 아래이지만 친구같고 아주머니도 반갑게 맞아주시고 아들 (최

영운)도 모두가 친절하다. 오늘은 73세 나이에 26.3km을 걸었으니 피로하다. 오늘은 내려와 가정집에서 숙소를 정했다고 집으로 전화를 하고 내일 또 19km를 가야하기에 염치를 무릅쓰고 일찍 잠자리에 들어간다.

제2차 호남정맥 단독종주 15구간

장고목재~시목재(감나무재)

장고목재 : 전라남도 장흥군 장평면 병동리 장고목재
감나무재 : 전라남도 장흥군 장동면 하산리 시목재
도상거리 : 장고목재 18.2km 시목재
소요시간 : 장고목재 9시간 56분, 시목재
이동시간 : 장고목재 9시간 31분, 시목재

장고목재 출발 7시 11분, 가지산 7시 59분, 가지산암봉 8시 18분,
장평갈림길 8시 46분, 피재 9시 44분, 병무산 11시 17분,
부산임도 12시 20분, 금장재 12시 30분, 용두산 12시 56분,
포장임도 2시 15분, 암봉 371m 3시 9분, 감나무재 4시 40분

2014년 3월 31일 맑음

오늘은 거리도 짧고 조금 늦게 일어나니 주인아줌마 벌써 아침을 차려놓고 직장에 나갔다고 한다. 아들(최영운)이 밥을 차려주고 점심에 먹을 밥도 싸주고 하여 아침밥을 남자 셋(주인 최복석 아들, 최영운, 나)이 먹고 아들 영운이가 차로 장목재 까지 태워줘 어제 도착한 장고목재 까지 쉽게 올라왔다.

요즘 아무리 야박한 세상이라고 해도 시골 인심은 변하지 않고 최복석씨 가족도 너무너무 고맙다. 오늘종주는 장고목재에서 감나무재까지 도상거리 18 km가 넘는다. 장고목재에 도착하니 7시7분이다.

좌표【 N 34.49'57.4" E 126.53'40.2" 】

산행 준비를 하고 7시11분 산행에 들어간다. 오늘은 초입부터 가파른 오르막이 시작되며 오르막을 힘들여 올라 7시22분 첫봉에 올라선다.

잠시 허리쉼을 하고 앞을 보니 앞에 중간봉이 보이며 다시 가파른 오르막이 시작되며 가파른 오르막을 올라 중간봉 올라섰다 잠시 내리는가 하더니 평탄한 능선을 가다 가파른 오르막을 올라 철탑봉에 올라서니 7시47분이다. 잠시 허리쉼을 하고 20여미터 내려가면 고압 철탑이 나오고 철탑을 지나 잠시 내리고 다시 오르막을 오르며 8분후 밧줄을 설치한 암능을 오르고 가지산 정상에 오르니 7시59분이다.

좌표【 N 34.49'12.48" E 126.54'8.90" 】

가지산 정상 이정표(←화학산 8.7km 국사봉 6.1km 삼계봉 2.8km →제암산 22.9km 용두산 10.5km 병무산 7.4km)가 있으며 전망이좋아 지나온 마루금과 가야할 용두산 제암산이 보인다. 가지산 암봉은 건너편에 보이며 멀리서 보는 가지산 암봉은 건너편에 있다. 가지산정상 이정표에서 사진 한판 찍고 잠시 능선을 내려 오르막을 오르며 중간봉을 넘어 내려서니 가지산 삼거리 이정표가 나온다. 마루금은 이정표를 따라 왼쪽으로 이어지고 정상은 암능을 올라야 한다. 가파른 암능을 올라 보림사 갈림길을 지나고 정상에 올라서니 8시15분이다.

좌표【 N 34.48'58.99" E 126.54'11.65"】

가지산 암봉은 전망이 좋아 사방이 잘보이며 가야한 마루금이 병무산 용두산 제암산까지 줄지어 보이고 탐진호가 내려다 보인다. 가지산 아래 보림사는 신라명승 대덕스님이 창건한 동양 3대보림(인도.중국.한국.)중의 하나로 맨 처음 선종이 정착된 신라시대의 거찰이다. 고찰답게 많은 문화제를 지니고 있으며 경내 마당가운데 약수터는 한국의 명수로 지정된 좋은물이 나오며 문화제로는 국보로 『삼층석탑 및 석등 국보 44호. 철조비로자나불 좌상 국보 117호』 보물은 『동부도 보물 155호 서부도 보물 156호 보조선사 창성탑 보물 157호 보조선사 창성탑비 보물 158호』등이 있다. 보림사는 대한불교 조계종 제21교구 본사인 송광사에 소속된 절이다. 가지산 남쪽기슭에 자리잡은 보림사는 통일신라 말기에 새로운 불교사상으로 지방 호족들에게 각광을 받았던 구산선문(九山禪門)가운데서 가장먼저 성립된

가지산문(迦知山門)의 중심 도량이다.

※구산 선문과 보림사 : 구산선문(九山禪門)의 하나로, 헌덕왕때 보조선사체징(普照禪師體澄)이 도의(道義)를 종조(宗祖)로 삼고 가지산 보림사(寶林寺)에서 일으킨 선풍을 말한다. 가지산선문(迦智山禪門)이라고도 한다. 당(唐)에서 마조도일(馬祖道一)의 제자인 서당지장(西堂智藏)의 남종선(南宗禪)을 전수받은 도의는 821년(헌덕왕 13)귀국하여 처음으로 남종선을 신라에 전했다. 그러나 교종(敎宗)이 풍미하던 당시 불교계에 용납되지 못하여 설악산 진전사(陳田寺)에 은거했다. 도의는 그의 심인(心印 : (이심전심으로 전하여진 깨달음)을

염거(廉居)에게 전했으며, 염거는 설악산 억성사(億聖寺)에 머무르면서 다시 체징에게 전했다. 체징은 857년(헌안왕 3) 왕의 부탁으로 전라남도 장흥 가지산 보림사에 주석(駐錫)하고 있다가, 861년(경문왕 1)에 도량을 확장하고 도의의 남종선풍을 다시 일으켜 가지산파를 이룩했다. 가지산파에서는 도의를 제1조(第一祖), 염거를 제2조, 체징을 제3조로 하며, 영혜(英惠)·청환(淸奐)·의거(義車)등이 뒤를 이었다. 고려말까지 산문을 유지하며 많은 승려를 배출했는데 일연(一然)도 그중의 하나이다. 고려말에 이 산문의 태고화상보우(太古和尙普愚)가 1356년(공민왕 5)에 구산을 통합하려는 활동한 역사전 고찰이 필요한 사찰이다. (옮겨온 글)

정상에서 사진 한판 찍고 다시 내려와 삼거리 이정표에서 왼쪽으로 가파른 내리막을 내려간다. 가지산 삼거리 이정표에 곰치←9.6km 국사봉 6.1km 깃대봉 5.2km 삼계봉 3.4km →제암산 21.2km 용두산 9.4km 병무산 6.5km로 가지산 이정표와 다른 게 많다. 어느 것이 맞는지는 확인해 봐야 알 수 있다 그러나 가는 곳마다 거리가 다르니 헷갈리는 부분이 많다. 삼거리에서 왼쪽길로 가파른 내리막을 내려 평탄한 능선을 오르내리며 중간봉에 올라섰다 오른쪽으로 가파른 내리막을 한동안 내려 장평 우산재에 내려서니 8시46분이다.

좌표【 N 34.48'41.95" E 126.54'35.49" 】

장평 우산재는 장평에서 보림사를 넘는 고개인데 지금은 이 고개는 유명무실하고 장평 우산리로만 길이 있으며 이정표(장평우산 갈림길 ← 삼계봉 4.4km 가지산1.6km ↑슬러우 월드지렁이체험장 1.3km 장평우산석수동 마을 1.0km →병무산 5.8km 용두산 8.9km)가 있다. 다시 오르막을 오르며 가파른 오르막을 10여분 오르며 작은 봉에서 남서쪽으로 오르던 마루금은 왼쪽(동남쪽)으로 오르막을 한동안 올라 전망바위에 올라서니 9시4분이다.

  전망바위는 능선 중턱에 있는데 바위에서 보면 탐진호일대가 한눈에 들어와 1차때도 이곳에서 쉬며 사진을 찍었는데 이곳을 지나는 모든 종주자들의 사진촬영소가 되어있다. 잠시 쉬며 사진 한판 찍고 다시 오르막을 오르며 427봉에 올라서니 9시 16분이다. 427봉에도 전망이 좋아 아래로 피재가 내려다보이고 병무산 용두산이 건너다 보인다. 숨을 돌리고 가파른 내리막을 한동안 내려 편백나무숲 능선을 내려오면 여산송씨묘(邑長礪

山宋公柱玄 配孺人東來鄭氏 之墓)앞으로 내려 새로운 임도을 지나 능선으로 들어서 청주한씨 쌍분 묘 앞을 지나 내려서면 청주한씨 가족묘와 추모비가 나온다. 청주한씨 가족묘 추모비 앞에 산판길을 따라 내려오면 표고버섯 제배소가 나온다. 길가 참나무에 표고버섯이 많이 자라고 있다. 장흥 표고버선은 각지에서 찾는 이름난 버섯인데 참나무에 자라고 있는 버섯이 탐스럽다. 버섯재배지를 지나면서 포장길 임도를 따라 내려오면 도로 끝이 나온다. 옛날 구도로는 이곳에서 끝나고 마루금은 도로를 따라 좌측으로 조금 가다 철계단이 나오며 철계단을 내려 터널 위 짐승통로 로 이어진다.

좌표【 N 34.47'46.4" E 126.55'02.1" 】

피재는 장평에서 보림사로 넘는 820번 지방도로인데 옛날에는 2차선 도로였는데 지금은 터널로 확장공사를 해 4차선으로 되어있다.

마루금은 옛길에서 철계단을 내려 터널 위 징승 통로를 따라 터널 위를 건너 절개지 오르막을 올라 절개지 위에서 임도를 따라가면 (金海金氏 世葬山)비석이 나오며 김해김씨 묘(成均生員 金海金公智淵 配宣人密陽朴氏之墓)뒤로 가파른 오르막을 한동안 오르면 능선 분기점에 羅州羅氏 묘를 지나며 능선 오르막을 한동안 오르면 능선 분기봉이다. 마루금은 왼쪽으로 리본이 많이 달려있는 능선을 가다 오르막을 오르면 무명봉을 넘어 내리막을 내리며 왼쪽에 편백나무숲을 지나고 안부에 내려가 다시 오르막을 한동안 올라 오른쪽으로 뾰족한 병무산을 바라보며 내려 안부를 지나고 다시 오르막을 올라 중간봉을 넘어 평탄한 능선을 오르내리며 가다 가파른 오르막을 올라 병무산 정상에 올라서니 11시17분이다.

좌표【 N 34.46'23.3" E 126.55'11.9" 】

병무산 정상에 헬기장 끝 군사표석 93-6-13 앞에 자그마한 삼각점이 있고 호남정맥 병무산 513.7m 준희표찰이 나무에 걸려있다. 이정표 [←국사봉 12.6km 깃대봉 11.7km 삼계봉 9.9km 가지산 6.7km 피재 3.1km →삼비산 23.5km 사자산 18.5km 제암산 14.7km 가갑낭재 9.5km 용두산 2.9km]가 있다. 갑낭재는 감나무재 또는 시목치를 말한다. 병무산은 전망이 좋아 장흥 시가지가 한눈에 보이고 장평들역이 내려다보인다. 병무산을 지나면서 오른쪽은 유치면을 벗어나 부산면과 장평면 경계를 따라간다. 앞에 용두산이 보이고 마루금은 왼쪽으로 가파른 내리막을 한동안 내려 다시 오르막을 오르며 암능을 올라 헬기장(군사표석 93-6-14)에 올라서니 11시44분이다. 남쪽으로 오던 마루금은 왼쪽 (동쪽)으로 가파른 내리막을 내려 11시51분 다시 헬기장을 지나 가파른 내리막을 내려서니 임도(산판길)이 나온다. 12시

좌표【 N 34.46'2.27" E 126.55'41.69" 】

임도 이정표에 (현위치 부산관한임도↓ 부산금자 관한마을↑ 장평제산 주래기골 ←국사봉 13.8km 삼계봉 11.1km 가지산 7.9km 피재 4.3km 병무산 1.2km →삼비산 22.3km 사자산 17.3km 제암산 13.5km 갑랑재 8.3km 용두산 1.7km)로 되어 있으며 장평면 지산리에서 부산면 금지리로 넘는 산판길이다. 임도를 건너 오르막 능선을 오르며 가파른 오르막을 올라 477봉에 올라서니 12시24분이다. 동쪽으로 오던 마루금은 다시 남쪽으로 방향을 틀어 건너편 용두산을 바라보며 가파른 내리막을 내려 이정표가 있는 금장재에 내려서니 12시30분이다.

좌표【 N 34.45'57.33" E 126.56'5.65" 】

이정표에 (현위치 금장재 ↑장평면 여의동마을 2.0km ←국사봉 14.7km 삼계봉 12.0km 가지산 8.8km 병무산 2.1km → 삼비산 21.4km 사자산 16.5km 제암산 12.6km 갑낭재 7.4km 용두산 0.8km)로 이제 한고비만 오르면 용두산이다. 금장재를 지나 가파른 오르막을 오르고 산죽능선을 오가며 철탑이 있는 용두산 정상에 올라서니 12시56분이다.

좌표【 N 4.45'37.4" E 126.56'12.6" 】

높이 551.0m인 용두산 정상에는 산불감시철탑이 있고 정상석이 있으며 전망이 좋아 장흥시가지 장동 보성까지 보이고 지나온 정맥이 줄지어 보이고 가야할 제암산이 건너다보인다. 세월이 흘러(1차때 2004년 6월6일)10년이란 세월이 지났는데 정

상은 변한게 없고 옛날 그대로 철탑과 표지석이 있다. 1차때 용두산 오르면서 산딸기가 널려있어 박문식 김성수 김동열 대원과 딸기 따먹던 생각이 난다.

정상석은 옛날 그대로 자그마한 화강석(용두산해발 551m 장흥군)이 있고 이정표 (현위치 용두산←국사봉 15.5km 삼계봉 12.8km 가지산 9.6km 피재 6.0km 병무산 2.9km → 삼비산 20.6km 사자산 15.6km 제암산 11.8km 갑낭재 6.6km)가 있다. 배낭을 내려놓고 잠시 쉬면서 점심을 먹으려고 하니 햇볕이 쨍쨍 쪼여 그늘에서 먹는게 좋을 것 같아 1시5분 출발해 내리막을 내려서니 헬기장이 나오며 헬기장을 지나 나무그늘에서 점심을 먹고 1시26분 출발해 헬기장(군사표석93-6-18)을 지나고 나란히 있는 묘 2기를지나 능선 분기봉(453m)에서 왼쪽(동쪽)으로 급경사를 내려오며 왼쪽에 잘자란 편백나무 숲 능선을 미끄러지듯 내려와 상방이마을 갈림길을 지나 약간 오르락내리락하다 1시59분 305.1봉을 지나 내리막을 내려와 경주이씨묘 쌍분을 지나고 산판길에서 왼쪽으로 가다 오른쪽으로 안부를 지나고 능선 오르막을 올라 산판길은 오른쪽으로 가고 직진으로 작은 봉을 넘어 내리막을 내려가는데 전선줄이 길에 묻혀있다. 곳곳에 나와 있는 전선줄을 따라 내려가 포장 임도에 내려서니 2시 15분이다.

좌표【 N 34.44'54.9" E 126.57'52.9" 】

　장동만년 임도는 장동북교리 방동마을에서 만년리 삼정마을을 넘는 포장임도로 수자원공사에서 상수도 시설이 지나는 곳으로 표시되어 있고 이정표(↑장동북교방어마을 1.2km ↓장동면 만년 삼정마을 1.3km ← 국사봉 17.8km 삼계봉 15.1km 가지산 11.9km 피재 8.3km 병무산 5.2km 용두산 2.3km → 삼비산 18.3km 사자산 13.3km 제암산 9.5km 갑낭재 4.3km) 가 있다. 임도를 지나 가파른 오르막을 10여분 올라 무명봉을 넘고 평탄한 능선길을 오르내리며 오른쪽 아래 고속도로에서 차들이 씽씽 달리는 것을 내려다보며 능선을 가다 다시 봉 하나를 넘어 앞에 암능 371봉을 건너다보며 내리막을 한동안 내려 안부에 내려서니 2시46분이다. 안부를 지나면서 가파른 암능을 오르며 TV 안테나 있는 곳을 지나 줄도 없는 암능을 한동안 올라 전망 좋은곳에서 잠시 허리쉼을 하고 암능을 올라서 능선을 가다 오르막을 올라 371봉에 올라서니 3시9분이다.

좌표【 N 34.44'47.17" E 126.57'52.48" 】

　이제는 앞에 보이는 봉 하나 넘고 오른쪽 350m봉만 넘으면 갑낭재다. 마루금은 왼쪽으로 능선 내리막을 내려 다시 오르막을 올라 무명봉에서 동으로 오던 마루금은 오른쪽(남쪽)으로 급경사 내리막을 내려와 안부에서 왼쪽에 청암 저수지를 내려다보며 오르막을 오르며 잘자란 편백나무 숲길을 가다 편백나무에 향이 좋아 나무그늘아래서 배낭을 내려놓고 잠시 누어있으니 피로가 조금 풀린다. 편백나무 숲에서 잠시 쉬는데 아래로 고속도로 터널 입구에 차량이 들락거리며 소리가 요란히 들여온다.

　잠시 쉬고 나니 피로가 조금은 풀린다. 더 쉬고 십지만 부산까지 가려면 바삐 서둘러야한다 편백나무 숲을 올라서 오르막을 오르는데 오른쪽에 벌목을 하여 햇빛을 받으며 오르막을 올라 무명봉에 올라서니 건너편 작은봉 제암산 능선이 건너다보이고 장동면 배산쪽 터널입구 고속도로가 내려다보인다. 이제는 내려가기만 하면 된다. 마루금은 왼쪽 (동쪽) 장동 방향으로 내리막을 내려가며 능선길을 한동안 내려 오른쪽 2번 국도가 지나가며 터널로 들락거리는 것을 보며 내려와 감나무제 (시목재)에 내려서니 4시40분이다.

좌표【 N 34.44'24.2" E 126.59'08.4" 】

감나무재(시목치)라고 지도에 나와 있는데 또 갑낭치라고 부른다. 갑낭치(匣囊峙)는 보검출갑(寶劍出匣)의 형국(보검을 칼집에서 빼는 형국)이다 하여 갑낭치라 칭하게 되었다고 한다. (출처 도선국사의 관선덕론기)

감나무재는 갑낭재가 오랜세월 음(音)으로 구전(口傳)되면서 잘못 전해진 지명이라고 장흥군에서 고쳐 놓았다. 그러나 아직도 많은 사람들이 감나무재로 통하고 정맥종주자들도 감나무재로 많이 통한다. 오늘은 어제에 비해 6km 이상 짧은 거리라 일찍 마무리하고 조금 있으니 군내버스가 온다. 군내버스로 장동면 배산 버스 정류장에 오니 마침 부산 사상가는 버스가 온다. 바로 표를 사서 부산행 차에 오르니 산행을 마치면 몸을 씻고 해야 피로가 풀리는데 산에서 내려온 대로 차

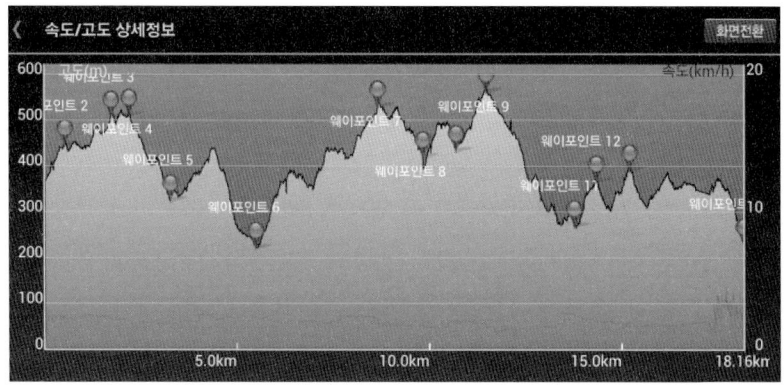

에 오르니 꼴이 꼴이 아니다.

  그래도 하는 수 없이 순천에 와서 시간이 있어 화장실 세면대에서 대충 씻고 나니 사람 같다. 그래도 빨리 온다고 해도 부산에 도착하니 9시 집에 오니 9시50분이다. 그래도 이번구간은 시골(월곡)에서 잠도 잘자고 산행도 일찍 마치고 바로 버스도 타고와 14-15구간은 수월하게 산행을 마무리 했다 집에 오니 집사람 일찍 온다고 밥도 안먹고 기다리고 있다. 이제 남은 구간은 거리가 조금씩 가까워지고 해도 조금씩 길어지니 산행하기가 수월해진다. 다음구간은 오도재까지고 보성을 벗어나 벌교 순천권으로 들어선다.

제2차 호남정맥 단독종주 16구간

시목재(감나무재)~붓재고개

감나무재 : 전라남도 장흥군 장동면 하산리 시목재
붓재고개 : 전라남도 보성군 화천면 영천리 붓재고개
도상거리 : 시목재 22.7km 붓재고개
소요시간 : 시목재 10시간 27분 붓재고개
이동시간 : 시목재 9시간 26분 붓재고개 휴식시간 1시간 1분
감나무재 출발 7시 32분, 소공원 7시 54분, 작은산 8시 41분, 제암산정상 9시 45분, 곰재고개 10시24분, 곰재산 10시 48분, 사자산 11시 34분, 제암산휴양림 12시 4분, 쉼터 12시 27분, 중식 출발 12시 52분, 골치고개 1시 23분, 임도삼거리 1시 47분, 골치산 1시 52분, 일림산 2시 7분, 일림산 전망대 2시 43분, 철탑봉 3시 31분, 삼수마을 4시 5분, 활성산 5시 11분, 붓재고개 도착 6시 6분

2014년 4월 13일 비온후 오후 늦게 개임

　2014년4월12일 저녁 버스로 순천에서 자고 아침에 일어나니 비가 내린다. 숙소에서 나와 식당에서 아침을 먹고 5시50분 버스로 장흥군 장동면 배산에 도착하니 7시10분이다. 비는 계속 내리고 순천에서 우비를 사가지고 와 비가와도 갈려고 비옷으로 준비를 하고 있는데 마침 군내 버스가 온다. 장흥 군내 버스로 감나무재에서 내려 산행 준비를 하고 7시37분 산행에 들어간다. 초입이정표(← 국사봉 22.1km 가지산 16.2km 용두산 6.6km → 삼비산 14km 사자산 9.0km 제암산 5.2 km)가 있다. 오늘은 오전에는 비가 온다는 일기예보가 있어 오후에 날이 개일 것 같아 무조건 산행에 들어간다. 많은 비는 아니지만 그래도 이슬비가 내리는데 다행이 임도를 따라 가기에 신발이 젖지는 않는다. 2004년 7월4일 이곳을 지날때도 비가 왔는데 오늘도 비를 맞으며 산행에 들어간다. 감나무재 이정표에서 임도를 따라 오르막을 오르며 삼거리에 올라서니 7시46분이다. 이정표에 주차장 0.9km 소공원 0.5km이다. 삼거리에서 오른쪽으로 오르막을 올라 소공원에 올라서니 7시59분이다.

　소공원에는 비스듬히 쓰러져가는 사각 정자와 국제로타리 3610지구 장흥 중앙 로타리클럽 창립 100주년 기념비가 있고 휴식처가 있다. 소공원까지는 산판길을 따라 오던 길이 소로로 들어서 가는데 풀치기를 해서 길은 잘나있고 중간봉에 올라서니 고압철탑이 나온다. 철탑을 지나 오르막을 오르며 8시23분 헬기장을 지나고 오르막을 오르며 산죽길을 따라 오르막을 올라, 철쭉 능선을 가며 가끔 진달래꽃을 감상하며 전망바위에 올라서니 8시34분이다. 오늘은 비가 오며 운무가 가득차 전망을 볼수가 없는데 잠시 앞 능선이 운무가 걷히면서 조금 나타나더니 다시 운무로 덮어버린다. 능선 오르막을 오르며 산죽 철쭉 능선을 오르며 암능을 올라서 작은산(685m)에 올라서니 8시48분이다.

좌표【 N 34.43'18.5" E.126.59'19.02" 】

　작은산 이정표(←가지산 20.2km 용두산 9.7km 갑낭재 2.5km, →제암산 2.7km 사자산 6.5km 삼비산 11.5km)가 있으며 멀리 전망은 볼 수가 없다. 작은산을 지나면서 장흥군땅을 밟고 오던 마루금은 왼쪽은 보성군이고 오른쪽은 장흥군 군계를 따라간다. 마루금은 능선을 내리며 잠시 후 헬기장을 지나고 오르막을 오르며 바위에 권중웅 불망비를 보며 암능은 오르지 않고 오른쪽 비탈길로 밧줄을 잡고 내려섰다. 다시 올라 암능 오르막을 올라 전망대에 올라서니 9시22분이다. 전망대에 올라서도 운무가 끼어 전망은 볼 수가 없고 제암산 정상만 운무가 걷히면서 나타난다.

　전망대 이정표에 ←작은산 1.3km 장동반사주차장 3.8km 병풍바위 0.5km ↓하산마을 3.42km →제암산 정상 0.8km 이다. 전망대를 지나며 능선을 오르며 휴양림 삼거리에 도착하니 9시 40분이다. 삼거리이정표에 ←시목치 4.8km ↖휴양림 2.0km →일림산 9.0km 제암산 0.3km 로 되어있다. 지도에는 감나무재 이정표에 내내 갑낭재로 되어 있는데 시목치라는 이정표가 있어 감나무재나 시목치는 동일명이지만 갑낭재는 다른 이름이다.

제암산은 산정상에 임금제(帝)자의 모양의 큰 바위가 우뚝 솟은 모습을 보고 이름 지어진 산이다. 帝岩山은 802m로 가뭄시 기우제를 지내는 신령스런 산으로 봄이면 철쭉 여름에는 계곡 물놀이 가을에는 억새꽃 겨울에는 설화를 만끽할 수 있는 산으로 사철 제암산을 찾는이가 발길을 잇고 있다. 마루금은 삼거리를 지나 오르막을 오르며 암봉을 오르는데 왼쪽으로 밧줄을 설치한 가파른 오르막을 숨을 몰아쉬며 올라 갈림길에서 왼쪽길은 지름길이고 오른쪽으로 암능을 올라서 오르면 임금바위 정상 바위다.

좌표【 N 34.42'34.81" E 126.58'38.25" **】**

정상 임금바위 오르는 데는 암능으로 오르기가 위험하여(암릉 등반금지. 사고 시 책임을 지지 않습니다. 장흥군)이란 입간판이 바위에 붙여놓았다. 정상 이정표에 ←가지산 22.7km 용두산 12.2km 갑낭재 5.2km 큰산 2.5km → 철쭉단지 2.5km 간재

 3.0km 로 되었다. 지도에는 작은산이라 되어 있는데 이정표에 큰산이라 되어있다. 오늘은 비가와 바위가 미끄럽고 혼자서 올라가기가 위험해 옛날에 올라가 본게 있어 사진한판 찍고 내려간다. 서쪽으로 오던 마루금은 왼쪽 (남쪽) 으로 암능을 내려와 지름길과 합류하여 내려오면 정상에 있어야할 표석이 이곳 아래에 있으며 언제 넘어졌는지 땅바닥에 넘어져 있다. 누워있는 표석에 帝岩山 807m 장흥군 이라 쓰여 있다.

 표지석을 지나 나무계단을 내려서 삼거리 헬기장에 내려서니 10시 5분이다. 삼거리 이정표(←가지산23.4km 용두산12.9km 갑낭재5.9km 제암산 0.7km ↖공설공원묘지 1.7km 형제바위 0.3km 제암주차장 1.7km 촛대바위 0.3km → 곰재 0.8km 철쭉제단(철쭉군락지)1.8km)가 있고 또 다른 이정표에는 제암산 0.6km 휴양림 2.9km 보성제암산 휴양림 주차장 2.2km 장흥군 공설묘지 (장흥재암산주차장)라 되어있고 돌탑 (돌무덤)이 있다. 비가 오는데도 40대 중반 부부가 공원묘지에서 올라온다며 제암산 정상 간다고 한다. 그래도 일요일 이라 등산객을 처음 만난다. 돌탑봉을 지나 가파른 내리막을 내려 오른쪽에 형제바위를 사진기에 담고 가파른 내리막을 미끄러지듯 내려 곰재에 내려서니 10시 29분이다.

좌표【 N 34.41'59.6" E 126.58'32.0" 】

곰재는 사거리로 왼쪽은 보성 자연휴양림 으로 내려가고 오른쪽은 장흥 공원묘지 주차장으로 내려간다. 곰재 이정표(←제암산1.6km↑보성제암산휴양림주차장 1.4km ↓장흥군 공설묘지 →사자산 2.3km)가 있고 다른 이정표(←가지산 24.2km 용두산 13.7km 갑낭재 6.7km 제암산 1.5km ↓제암산주차장(공설공원묘지)1.6km 철쭉공원0.7km→철쭉제단(철쭉군락지)1.0km 간재1.5km 사자산2.2km 삼비산 7.2km)가 있다.

곰재를 지나면서 오르막으로 오르는데 이곳부터 철쭉 군락지로 철쭉능선으로 이어지며 가파른 오르막을 올라 암봉에 올라서니 10시 47분이다. 지도에는 철쭉제

　단이 곰치산으로 되어 있는데 암봉에 올라서니 트랭글 뺴지가 들어온다. 철쭉제단은 앞봉에 보인다. 이정표에↘ 철쭉공원 1.0km 만경굴0.1km 요강바위 0.2km ←곰재 0.4km 제암산 주차장 2.0km 제암산정상 1.8km 로 되어있고 잠시 후 헬기장을 지나 철쭉제단봉에 올라서니 10시59분이다.

좌표【 N 34.41'42.08" E 126.58'43.04" 】

　제암산 철쭉 봉에는 매년 5월10일을 전후에 철쭉제를 지내며 올래는 5월12일 제을 올린다고 하며 정상에 제단이 있고 표지석에 帝岩山 철쭉평원 630m 으로 되어있다. 이정표에는 ←곰재 1.0km 제암산주차장 2.2km 제암산 2.5km 갑낭재 7.7km → 간재 0.5km 제암산 주차장 3.0km 사자산(미봉) 1.2km 삼비산 6.2km 로 되어있어 곰재 로 주차장 가는 것 보다 간재로 주차장

가는게 0.8km 멀다. 간재로 내려가는 곳도 철쭉 능선으로 5월 이면 꽃이 만발해 꽃으로 얼룩진 능선인데 아직은 간혹 진달래만 활짝 피어있고 철쭉은 아직 봉오리도 없다. 터널같은 철쭉 능선을 내려와 간재에 내려오니 11시 15분이다. 간재 이정표에 ←철쭉제단(철쭉군락지) 0.5km 곰재 1.5km 제암산 3.0km 갑낭재 8.2km／페러글라이딩장 1.9km 사자산 두봉 2.7km↓ 제암산 주차장 3.0km →사자산(미봉) 0.7km 삼비산 5.7km 로 되어 있다. 간재에서 사자산 오르는 길은 가파른 오르막으로 나무 계단을 한동안 오르고 암능을 올라서면 전망대가 나온다. 호남정맥 1차때(2004년7월4일)는 민들레 7호 태풍이 있어 사자산 오르는데 날아갈 뻔해 대원 일부는 중간에 오르다 포기하고 다시 내려가 간제에서 장흥 공설공원묘지로 내려가고 일부만 산행한 기억이 생생하다. 전망대에서 내려다보면 아래로 대산 저수지와 제암산 휴양림이 내려다보이고 날씨가 개이면서 지나온 제암산과 철쭉 능선이 내려다보인다. 사자산 (미봉)668m 정상은 전망대에서 2분거리 오르막을 오르면 정상이다.

좌표【 N 34.41'04.2" E 126.58'46.07" 】

사자산, 정상 서쪽의 두봉(560m)이 사자의 머리: 사자두봉에서 정상까지 이어지는 능선이 허리: 정상 남쪽능선이 사자의 꼬리로 사자가 하늘을 우러르는 사자앙천형(獅子仰天型)의 산으로 사자가 도약하는 형상이다. 보성군에서 우뚝 솟구쳐 올라,

한라산 산록의 초원지대를 영상케 하는 사자산은 봄이면 파릇한 기운이 스며들면서 진홍빛 철쭉과 함께 아름다운 생명의 신비함을 느끼게 하고 여름이면 산등성이가 짙푸른 푸른초원으로 덮이면서 강열한 인상을 주었다가 가을이면 산등성이에 억새밭으로 이어지면서 억새꽃이 날리면서 오히려 더욱 찬란한 빛을 띤다. 그리고 겨울철 흰눈이 산등성이에 쌓이면 황야를 쓸쓸하게 걸어가는 한마리의 사자같은 인상을 주는 등 철따라 다양하고 색다른 모습을 보여주는 산이다.

사자산(미봉) 정상에는 자그마한 표석(사자산 간지봉 660m)이 있고 마루금은 동쪽으로 이어지며 서쪽은 사자산 두봉이 우뚝 솟아 있다. 정상 이정표에는 ←간재 0.7km 철쭉제단 (철쭉군락지) 1.2km 제암산 3.7km 갑낭재 8.9km／삼비산 5.0km↘ 페러글리이딩장1.2km 사자산 두봉 2.0km이고 마루금은 왼쪽

(동쪽)으로 암능을 따르다 암능끝 200m 지점에서 왼쪽으로 나무계단을 따라 내려와 밧줄을 설치한 가파른 돌길을 한동안 내려와 휴양림 삼거리에 내려오니 12시 4분이다. 삼거리에는 외기둥정자(기둥이 1개)쉼터가 있고 통나무 쉼터 2개가 있으며 삼거리 이정표(←사자산0.7km제암산4.6km↑제암산휴양림임도1.0km→일림산 4.4km)가 있고 마루금은 직진으로 오르막을 오르며 10분후 중간봉을 넘어 왼쪽으로 내리막을 내리며 산죽길을 가며 오른쪽 능선으로 내리막 능선을 내려오니 휴양림 삼거리에 있던것과 같은 외기둥정자(기둥이1개)쉼터가 있고 통나무 쉼터 2개가 있다. 시계를 보니 12시27분 시장기가 들어 쉼터에서 점심을 먹고 12시52분 출발해 왼쪽에 밧줄을 잡고 가파른 오르막 산죽길을 따라 올라 암능에 올라서니 1시2분이다. 암능을 지나고 평탄한 능선을 올라 1시7분 등산 안내판이 있는 516.6m 에 올라 왼쪽에서 올라오는 임도를 만나 오른쪽(남쪽)으로 임도를 따라가다 임도는 왼쪽으로 가고 리본이 걸려 있는 직진 능선길을 올라 579봉에 올라서니 1시9분이다. 마루금은 579봉에서 왼쪽(동쪽)으로 내리며 다시 새로 만든 임도를 따라 능선 내리막을 내리며 골재에 내려서니 1시 23분이다.

좌표【 N 34.40'51.9" E 127.00'38.9" **】**

골치재 사거리는 왼쪽은 용추계곡 오른쪽은 안양면이다. 이정표에(현위치. 골치재삼거리←사자산3.4km 제암산7.5km↑일

림산임도 0.4km 용추계곡 1.4km↓ 장흥안양→일림산 1.8km 한치재 6.5kkm)로 되어있고 마루금은 직진으로 오르막을 오르며 6분후 다시 정자 삼거리를 지난다. 이곳은 용추계곡 지름길이다. 쉼터를 지나 능선을 오르다. 나무계단을 한동안 올라 작은 봉에 올라서니 1시47분이다. 작은봉에도 외기둥정자(쉼터)가 있고 이정표(←골치재1.1km 제암산 8.5km↘ 일림산 정상 1.0km 한치 5.7km)가 있고 마루금은 오른쪽(남쪽)으로 일림산을 올려다보며 철쭉 능선을 올라 전망대가 있는 골치산(623m) 큰봉에 올라서니 1시52분이다.

좌표【 N 34.40'52.5 E 127.01'11.0" 】

골치산 큰봉에는 판자로 만든 전망대가 있고 이정표에 현위치 골치산 큰봉우리 ← 재암산임도 0.3km 제암산 자연휴양림 1.45km → 일림산 정상 0.6km 한치재 5.3km 이다. 큰봉을 지나며 구 헬기장을 지나 산죽 길을 한동안 가다 철쭉능선을 오르며 삼거리에서 오른쪽 나무계단을 오르는데 일림산 오르는 등산객을 만나고 철쭉 길을 한동안 올라 일림산 정상에 올라서니 2시7분이다.

좌표【 N 34.40'36.3" E 127.01'19.5" 】

일림산 정상에는 커다란 표석이 있고 전망이 좋아 지나온 제암산 사자산 마루금이 한눈에 들어오며 가야할 마루금도 조망할 수 있고 안양 앞바다가 내려다보여 날씨가 좋아 사방을 관망한다. 제암산 산자산 지날때는 비가와 운무로 일림산이 안보였는데 오후에는 날씨가 좋아 사방을 관망한다. 2004년 7월 4일 감나무재에서 출발해 종주하던 날은 정상에는 삼비산 표석과

오석(검은돌)으로 만든 제사상이 있었는데 지금은 없어지고 정상아래 김해김씨묘 와 비석은 지금도 있고 지금 표석은 일림산(667m)으로 되어있다. 정상에서 잠시 쉬며 사진도 찍고 2시14분 출발한다. 마루금은 북쪽을 향해 철쭉능선 내리막을 0.2km 내려가면 조금전 오를때 갈려간 길과 만나 오른쪽으로 능선을 가다 봉수대 삼거리를 2시19분 지나간다.

현위치 봉수대 삼거리 이정표 (←일림산 정상 0.3km 제암산 정상 9.1km ↘ 봉수대 3.1km ↗ 발원지 0.7km 한치재 4.6km) 를 지나 마루금은 왼쪽 (북쪽)으로 평탄한 능선을 오르내리며 산죽길을 지나고 발원지 삼거리를 2시26분 지나간다. 삼거리 이정표에 ←일림산 정상 0.8km 제암산 정상 9.6km ↑ 발원지 0.2km 용추계곡 2.2km ↓ 화천봉 서동 3.1km → 한치재 4.1km 로 되어있고 능선 오르막을 오르며 8분후 헬기장 삼거리 이정표를 지나간다.

이정표에 현위치 헬기장으로 되어있으나 헬기장은 없고 이정표에 ←일림산 정상 2.0km ↓ 회령 2.5km →용추폭포주차장 3.2km로 되어있고 가파른 오르막을 한동안 올라 헤기장에 올라서니 2시 41분이다. 헬기장에는 군사번호 95-2-60 와 이정표에 현위치 626고지 ←일림산 1.5km 골치 2.2km ↑ 용추폭포주차장 2.7km → 한치재 3.7km 로 되어있고 헬기장 위에 전망대가 있다. 전망대를 지나 조금 오르면 627m 정상이다. 이곳이 호남정맥 지도에 일림산 627.5m로 표기되어 있으나 정상에는 아무 표시가 없다.

좌표【 N 34.41'05.6" E 127.01'56.7" 】

정상에서 밧줄 설치한 암능내리막을 내려와 다시 오르고 다시 암능을 밧줄을 잡아가며 내려가 나무계단을 한동안 내려 왼쪽에 편백나무 숲을 따라내려 외기둥 정자(쉼터)가 있는 안부삼거리를 3시2분 지나간다. 삼거리에서 왼쪽으로 매남골로 이정표가 있다. 능선 오르막을 올라 3시9분 헬기장을 지나고 삼거리 이정표를 3시14분 지나간다. 이정표(←일림산정상 2.7km↓ 제2다원(회령다원)1.0km →한치재 주차장 1.7km)를 지나 능선을 내리다 가파른 오르막을 올라 안테나 철탑봉(413m)에 올라서니 3시31분이다.

좌표【 N 34.41'37.0" E 127.03'03.5" 】

이곳에서 잘못하여 직진으로 가면 한치재 주차장으로 내려간다. 413봉에서 왼쪽에 리본이 몇 개 있으나 길은 희미하다. 이곳은 정맥종주자만 다니기에 길이 험하며 가파른 내리막을 한동안 내려와 벌목지에서 유명무실한 능선을 내려 벌목지 산판길을 건너 묵은 묘뒤로 내려 오른쪽으로 내려가다 대나무숲 왼쪽으로 내려가 오르막을 오르면 오른쪽 모은 진원 박씨묘(茅隱珍原 朴公祥鉉之墓)앞을 지나 내려서면 널찍한 밭가운데를 지나간다. 밭끝에서 내리막은 길이 풀섶으로 희미해 아래도로만 보고 내려서 삼수마을 표지석이 있는 895 2차선 지방 도로에 내려서니 4시4분이다.

좌표【 N 34.41'59.06" E 127.3'11.71" 】

2004년 1차 때는 민들레 7호 태풍으로 비바람이 몰아쳐 가름을 못하고 한치 주차장으로 내려가서 도로 따라 이곳까지 왔으나 사자산에서 내려간 일행들이 안와 한참을 기다리니 버스가 온 기억이 난다. 895번 지방도로 삼수마을 표지석 앞에서 사진 한판 찍고 출발한다. 1차때는 무박으로 새벽에 이곳을 지나 도로를 따라간 기억이 난다.

이곳부터는 부춘길(안내입간판)포장 도로를 따라가다 정맥은 갈멜농원을 통과하여야 하는데 농원 건물이 있고 갈멘사슴 농장이 있어 포장도로를 따르다 차량 소리길 입간판에서 이정표(←한치주차장 1.0km ↓득음정 2.9km →덕골고개 2.6km 활성산성(편백숲)5.0km 부흥동마을 2.3km)에서 오른쪽(득음정길)으로 논길을 건너가 왼쪽으로 포장길을 따라가면 삼수마을 도로를 만난다. 이도로는 삼수마을에서 부춘마을을 넘는 (부춘길)포장 지방도로다. 4시31분, 부춘길 포장도로를 따라 6분쯤 가면 왕새고개 이정표가 나온다.

마루금은 오른쪽 산판길로 이어진다. 이정표에 ←한치재 주차장 2.1km 삼수마을 0.6km／삼수길 활성산(정상) 2.0km ＼ 탑골고개 5.2 km 활성산 (구 헬기장) 4.0 km 이고 삼수길 안내

간판 쪽으로 산판길을 따라간다. 오르막 산판길을 올라 능선을 가며 오른쪽에 잘자란 편백나무를 감상하며 올라가 4시44분 산판길을 버리고 능선 오르막을 한동안 올라 갈림길에서 활성산 정상은 왼쪽으로 0.03km에 있고 마루금은 오른쪽으로 이어진다. 삼거리 이정표에 ↖삼수길 활성산(정상) 0.03km↓한치재 주차장 3.97km 왕새고개 1.97km 삼수마을 2.5km↗ 호남정맥 봉화산 8.2km이다. 활성산 정상이 멀지 않아 5시11분 465m 올라가 보니

정상은 편백 통나무로 만든 봉분2개(쌍분묘)가 있으며 목비(나무로 만든비)에 활성산지킴이 2015.1.1.라 되어 있는데 오늘이 2014년 4월 13일이데 활성산 지킴이에 2015.1.1.은 내년 1월1일인데 무슨 뜻인지 이해가 안된다.

좌표【 N 34.42'57.15" E 127.4'10.26" **】**

활성산 정상에는 편백나무숲이 무성하고 편백나무 숲길은 정상에서 북쪽으로 이어지고 정맥 마루금은 오른쪽(남쪽)으로 이

어진다. 삼거리에서 오른쪽으로 능선을 따라가다 왼쪽 (동쪽)으로 내리막을 내리며 묘를 지나고 녹차밭 왼쪽 갓길을 내려가 임도(산판길)에서 직진으로 산길로 들어서 좌우로 들락거리며 능선을 가다 녹차밭 위쪽에 내려서니 5시53분이다. 마루금은 왼쪽으로 이어지며 가다 아래 붓재를 내려다보며 녹차밭 갓길로 내려오니 개 한마리가 금방이라도 달려들듯 요란히 짖어 댄다. 개집 앞 채소밭 오른쪽은 건물이 있고 왼쪽 개집 뒤로 내려서 포장길에 내려서니 6시3분이다. 포장길을 따라 30-40m 가면 붓재휴게소 앞 붓재 공원탑이다.

좌표【 N 34.42'45.8" E 127.05'20.21" 】

붓재는 보성읍에서 호천면을 넘는 18-77번 국도가 지나는 고개이며 붓재휴게소를 비롯해 녹차 시음장이 여러 군데 있고 보

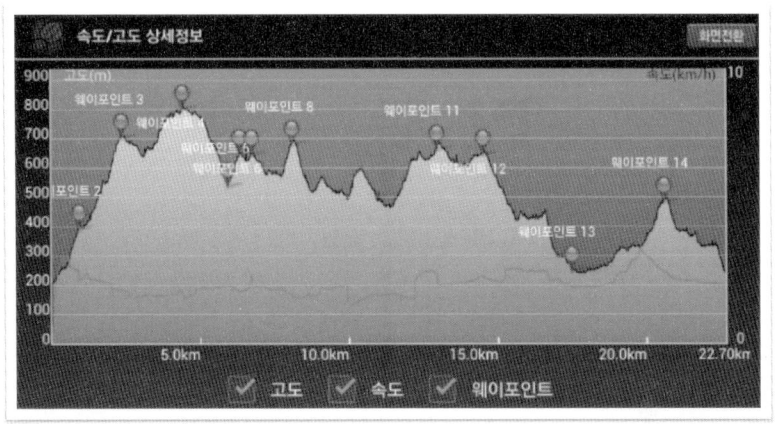

성다원이 있다. 다원은 아름다운 능선을 휘감는 긴 고랑을 따라 계단식 다원이 펼쳐지고 하늘을 덮는 삼나무길이 운치를 더해 이곳의 정취를 느낄 수 있는 대한 다원등 CF 드라마 촬영지기도 한 이곳은 5-6월 주말이면 혼잡을 느낄 정도로 관광객이 분빈다. 다향각이란 정자에 오르면 넓은 녹차밭과 주위의 그림같은 경치를 조망할 수 있다. 보성녹차는 국내에서 가장 넓은 다원이 있으며 생산양도 제일 많으며 동양다원공장 동양다원홍차공장 대한홍차보성공장 등이 있고 넓은 녹차밭이 펼쳐져 있다. 오늘 16차 종주 산행은 붓재에서 마치고 내일 이어가기로 하고 마무리한다.

사진 몇판 찍고 있으니 마침 보성가는 군내버스가 온다. 정류소가 아니라 그냥 지나치는가 했는데 기사님 고맙게 차를 새워줘 보성에 와서 지난 3월29일(14-15구간 예재 갑낭재)에 금호

장에서 하룻밤을 지냈는데 오늘도 금호장에 숙소를 정하고 지난번 식사를 한 OK숯불갈비식당에서 곰탕 한그릇을 먹고 숙소로 돌아와 집으로 전화를 하고 일찍 잠자리에 들어간다.

제2차 호남정맥 단독종주 17구간

붓재고개~~ 오도고개

붓재 : 전라남도 보성군 화천면 영천리 붓재고개
오도재 : 전라남도 보성군 겸백면 수남리 오도고개
도상거리 : 붓재고개 16.7km 오도도개
소요시간 : 붓재고개 5시간 55분 오도도개
이동시간 : 붓재고개 6시간 52분, 오도도개 휴식 57분
붓재출발 7시 23분, 제일다원입구 7시 36분, 철탑봉 8시 40분,
봉화산 9시 10분, 배각산 10시 3분, 반섬산 10시 25분, 철탑 10시 32분,
기러기재 10시 44분, 315봉 11시 27분, 임도 11시 33분, 대룡산 갈림길
11시 55분, 360봉 12시 47분, 오도재 2시 17분

2014년 4월 14일 맑음

 오늘은 거리도 짧고 마음이 느긋하다. 보성에서 붓재가는 버스가 6시에 있다고 한다. 일어나 샤워를 하고 숙소(금호장모텔)을 나와 OK숯불갈비식당에서 아침밥을 먹고 점심 도시락도 챙겨 나와 버스 터미널에 가니 벌서 버스가 출발 직전이다. 버스로 붓재에 도착하니 7시28분이다.

 붓재공원 앞에서 산행준비를 하고 사진 한판 찍고 산행에 들어간다. 보성 회천간 국도를 건너 S-OIL 붓재주유소 옆으로 포장길을 따라가면 왼쪽에 큰 건물 공사장을 보며 올라가 제일다원 입구에서(7시36분) 임도를 버리고 오른쪽 철조망을 따라 오르막을 오르며 6분후 능선 분기점에서 왼쪽으로 능선을 오르며 오른쪽에 태풍에 넘어져 있는 편백나무 능선을 올라 7시44분 동으로 오던 마루금은 왼쪽(북쪽)으로 나무계단을 내려 농장 입간판이 있고 이정표(←붓재(차밭)1.2km →봉화산 정상 4.3km)를 7시46분 지나며 산판길을 따르다 오른쪽으로 내려서 안부에서 다시 오르막을 올라 315봉에 올라서니 8시5분이다.

좌표《 N 34.43'21.9" E 127.05'55.6" 》

 318봉에는 긴의자 두 개가 있으며 전망이 좋아 지나온 마루금이 한눈에 들어오고 득양만이 내려다보이고 보성쪽은 운무가 가득차 바다를 연상케 한다. 길은 등산로가 풀치기를 해서 좋으며 내리막을 내려 다시 오르막을 한동안 올라 작은 봉을 넘어 왼쪽 잘자란 편백나무 능선을 내려 비포장도로에 내려서니 8시26분이다.

임도는 자갈이 깔려있으며 길가에 (寶城宣氏 追慕公園) 비석이 있고 이정표에 ←붓재(차밭) 2.7km → 봉화산정상 2.1km 이고 이곳부터는 포장도로가 철탑봉까지 이어진다. 이정표에 봉화산 2.1km는 잘못되었다. 다른 이정표를 보면 2.8km가 올바르다. 포장길 오르막을 한동안 올

라 철탑건물과 송신철탑을 지나며 비포장길을 올라 쉼터가 있고 작은 철탑봉(411.2m)에 올라서니 8시41분이다.

좌표《 N 34.44'00.6" E 127.06'36.7"》

411.2봉에 올라오니 건너편에 봉화산이 올려다 보이고 마르금은 왼쪽으로 봉화산을 향해 내리막을 내려 10분후 이정표(←붓재(차밭) 4.2km → 봉화산 정상 1.3km)를 지나 풀치기를 한 내리막길을 내려가 8분후 안부 이정표(←붓재(차밭) 4.8km →

봉화산 정상 0.7km)를 지나며 가파른 오르막을 한동안 올라 이정표(↘다원 3.0km →기러기재 4.5km)에 올라서 봉화대 앞에 올라서니 9시10분이다.

좌표《 N 34.44'37.2" E 127.06'34.7" 》

봉화산 정상은 봉화대가 있고 봉화대 앞에 커다란 표석(烽火臺復元紀念)이 있고 쉼터도 있으며 커다란 표석「새천년의 햇살 보성에서 빛나리, 서기 이천년 새해아침 보성군수 하승완」『보성군 봉화산 해발 476m』이 있다. 2004년 1차때 있던게 변동이 없다. 쉼터에서 배낭을 내려놓고 사진도 찍고 수면을 보충하고 9시20분 출발한다. 표석앞 임도를 따라 내려오면 2층 팔각정이 있다. 팔각정 앞 임도에서 임도는 왼쪽 덕정마을로 내려가며 마루금은 직진으로 등산로를 따른다. 이정표에 ←붓재 5.0km↑

덕정마을 2.8km →기러기재 4.5km이다.

　이곳 이정표에도 봉화산 정상이라 되어있는데 다른 이정표를 보면 붓재 5.5km가 올른데 이곳도 착오가 있다. 마루금은 등산로를 따라 직진으로 내려와 보성사 삼거리 이정표(←봉화산 0.63km↑보성사 1.2km →기러기재 3.8km)를 지나고 작은봉을 넘어 이정표(←봉화산 1.4km →기러기재 3.1km)를 9시43분 지나 가파른 오르막을 올라 416봉에 올라서니 9시49분이다. 정상에 이정표(←봉화산 1.4km →기러기재 3.1km)가 있는데 6분전 안부에 있던 이정표와 거리가 같은데 모양은 다르며 이곳에 없어야할 이정표가 있다. 능선을 내리며 4분후 안부 이정표 (←봉화산 1.8km →기러기재 2.7km)를 지나며 오르막을 올라 배각산 470m 정상에 올라서니 10시3분이다.

좌표《 N 34.45'37.6 E 127.07'04.2" 》

　정상에는 서래아 박건식이 걸어놓은 배각산 417m 표찰이 나무에 걸려있고 풀섶 속에 삼각점이 있다. 배각산은 전망이 좋아 아래로 철탑봉과 기러기재가 내려다보이고 건너편에 대룡산 방장산 철탑이 멀리 보인다. 마루금은 오른쪽으로 원형으로 돌아 내려가 1시16분 이정표(←봉화산 1.8km→기러기재 2.7km)가 있다. 이곳 이정표도 없어야 할게 있다. 내리막을 내려 4분후 풍치재에 내려서니 10시20분이다. 풍치재는 임도 삼거리로 이정표(←봉화산 3.2km →기러기재 1.3km) 다른 이정표／장전마을

5km╲호롱마을 2.2km)가 있고 마루금은 직진으로 임도를 따라 올라간다. 임도를 따라 오르막을 올라 송신탑이 있는 반섬산 307m 정상에 올라서니 10시27분이다.

좌표《 N 34.46'3.66" E 127.7'35.82" 》

송신탑을 왼쪽에 두고 반섬산에 올라서면 둥근 식탁과 의자가 있고 예당에서 올라오는 2번 국도와 가야할 대룡산 능선 오도재 까지 능선이 한눈에 들어온다. 마루금은 왼쪽으로 내리막을 내려가며 5분후 붉은 벽돌집과 다른 송신탑을 지나 내리막을 내려가며 잘 자란 편백나무 숲길을 한동안 내려와 순천 목포간 2번국도가 지나가는 기러기재 봉화산등산안내 입간판 앞에 도착하니 10시44분이다. 지도에는 그럭재로 표기되어있고 정맥군들도 그럭재로 많이 알려져 있는데 지나오며 이정표에 기러기재로 변경되어 있어 그럭재를 기러기재료 표기 한다.

좌표《 N 34.46'53.0" E 127.07'18.0" 》

기러기재(그럭재)는 순천 목포간 2번국도로 예당에서 보성을 넘는 4차선 도로가 지나는 고개로 중앙 분리대가 있다. 마루금은 중앙 분리대를 넘어 안치마을 입구 전붓대 아래 등산로 이정표를 따라 수로를 따라 올라간다. 이정표(←봉화산 6.0km→대룡산 2.2km)를 지나 수로를 따라 올라 밭끝에서 왼쪽 묘 있는 방향으로 올라 묘를 지나고 오르막을 오르며 잘자란 편백나무 숲길 가파른 오르막을 오르다 편백나무 숲 향이 좋아 배낭을 내

려놓고 잠시 5분간 쉬며 밀감을 꺼내먹고 가파른 오르막을 오르는데 보통이 아니다.

오늘 산행 중 가장 가파른 오르막으로 힘이 많이 든다. 군사방공호를 지나고 능선 오르막을 올라 272.2봉에 올라서니 11시12분이다. 정상에는 리본이 많이 달려있고 마루금은 오른쪽으로 내리막을 잠시 내려가 왼쪽에 파란망 울타리를 따라 산판길 오르막을 한동안 올라 삼각점이 있는 315.7봉에 올라서니 11시 27분이다.

좌표《 N 34.46'53.0" E 127.07'18.0" 》

315.7봉에는 삼각점이 두 개 있고 앞에 대룡산이 건너다 보이고 보성 시가지가 내려다 보이며 지나온 가지산 용두산 제암산 사자산 일림산 봉화산이 원형으로 둘러보이며 가야할 방장산

주월산 존제산과 초암산이 보인다. 315.7봉을지나 내리막을 내려 소룡고개 임도(산판길)에 내려서니11시33분이다. 이 고개는 득양면 삼정리 쇠실마을에서 미력면 반룡리 소룡마을을 넘는 산판길 임도다. 마루금은 임도를 지나 묘1기를 지나며 가파른 오르막을 한동안 오르며 암능도 오르고 11시48분 중간봉에 올라서 평탄한 능선을 올라 대룡산 갈림길에 올라서니 11시55분이다.

좌표《 N 34.47'23.22" E 127.7'29.29" 》

대룡산은 왼쪽으로 올라가고 마루금은 오른쪽으로 가파른 내리막을 내려간다. 가파른 내리막을 미끄러지듯 내려 12시7분 편백나무 숲에서 자리를 펴고 점심을 먹고 12시31분 출발해 2분후 안부를 지나 오르막을 오르며 오른쪽 편백나무길을 지나 능선 오르막을 올라 삼각점이 있는 346봉에 올라서니 12시47분이다.

좌표《 N 34.47'28.4" E 127.08'06.6" 》

436봉을 지나면 평탄한 내리막을 내리며 오른쪽에 편백나무숲을 지나고 대나무(신우대)숲속을 통과해 안동김씨(爯奉安東金公之墓)묘를 지나고 다시 편백나무숲길을 지나 좌우로 평탄한 오르막을 올라 280봉에 올라서니 오른쪽 아래 파란둥근 건물이 보이고 오도재 오르는 845번 지방도로가 보인다. 지도에는 보성 수력발전소가 이곳에 있는데 이 건물이 아닌지? 마루금은 평탄한 능선길을 좌우로 오르내리며 길가에 고사리 능선을 가며 가파른 내리막을 내려 광산김씨(學生光山金公在曾之墓 配孺人密梁孫氏)묘를 지나 내려서 845번 지방도 오도재에 내려서니 2시17분이다.

좌표《 N 34.47'44.6" E 127.09'55.1" 》

오도치(오도재)는 보성군 득량면 2번국도에서 겸백면을 넘는 고개로 앞에 능선을 깎아내려 공터가 있고 초입은 오른쪽 (득량면쪽)으로 30m 가량 가면 초암산 등산 안내도가 있고 방장산 오르는 이정표가 있다. 오늘 산행은 거리가 짧아 일찍 마무리하고 지나가는 1톤 트럭에 젊은 기사가 새워줘 타고 내려와 군두사거리 2번 국도에 내려줘 조금 있으니 보성에서 벌교 가는 군내 버스가 온다.

　군내 버스로 예당에 와 4시5분 부산 사상행 버스로 부산에 도착하니 저녁 9시 집에 오니 9시40분이다. 집사람 일찍 온다고 밥도 안먹고 기다리고 있다. 집사람 고생했다고 격려에 한마디가 더욱 힘이 된다.

제2차 호남정맥 단독종주 18구간

오도재~빈계재

오도재 : 전라남도 보성군 겸백면 수남리 오도재
빈계재 : 전라남도 순천시 낙안면 하송리 빈계재.
도상거리 : 오도재 27km   빈계재
소요시간 : 오도재 11시간 31분 빈계재
이동시간 : 오도재 10시간 6분 빈계재 휴식시간 1시간25분
오도재 출발7시10분, 국사봉 7시35분, 파청재 8시3분, 방장산 8시 35분, 배거리재 9시 17분, 주월산 9시 27분, 무남이재 10시 7분, 광대코재 10시 44분, 고흥지맥분기점 11시26분, 모암재 11시 44분, 존제산 철조망12시 25분, 철조망 통과 12시 54분, 헬기장 12시 56분, 철문 1시2분, 군부대 송전탑 1시34분, 주릿재 2시18분, 석거리재 4시 18분, 백이산 6시 18분, 분계재 6시 38분

2014년 4월 19일 맑음

　4월18일 저녁 8시버스로 순천 터미널 앞 삼보장에서 자고 아침 일찍 일어나 컵 라면으로 아침밥을 대용하고 버스터미널로 나가 5시55분 목포행 버스로 벌교를 거처 예당에 내려 택시 (박충현 010-3670-××××)로 오도재에 도착하니 7시5분이다.(택시요금 9,000원) 택시기사에게 부탁하여 사진 한판 찍고 산행 준비를 하고 7시10분 산행에 들어간다. 초입 이정표에(→국사봉 1.0km 방장산 5.8km 주월산 10km)로 되어있다. 초입부터 가파른 오르막이 시작된다. 숨을 몰아쉬며 급경사를 한동안 올라 능선에 올라서 오른쪽으로 능선을 오르며 국사봉 335.5m 정상에 올라서니 7시35분이다.

　　　　　　　　　　좌표【 N 34.47'19.20" E 127.9'52.44" 】

　국사봉 정상 이정표에 ←오도재 1.0km ╱파청치 2.4km 방장산정상 4.8km ╲발실마을 2.0 km이고 준희가 걸어놓은 호남정맥 355.5m가 있고 마루금은 왼쪽(동쪽)으로 가파른 내리막을 한동안 내려간다. 가파른 내리막을 8분 내려와 묘뒤로 평탄한 능선으로 오르락내리락 하며 능선을 가다 오르막을 올라 작은 봉에서 왼쪽으로 내리며 청주 한씨묘를 지나 내려오면 임도가 지나는 파청재다. 파청재는 비포장임도로 이정표 (←국사봉 2.4 km 오도재 3.4km↑오도재 임도 1.7km↓ 양월임도시점 2.9km

→ 방장산 2.4km 주월산 6.6km)가있고 체육시설이 되어있고 마루금은 직진으로 임도(산판길)를 따라 올라간다.

　마루금은 비포장 임도를 오르다 때로는 포장 임도를 오르기도 하며 방장산 정상까지는 임도를 따라 올라간다. 임도 오르막을 한동안 올라 헬기장을 8시23분 지나고 1분후 약수터사거리를 지나간다. 사거리 이정표(←오도재 3.69km↑수남마을 1.47km↓호동마을 1.71km→방장산 0.50km)이며 임도 오르막을 올라 방장산 535.9m 정상에 올라서니 8시35분이다.

　　　　　　　　좌표【 N 34.47'54.7" E 127.11'23.5" 】

　방장산 정상은 KBS 한국방송 방장산 중계소가 있으며 쉼터도 있고 자그마한 방장산 표석이 있고 삼각점이 있다. 정상에 이정표(←파청재 1.7km 호동주차장 2.1km →주월산 2.9km)가 있으며 전망이 좋아 왼쪽 건너편에 초암산이 건너다보이고 가

야할 주월산 존제산 마루금이 보이고 득양만이 내려다보인다. 마루금은 방장산을 지나면서 나지막한 내리막을 내리며 평탄한 능선을 오르내리며 이드리재를 9시1분 지나며 오르막을 오르고 능선을 가며 배거리재 이정표(←방장산3.8km 오도재 9.6km ↓청능마을 2.2km 대동마을 2.3km →주월산 0.3km 무남이재 2.9km)를 9시17분 지나 왼쪽으로 가파른 오르막을 올라 쉼터가 있는 주월산 556.9 m 정상에 올라서니 9시25분이다.

좌표【 N 34.48'44.2" E 127.12'41.4" 】

주월산 정상에는 쉼터가 있고 기타란 표석(주월산 해발557m)이 있고 사방이 확트여 조망을 볼 수 있다. 이정표에 ← 방장산 4.1km 오도재 9.9km →무남이재 2.6km 초암산 8.0km 이다. 정상에서 사진 한판 찍고 내리막을 내려 쉼터가 있고 공터에 페러글라이딩장(활공장) 휴게소 이정표에(←주월산 0.3km 방장산

4.4km →무남이재 2.3km 광대코재 3.9km)이며 마루금은 능선길 소로로 들어서 철쭉 능선을 가며 가파른 내리막을 내려 왼쪽에 임도를 두고 능선을 내리다 오르막을 올라 중간봉을 넘고 다시 내리다 마지막 봉을 넘어 가파른 내리막을 한동안 내려 무남이 재에 내려서니 10시3분이다.

좌표【 N 34.49'36.3" E 127.12'41.2" 】

무남이재는 겸백면 수남리에서 조성면 대곡리를 넘는 산판길 임도로 둥근 쉼터도 있고 등산안내간판이 있다. 이정표에 ← 주월산 2.6km 방장산 6.8km →광대코재 1.6km 초암산 5.4km 이다. 잠시쉬며 간식을 먹고 10시11분 출발해 오르막을 오르며 10시20분 임도 산판길을 지나고 가파른 오르막을 숨을 몰아쉬며 한동안 올라 광대코봉에 올라서니 10시44분이다. 이곳에서 왼쪽길은 (서쪽)초암산 철쭉봉이고 마루금은 오른쪽(동쪽) 능선으로 올라간다. 광대치부터 초암산쪽은 등산로가 잘나있으나 정맥마루금은 풀섶으로 소로가 이어진다. 오르막을 오르며 암봉을 넘어 암능을 오르내리고 때로는 철쭉길 또는 억새길을 오르내리며 1차때도 이곳을 지나는데 풀숲이 우거져 애를 먹었는데 그래도 오늘은 풀이 없어 다행이다 지금도 7-8 월쯤이면 풀이자라면 지나가기가 험할 것 같다. 능선길을 좌우로 오르내리다 고흥지맥 분기봉(571.3m)에 올라서니 11시 26분이다.

좌표【 N 34.50'23.4" E 127.13'29.4" 】

동으로 오던 마루금은 왼쪽(북쪽)으로 존제산을 건너다보며 내리막을 내려간다. 가파른 내리막을 내려가 임도에 내려서니 안테나가 있고 마루금은 임도를 지나 산길로 내려서 모암재 (유재)에 도착하니 11시43분이다.

좌표【 N 34.50'48.2" E 127.13'34.4" 】

모암재는 1차때는 임도라 존제산은 군사 통제구역이고 해서 임도를 따라 율어면 선암리 모암마을까지 내려갔는데 언제 도로가 개통되었는지 2차선 도로가 벌교읍 옥전리에서 율어면 선암리까지 2차선 도로가 지나가며 마루금은 터널 위 짐승 통로 길를 따라 도로를 건너 오르막을 오르며 고압철탑을 지나 가파른 오르막을 올라간다.

이 길은 정맥꾼만 다녀서그런지 양호하지는 않지만 그래도 길은 확실하다. 가파른 오르막을 오르며 12시18분 경고문이 있는 첫번째 철망을 통과하고 오르막을 올라 두번째 철망을 무사히 지나고 군견묘가 있는 봉에 12시25분 올라서 내려다보니 아래에 철망이 가로막혀 있고 건너편에 컨테이너박스 건물이 보이고 군사 건물이 보이며 가야할 능선 임도가 보인다. 군견묘를 지나 20여미터 내려오니 세번째 철망이 앞을 가로 막는다. 이곳은 이중 철망으로 넘어갈 수가 없어 오른쪽으로 선답자들이 다닌 길이 있어 잡목을 해쳐가며 내려가 보니 이곳도 옛날에는 개구멍이 있었는데 2중 3중으로 통과를 못하게 막아놓아 넘어 갈려다 헛수고만 하고 다시 올라와 찾아봐도 넘을 길이 없다. 하는 수 없이 왼쪽으로 잡목을 헤치며 가다보니 2m가 넘는 철망이 약간 비스듬히 안으로 누어있어 간신히 철조망을 넘어오는데 무릎이며 앞정강이가 철망에 긁켜 피가 나고 손에도 어디서 긁켰는지 온통 피투성이다. 합동산행과 단독산행은 어려운 고비에서 차이가 난다. 철망을 넘으면 바로 철망 개구멍을 통과해야한다. 이곳은 그래도 어렵지 않게 통과해 오르막을 올라 헬기장에 올라서니 12시55분이다.

좌표【 N 34.51'19.49" E 127.13'57.40" 】

마루금은 헬기장 끝에서 계단을 내려오면 넓은 공터에서 왼쪽에 군사건물로 오르지 않고 건물 오른쪽 비포장도로를 따라 내려오면 큰 철망문이 나온다. (1시 3분) 철문도 잠겨있어 문사이로 문을 통과해 계속 임도를 따라와 1시 29분 삼거리 갈림길에서 직진으로 포장길을 따라 올라가 1시 34분 송전탑 건물 정문앞에 도착하니 길이 건물 양쪽에 있다. 리본이 왼쪽에 걸려있어 왼쪽 철조망 울타리를 돌아 능

선에 올라오니 오른쪽에서 오는 길과 마주친다. 잡목과 철쭉이 어우러진 길을 헤치며가다 갈림길에서 왼쪽으로 경사길을 내려오는데 길이 희미해 헷갈리나 간혹 리본이 걸려있어 그래도 계속 내려오면서 능선길이 확인되고 능선을 따라 급경사를 한동안 내려와 1시59분 임도에 내려선다. 임도에서 직진으로 리본이 걸려있고 이곳부터는 길이 확실하다. 능선 내리막을 한동안 내려와 다시 임도에 내려서니 2시9분이다. 이곳부터는 임도를 따라 주릿재에 도착하니 2시18분이다.

좌표【 N 34.52'47.1" E 127.15'11.0" 】

주릿재는 벌교읍 악성리 15번 국도에서 율어면을 넘는 835번 지방도 고개이고 고갯마루에 조정래 대하소설 태백산맥 문학비가 있으며 팔각정이 있다.

「태백산맥 문학비」정광산 줄기와 제석산 줄기는 벌교를 넓게 보듬고 있는 벌교의 상징이다. 또한 산줄기의 뿌리는 저멀리 태백산맥이 닿아있다. 하나의 나뭇잎이 흔들리면 땅속의

실뿌리까지 흔들린다고 한다. 한반도의 남쪽끝 벌교를 무대로 일어나고 있는 일들은 벌교만의 문제가 아니라 우리 민족 전체의 비극인 분단과 그 갈등의 축소판이며 상징이다. 그 의미를 확대하면서 이야기는 벌교를 벗어나게 되고 이곳 주릿재는 민족분단의 허리 잇기인 저 태백산맥을 향하는 첫 관문으로 선택되어 제2부를 시작하는 장소가 되었다 「태백산맥」이 시작되는 지점에 문학관을 두고 여기에 문학비를 새우는 것은 그 필연 때문이다. (비에 있는 글 옮김)

시간은 늦었지만 팔각정에서 점심을 먹고 2시45분 출발해 벌목지 가파른 오르막을 올라 분기봉에 올라서니 2시57분이다. 분기봉에서 마르금은 오른쪽으로 능선을 가며 이정표(외서삼거리 ←주릿재 0.6km ↗동소산 7.4km ↘ 오서면)를 2시59분 지나면서 왼쪽은 보성군을 벗어나 순천시 외서면과 벌교읍을 경

계로 이어지며 가파른 내리막을 내리며 창녕조씨묘를 지나 태풍에 쓰러진 편백나무 길을 지나 내리막을 내려 절개지 철계단을 내려 작은 주리재 (주릿재에서 반룡리 가룡마을을 넘는 2번 지방도로)에 내려서니 3시5분이다. 마루금은 도로를 건너 가파른 절개지를 올라서 수신 안테나를 지나 급경사 오르막을 한동안 올라 3시20분 허리쉼을 하고 능선을 오르며 삼각점이 있는 485봉에 올라서니 3시24분이다.

좌표【 N 34.53'10.2" E 127.15'29.6" 】

485봉에서 동쪽으로 오던 마루금은 왼쪽(북쪽)으로 가파른 내리막을 내려 안부를 지나고 오르막을 올라 작은봉을 넘고 간혹 편백나무 능선을 지나 왼쪽에 농장 출입금지 안내판을 지나 오르막을 오르며 붉은글씨 등산로 표시판을 지나고 오르막을 올라 임도에 올라서니 3시45분이다.

마루금은 임도(산판길)를 따라 오르다 컨테이너박스에서 오른쪽(동남쪽)으로 산판길을 따라 오르막을 올라 무명봉을 넘어 능선 내리막을 내리며 왼쪽에 단풍나무 묘목장을 내려와 안부에서 왼쪽(동쪽)으로 오르막을 올라 좌우로 능선을 오르내리며 왼쪽 대전마을을 내려다보며 415봉에 올라서니 4시24분이다. 415봉에 올라서니 아래로 석거리재가 내려다보이고 건너편에 백이산 정상이 우뚝 솟아있다.

오늘 계획은 서거리재까지인데 시간이 많이 남아 분계재까지

가기로 마음먹고 왼쪽으로 내리막을 내리다 묘앞에서 잠시 쉬며 간식을 먹고 능선 내리막을 내리는데 능선길을 파란망으로 막아놓고 묘목손질을 하는 농장 주인이 소리를 지르며 못가게 한다. 다시 돌아와 오른쪽 임도를 따라 내려와 석거리재 휴게소 식당 앞에 내려서니 4시53분이다.

좌표【 N 34.53'50.9" E 127.17'03.5" 】

석거리재는 벌교 주암간 15번국도가 지나며 주유소와 휴게소 식당이 있고 주유소 앞에 커다란 표석에 親交 敎養奉仕라 쓰여 있고 작은 표석에 석거리재 해발 240m 가 주유소 앞에 있다. 마루금은 길 건너 이정표를 따라 올라간다. 이정표에 백이산정상 3.5km 로 되어있다. 4시54분 출발해 가파른 오르막을 한동안 올라 5시9분 작은봉을 넘어 능선을 가다 다시 무명봉에 올라서 오른쪽에 채석장을 내려다보며 능선을 가며 잠시 안부에 내려

섰다 가파른 오르막을 숨을 몰아쉬며 올라 중간봉에 올라서니 5시43분이다. 마루금은 중간봉에서 오른쪽으로 백이산을 바라보며 능선을 가며 넓다란 공터를 지나 오르막을 오르며 밧줄 설치한 곳을 밧줄을 잡아가며 오르막을 올라 백이산(582m) 정상에 올라서니 5시59분이다.

좌표【 N 34.54'00.8" E 127.18'08.8" 】

　　백이산(伯夷山)582m 정상은 전망이 좋아 지나온 존제산 마루금 능선이 한눈에 들어오고 앞으로 가야할 고동산 조계산 마르금 능선이 줄지어 보이며 금전산 오봉산도 건너다보이고 멀리 별교 시가지와 아래로 낙안읍성 민속마을이 바로 앞에 내려다 보인다. 정상은 자그마한 표석이 있고 삼각점이 있으며 민둥산으로 넓은 공터로 되어있다. 잠시 쉬며 사진도 찍고 사방에 전망도 관망하고 6시8분 출발하여 마루금은 보성군을 벗어나 순천시 외서면과 낙안면을 경계로 가파른 내리막을 한동안 내려 철쭉능선을 내리며 송계마을 삼거리에 내려서니 6시18분이다.

　　삼거리에는 이정표가 있고 긴 의자가 두개 있으며 아래로 낙안읍성 민속마을이 내려다보이고 마루금은 직진으로 가파른 내리막을 내려와 다른 송계마을 삼거리에 6시25분 지나간다. 이곳에도 쉼터 긴의자가 있고 전망이 좋아 내일 가야할 고동산 마루금을 관망하고 가파른 내리막을 한동안 내려와 빈계재에 내려서니 6시38분이다.

좌표【 N 34.54'38.1" E 127.18'33.7" 】

빈계재(분계재)는 순천시 낙안면 낙안읍성 민속마을에서 외서면 화전리 15번 국도로 이어지는 58번 지방도가 지나는 2차선 도로다. 다음 초입은 도로를 건너 바로 초입이 있다. 도로변에 물이 졸졸 흐른다. 많은 물은 아니지만 물을 받아 신발을 닦고 손도 씻고 조금 있으니 승용차가 넘어온다. 손을 들으니 차가 서줘 낙안읍성까지 태워줘 쉽게 낙양읍성에 내려와 막창등뼈식당에서 막둥어탕 백반을 먹고 궁전모텔 (061-745-6951)에서 사위를 하고 도상거리 27km를 걸어와 피로도하고 하여 집으로 무사히 내려와 저녁 먹고 숙소에 왔다고 전화를 하고 내일 일을 생각해서 일찍 잠자리에 들어간다.

전라남도 순천시 낙양면에 있는 낙양읍성은 삼한시대에는 마한당이었고 백제때는 파지성, 고려때 낙안군 고을이었던 곳이고 태조6년(1397년) 왜구가 침입하자 이 고장 출신 양해공 김빈길 장군이 의병을 일으키고 토성을 쌓았으며 300년 후 인조 4년(1626년) 충민공 임경업 장군이 낙양군수로 부임하여 지금의 석성을 쌓았다고 한다. 낙양읍성은 조선시대부터 현제에 이르기 까지 조상들의 삶의 모습이 오롯이 이어지면서 옛 정취를 느껴볼 수 있는 문화 체험 장이다.

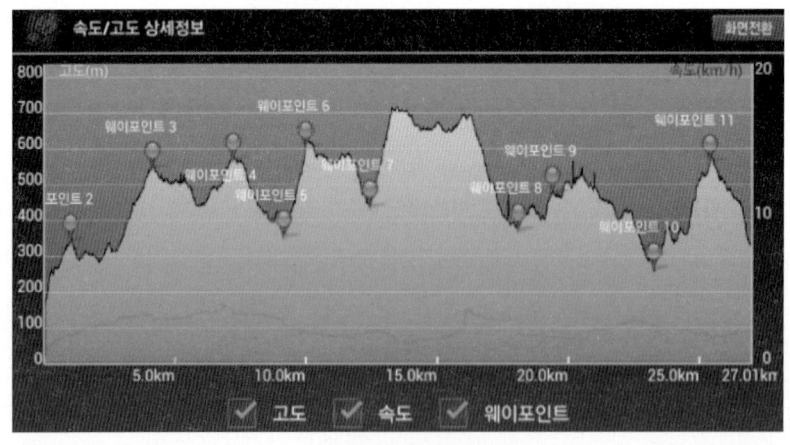

　원형이 잘 보존된 성곽, 관아 건물과 소담스런 초가, 돌담길이 옛 추억을 되살리며 세계문화유산 잠정목록에 등재되고 CNN 선정 대표 관광지 16선. 문화재청으로 선정되고 가족 여행지 32선에도 선정되는 등 대한민국 대표 관광지로 거듭나고 있다. 사적지로 중요지정문화제인 성곽, 민속가옥, 객사, 충민공 임경업 군수 비각 등 다수의 문화재를 보유하고 있으며 312동의 초가가 옹기종기 모여 있고 98세대에 228여 명의 주민이 살고 있는 민속촌이다.

　또한 소리의 고장인 낙양읍성은 동편제의거장 국창 송민갑 선생과 가야금 병창 증시조 오태석 명인의 생가가 있고 음력 정월 대보름 민속 한마당 큰잔치, 낙안민속문화축제, 전국가야금 병창경년대회 등이 있고 민속체험으로 수문장 교대의식, 조선시대 전통생활모습 재현, 국악, 판소리, 사물놀이, 농악, 전통혼

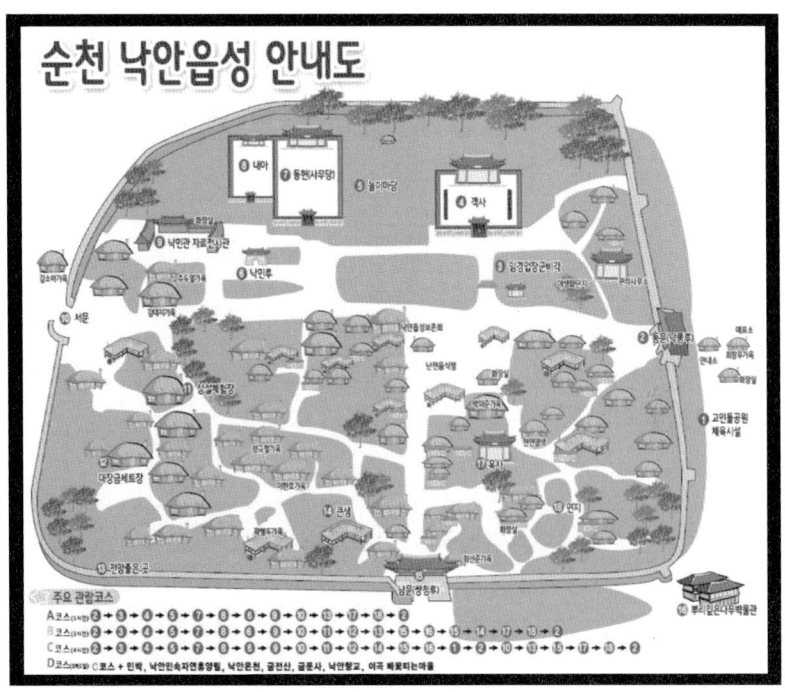

례와 송사체험, 천연염색, 목공예, 대장간, 길삼, 집풀공예, 소달구지 체험 등 운영되므로 관광객들 방문이 연간 120만명이나 된다고 한다. 오늘은 낙양읍성에서 숙소를 정해 관광지라 식당도 있고 모델도 있어 편히 잠자리에 들어간다.

제2차 호남정맥 단독종주 19구간

빈계재~두월고개

빈계재(분계재) : 전라남도 순천시 낙안면 하송리 빈계재
두월육교(접치) : 전라남도 순천시 주암면 행정리 두월고개
도상거리 : 빈계재 16.3km 두월고개
소요시간 : 빈계재 7시간12분 두월고개
이동시간 : 빈계재 6시간18분 두월고개 휴식 1시간 6분
빈계재 출발 7시 20분, 511.2봉 8시 37분, 고동치 9시 11분,
고동산 9시 36분, 700.8봉 10시 58분, 장안치 11시 15분,
큰굴목재 11시 31분, 작은 굴목재 11시52분, 조계산 12시 39분,
장박골 정상 1시 8분, 접치(두월육교) 2시 27분

2014년 4월 20일 맑음

　오늘은 거리도 짧고 하여 아침 조금 늦게 일어나 샤워를 하고 민속능막식당에서 아침식사를 하고 점심 도시락도 준비를 하고 낙안 개인택시(전남 14바 1611 박창권 061-754-××××)를 불러 택시(7,000원)로 빈계재(분계재)에 도착하니 7시 17분이다. 산행 준비를 하고 7시20분 산행에 들어간다. 초입은 도로에서 오르며 왼쪽으로 올라서면 통신 안테나가 있다. 안테나를 지나 오르막을 오르며 왼쪽에 철망 울타리를 따라 오르며 왼쪽 철망안에는 잘자란 편백나무 농장철조망길을 계속 따라 오르며 519봉에 올라서니 7시 50분이다.

　519봉을 지나며 오른쪽으로 철망을 따라 내리다 4분후 안부를 지나 오르막을 올라 작은 봉을 넘고 잠시 내려 안부를 지나고 오르막을 오르는데 이

곳부터 산판길을 내느라 파헤쳐 놓은 길을 따라 오르막을 올라 오른쪽으로 새로 만든 산판길을 따라 좌로 우로가다 오르막을 올라 511.2봉에 올라서니 8시37분이다. 511.2봉은 준희가 걸어 놓은 호남정맥 511.2m 팻말이 나무에 걸려있고 길은 새로 만든 산판길로 이어지며 앞에 더 높은 봉이 보인다.

좌표【 N 34.55'57.29" E 127.18'31.68" 】

　지도에는 삼각점이 있는데 산판길을 내느라 어디 있는지 확인을 못하고 사진만 한판 찍고 출발해 능선을 가며 왼쪽은 온통 벌목을 해 계속해서 햇빛을 받으며 새로 만든 산판길 능선 오르막을 힘들여 올라 능선을 가다 다시 오르막을 올라 무명 봉을 9시3분 넘어 내리막을 내려가니 임도 사거리다. 이곳은 옛날부터 있던 산판길이다. 마루금은 앞 능선으로 올라야 하는데 오르는 길이 없고 임도를 따라가면 고동치가 나온다. 임도를 따라 고동치에 내려서니 9시11분이다.

좌표【 N 34.56'47.60" E 127.18'27.94" 】

　고동치는 순천시 낙안면 목촌리 수정마을 에서 송광면 장안리 장안마을을 넘는 포장길 임도다. 이정표에 ↓ 수정마을 2.1km ↑ 장안마을 3.7km ← 빈계재 5.1km → 고동산 1.1km 이며 마루금은 임도를 건너 오르막으로 이어진다. 가파른 오르막을 한동안 오르면 앞에 고동산 오르는 가파른 길을 보며 평탄한 능선 길을 가다 가파른 오르막을 한동안 올라 갈림길에서 소로 오른쪽 능선길로 철쭉능선을 올라 산불 감시 초소가 있는 고동산 709.5m 정상에 올라서니 9시35분이다.

좌표【 N 34.57'03.1" E 127.18'58.2" 】

고동산은 조계산 남단에 있는 (해발 709.4m) 산이며 순천시 송광면 장안리와 낙안면 목촌리를 경계로 송신 철탑이 있고 산불감시 초소가 있으며 정상은 전망이 아주 좋아 사방이 확트인 산이며 오른쪽(동남쪽)은 금전산 오봉산 남쪽은 백이산 존제산 서쪽은 모후산 멀리 무등산 북으로 조계산 등 많은 산들이 보이고 정상석이 있으며 이정표에 고동치1.1km 조계산 장군봉 6.6km 이다.

고동산의 유래

고동산은 조계산(해발 884m)남단 봉오리이며 순천시 송광면 장안리와 낙안면 목촌리 경계를 이룬다. 고동산은 해발 709m로 장안마을에서 목촌마을로 넘어가는 재를 고동재라 부르고 한자로 高等峙 또는 高動峙라 적기도 한다. 그리고 조선말 어느 시인은 나발산(螺髮山)이라 표현하기도 하였다. 고동산 정상아래 1ha정도 너덜점에서 임진왜란 발발 직전에 난(亂)을 예고하듯이 산고동이 울렸다고 전해온다. 또한 날씨가 흐려지면 산고동이 울어 주민들은 비나 눈이 오겠구나 하면서 일기를 예측하기도 하였다. 이러한 유래로 재를 꼬동재 또는 고동재라 부르고 고동재가 있는 산이라 고동산이라 부른다.

고동산 정상에서 사진한판 찍고 잠시 쉬는데 정맥군 세사람이 올라온다. 이 사람들은 40대로 보이며 접치에서 석거리재까지 간다고 한다. 동북으로 오던 마루금은 북쪽으로 조계산을 바라보며 내리막을 내려가며 순천시 송광면 청년회에서 2010년 5월 세운 고동산 유래비를 9시52분 지나 3분후 세면 콩고리로 만든 헬기장을 지나고 능선길을 가며 4분후 철탑건물 앞을 지나 가파른 오리막을 올라 작은봉을 10시5분 넘고 나무계단길을 내려 왼쪽으로 새로 만든 임도를 따라가다 왼쪽에 벌목지를 따라 오르막을 오르고 다시 능선으로 내려서 안부를 지나 10시16분 작은봉을 넘고 왼쪽에 편백나무를 보며 안부에 내려서 벌목지 조림사업 능선을 올라 10시33분 고압 철탑을 지나간다. 철탑을 지나 산판길을 따라 오르며 2분 후 무명봉에서 오른쪽으로 내리막을 내려 안부를 10시43분 지나 벌목지(조림사업)오르막을 올라(700.8m)봉에 올라서니 10시58분이다.

좌표【 N 34.58'31.29" E 127.18'41.68" 】

마루금은 700.8봉을 지나 내리막을 잠시 내리고 다시 오르막을 올라 무명봉을 지나며 능선길을 가다 11시6분 산불감시초소를 지나 내리막을 한동안 내려 장안치에 내려서니 11시14분이다.

좌표【 N 34.58'52.25" E 127.18'45.17" 】

장안치는 송광면 장안마을에서 승주읍 남강리를 넘는 고개로 이정표에 ←고동산 4.0km ↑장안마을 8.8km ↓남강마을 7.7km

→ 조계산 장군봉 2.6km 이며 남도삼백리(오치오재길) 장안치라 되어있다. 마루금은 임도를 지나 이정표 뒤로 능선으로 올라 평탄한 오르막을 오르며 깃대봉은 오르지 않고 왼쪽 사면길 (비탈길)로 산죽길을 지나 큰 굴목재에 도착하니 11시31분이다.

좌표【 N 34.59'13.32" E 127.18'41.73" 】

큰굴목재는 승주선암사에서 송광사를 넘는 고개로 이정표에 ←고동산 4.8km↑송광사 4.2km↓선암사 2.3km →작은 굴목재 1.1km 이고 남도 삼백리 (천년불심길) 큰굴목재로 되어 있으며 오른쪽(동쪽) 승주에 한국불교 태고종 태고총림 선암사가 있고 왼쪽엔 대한불교 조계종 송광사가 있다. 송광사는16국사를 비롯하여 우리나라에서 가장 많은 고승대덕을 배출해 삼보사찰 (불보사찰 통도사, 법보사찰 해인사, 승보사찰 송광사) 가운데서도 승보사찰로서 국·내외에 널리 알려진 사찰로 전국 사찰 가운데서 가장 많은 문화재를 보유하고 있으며 국보 제42호인 목조삼존불감, 국보 제43호인 고려고종제서, 보물 제572호인 수선사형지기, 보물제1366호인 화엄탱화, 보물 제1376호인 티배트문법지 등 기타 동산문화재(動産文化財)와 고문서(古文書) 전적류(典籍類)의 과학적인 보수(補修) 및 보존 처리와 체계적인 자료정리를 계속하면서, 성모박물관의 효율적 운영을 위한 각종 특별전시회를 기록하여 우리전통 문화의 우수성을 홍보하고 있다.

이는 사찰에서는 처음 있는 일로 보조좌상, 목우가풍을 바르게 이해하고 정해결사 정신을 오늘의 우리 삶에 살리려는 훌륭한 노력이라 하겠다. 이러한 노력과 실천이 따르는 한 정해결사의 창의적 전통은 내일의 한국불교를 밝히는 등 불교를 다시 피어날 수 있으리라 기대해도 좋을 것이다. 1990년대에도 계속하여 관음전, 문수전, 정해사(定慧社)등을 해체 중창과 산내암자 복원불사 및 국보 국사전과 국가보물인 하사당 약사전 영산전 등의 보수를 하였고 특히 2000년부터 임경당 해청당 사자루 응진전 불조전 원조현 취정루 등의 중요건물을 대대적으로 해체 보수하고 종무소, 선호당(善護堂), 다송원(茶松苑), 효봉영각, 수석정, 죽림정사, 목우농원 등을 신축 또는 중창하여 현재 80여동(棟)의 장엄한 모습을 이루게 되었으며 지금도 계속하여 산문진입으로 옛길 복원 및 건물 보수불사를 계속 진행하고 있다. 송과사 조계총림의 선원, 율원, 강원에서는 150여명의 스님네가 모여 보조국사의 정해결사정신을 이어 법회 정진하면서 내실(內實)있는 수행불사(修行佛事)를 진행중이다. 또한 해마다 유명한 여름수련회와 각종 세미나를 열고 사보(寺報)발간 및 홈페이지를 개설하여 포교하면서 제4의 사이버 종찰(宗刹)이 되도록 정진하고 있다.

　큰 골목재는 쉼터도 있고 오늘은 일요일이라 많은 등산객이 선암사에서 올라오고 더러는 송광사로 더러는 장군봉을 오르는

송광사 전경

송광사 대웅전

사람들이 많다.

잠시 허리쉼을 하고 오르막을 올라 잘나있는 산죽 오르막을 올라 작은굴목재에 내려서니 11시52분이다.

작은굴목재 이정표에 ← 큰굴목재 1.0km ↑ 보리밥집 1.3km ↓ 비로암 0.8km →장군봉 0.8km 되어있다. 이곳 오른쪽 아래 순천시 승주읍 죽학리에 있는 선암사는 진흥왕 3년(542년)에 아도화상(阿道和尙)이 처음 개창하여 비로암이라고 하였다고 하나 이것은 그대로 믿기 어렵다. 875년(헌강왕 1)에 창건하여 선암사라고 하였다는 설이 더 신빈성이 있다.

박전지(朴全之)가 쓴 영봉산용암사중창기(靈鳳山龍巖寺重創記)에 지리산 성모천왕(聖母天王)이 "만일 세개의 암사(巖寺)를 창건하면 삼한이 합하여 한 나라가되고 전쟁이 저절로 종식될 것이다"라고 한 말을 따라 도선이 세 암자를 창건 하였는데 곧 선암(仙巖), 운암(雲巖), 용암(龍巖)이 그것이라고 했다. 절 서쪽에 높이가 10여장(丈)되는 면이 평평한 큰 돌이 있는데 사람들은 옛 선인(仙人)이 바둑을 두던 곳이라고 하며 이 때문에 선암 이라는 절 이름이 생겼다고 한다. 1088년(선종 5) 의천(義天)이 중창하였으며 선암사에 의천의 영정이 있는 까닭은 이러한 인연 때문이다. 1597년(선조 30) 정유재란때 석종(石鐘), 철불(鐵佛), 보탑(寶塔), 부도(浮屠), 문수전(文殊殿), 조계문(曹溪門), 청치(圊廁) 등은 다행히 화를 면하고 나머지 건물은 모두 병화에 소실되었다. 정유재란에 불타기 이전의 선암사에는 수많은 건물이 있었다. 법당을 중심으로 하여 그 동쪽에 명부전(冥府殿), 약사전(藥師殿), 적연당(寂然堂), 명경당(明鏡堂), 대장전(大藏殿), 청운당(靑雲堂), 백운당

순주 선암사 전경

(白雲堂), 배면당(背面堂), 독락당(獨樂堂) 등이 있었고 그 서쪽에는 미타전(彌陀殿), 무집당(霧集堂), 영풍루(迎風樓), 청장전(天藏殿), 지장전(地藏殿), 문수전(文殊殿), 보현전(普賢殿), 용화당(龍華堂), 만월당(滿月堂), 반선각(伴仙閣), 제운료(際雲寮), 낙성료(落星寮), 서하당(栖霞堂), 성행당(省行堂), 탕자방(湯子房), 청치(圊厠) 등이 있었다. 그 앞으로는 정문, 종각, 대루(大樓), 조계문 등이 그리고 그 뒤쪽에는 첨성각(瞻星閣), 국사전(國師殿), 오십전(五十殿), 응진당(應眞堂), 팔상전(八相殿), 원통전(圓通殿), 능인전(能仁殿), 원명각(圓明閣), 성적당(惺寂堂), 진의각(眞疑閣), 활연당(豁然堂), 적조당(寂照堂), 심주각(尋珠閣), 완월당(玩月堂), 등이 있었다. 1660년 (헌종 1)에 경준(敬俊), 경잠(敬岑), 문정(文正) 등 세 대덕이 중건 하였고 그뒤 침굉(枕肱)이 많은 당우(堂宇)들을 보수 하였다. 특히 침굉(枕肱)은 선암사의 규범을 엄하게 하였고 해마다 제석(除夕)이면 승려들이 동서로 패를 나누어 술을 마시며 노는 일이 있었는데 이를 금하고 염불로서 밤을 세우도록 승려들의 금계(禁戒)를 엄하게 하였다.

  침굉의 문인에는 호암(護岩)과 치현(致玄)이 있었다. 특히 호암(護岩)은『법화경』을 염송하는 것으로 수행을 삼았으며 사찰의 중수에 공을 드렸다. 1699년(숙종 25)을 전 후 한 시기에 원통각(圓通閣), 약선궁(若仙宮), 대법당, 오십전 등을 새로 건축하고 관음상 1구 소상(塑像) 61구, 화산(畵像)등을 조성하였다. 1704년에는 호연(浩然)이 선암사 사적(仙巖寺事蹟)을 썼고 1819년(순조 19) 봄에 불이 나자 곧 상월(霜月)이 중건 하였고 1823년에 또 다시 불이나자 그 이듬해 해붕(海鵬)이.눌암(訥庵) 월파(月波)가 대규모의 중수 불사를 이룩 하였다. 1911년 6월3일 조선 총독부에 의해 「사찰령(寺刹令)」이 발표되고 다시 같은해 7월8일 반포된 「사찰령시행규칙」에 따라 30 본사가 정해질때 선암사 또한 30본사 중의 하나가 되어 승주군과 여수시 여천군의 말사를 통섭 하였다. 부속암자로는 산내(山內)에 말사로 대각암(大覺庵), 대승암(大乘庵), 청연암(靑蓮庵), 운수암(雲水庵), 선조암(禪助庵), 향로암(香爐庵), 비로암(毘盧庵).이 있었고, 산외(山外)의 말사로는 여천군의 흥국사(興國寺), 순천의 향림사(香林寺), 도선암(道詵庵), 정해사(定慧寺), 대흥사(大興寺), 여수의 한산사(寒山寺), 석천사(石泉寺), 용문암(龍門庵), 광양의 백운암(白雲庵), 광주의 중심사(證心寺), 원효암(元曉庵), 약사암(藥師庵), 규봉암(圭峯庵), 지장암(地藏庵) 등이 있다. 선암사에는 6.25전쟁 이전에는 불각(佛閣) 9동 당료(堂寮) 25동 누문(樓門) 31동 등 모두 65동 이나 되는 건물이 있었으나 전쟁중에 불타고 현제는 대웅전, 원통전, 팔상정, 불조전(佛祖殿), 장경각, 강선루(降仙樓) 등 크고 작은 20여동의 건물이 남아있다. 보물 제 1311호인 대웅전은 정면 3칸, 측면 3칸의 단층팔작(單層八作) 지붕으로 조선 중기 이후의 건물 특징을 지나고 있다.

특히 대웅전의 기단(基壇)과 석계(石階)는 고려시대의 것으로 계측(階側)의 조각은 볼만한 것이었으나 근세에 이르러 모두 고쳐지었다. 건평 20평에 높이 12m인 다포식(多包式) 건물인 원통전은 경잠, 경준, 문정 등의 3 대사가 중수할 당시의 건물로 알려지고 있다. 국사전이라고 하는 진영당(眞影堂)은 도선. 서산(西山). 무학(無學), 지공(指空), 나옹(懶翁)등의 우리나라 고승과 33조사(祖師)들의 영정을 봉안한 팔작지붕 건물이다. 불상으로는 고려시대의 석가모니 불상과 1685년에 조성된 석가모니 불상, 과거칠불상(過去七佛像), 아미타불상 53불상, 석가 삼존상, 제자상, 16나한상, 사자상(使者像), 판관상(判官像), 철조약사불상(鐵造藥師佛像), 지장삼존상(地藏三尊像)등의 많은 불상이 현존하고 1624년에 그려진 가로 7.5m 세로 13.5m의 괘불(掛佛)과 화엄탱(華嚴幀) 등의 불화가 있다. 대웅전 앞에는 보물 제 395호로 지정된 선암사 삼층 석탑 1기가 있고 입구의 돌다리인 선암사승선교(仙巖寺昇仙橋)는 보물 제 400호로 지정되어 있고 전라남도 유형문화재 제 20호인 금동향로(金銅香爐) 1 기가 있다.

　그밖에 우수한 부도 2기가 경내에 있다. 특히 조선후기의 특성을 간직한 사자탑(獅子塔)인 화산대사사리탑(華山大師舍利塔)은 주목된다. 그리고「대복전(大福田)」이라는 평액과 천자(天字)와 인자(人字)를 결합시켜 천인으로 읽을 수 있도록 한글자씩의 편액이 있다. 이들 편액에는 어필이라고 쓰여 있는데 순조의 친필이다. 정조가 태자의 출생을 석왕사와 선암사에서 기원한 결과 순조가 탄생하였으므로 정조는 석왕사에 부처님의 공덕을 기리는 비를 세웠고 순조는 선암사가 큰 복을 받아라 하여 대복전 이라는 글을 금자(金字)로 썼다고 한다. 그뒤 순조는 다시 천자와 인자의 한자식을 써주어 대복전 현판 양쪽에 걸어「인천대복전(人天大福田)」이 되게 하였다고 전한다. (人)과 (天) 두 글자의 편액은 현재 대복전과 다른 장소에 보관하고 있다. 입구의 강선루에는 안과 밖에 '강선루(降仙樓)'라는 현판이 걸려 있는데 안쪽은 윤용구(尹用求)의 필이고 밖의 것은 김돈희(金敦熙)의 글씨다.

옮긴글

이곳부터는 가파른 오르막이 시작된다. 가파른 오르막을 오르는데 보통이 아니다 숨을 몰아쉬며 한동안 올라 조계산 장군봉에 올라서니 12시38분이다.

좌표【 N 35.59'20.5" E 127.18'43.4" 】

조계산 정상에는 삼각점과 돌탑(돌무덤)이 있고 바위 위에 曺溪山 將軍峰 884m 표석이 있다. 정상 이정표 (←작은 굴목재 0.6km 보리밥집 2.1km↓ 선암사 2.5km ╱장박골 1.8km 송광사 6.0km 남도삼백리 오치오재길 장군봉)이 있으며 마루금은 왼쪽 10시 방향으로 내리막을 내려간다. 사진 몇판 찍고 출발해 내리막을 내려 안부삼거리를 12시55분 지나고 오르막을 오르며 판자로 만든 계단길을 한동안 올라 장막골정상(869m)에 올라서니 오후1시8분이다.

좌표【 N 35.0'24.90" E 127.18'35.99" 】

869m 장막골 정상은 능선 분기봉으로 산죽숲에 쉼터가 있고 이정표(←선암사 3.5km ╱접치 2.7km ╲송광사 6.3km)가 있으며 마루금은 오른쪽으로 산죽길로 이어진다. 정상 삼거리에서

사진 한판 찍고 산죽능선을 따르다. 가파른 내리막을 내리다 자리 좋은 바위에서 점심을 먹고 있는데 오늘은 지나는 등산객이 많이 있다.

　점심을 먹고 내려가다 순천에서 온 등산객을 만나 이 사람도 간식을 먹고 내려간다며 먼저 내려가라며 승용차로 왔으니 접치에서 기다리라고 한다. 2004년도 1차때는 길이 별로였는데 지금은 등산로가 잘나있어 걷기가 수월하다. 가파른 내리막을 내리며 널찍한 공터를 1시43분 지나고 능선 내리막을 좌우로 들락거리며 간혹 등산객도 만나고 2시10분 고압철탑을 지나고 능선을 오르내리며 2시19분 다시 송전탑을 지나 (송전선로 인근 화재주의)입간판을 지나며 왼쪽으로 돌길과 돌계단을 내려와 등산안내 간판이 있고 이정표가 있는 접치(두월육교)에 도착하니 2시24분이다.

　　　　　좌표【 N 35.04'45.6" E 127.19'04.2" 】

국도 22번 도로는 순천승주에서 주암을 넘는 고개로 1차때는 2차선이었는데 4차선으로 확장되어 있으며 이정표와 조계산 안내간판이 있고 마루금은 도로를 따라 남해고속도로 고가도로를 지나면 사거리에서 왼쪽으로 오성산 오르는 등산로가 있다. 오늘은 시간은 이르지만 접치에서 마치고 다음에 산행 초입을 찾아놓고 조계산 입구에오니 내려오다 만난 이윤호(李侖浩)(순천대학교 사회교육과 교수)님이 마침 내려온다. 초면인데도 친절히 대해주며 순천까지 같이 가자고 해 오늘 산행은 일찍마치고 부산까지 갈려면 서둘러야 하는데 고맙게 순천까지 태워줘 순천에 와서 순천 유심천 스포츠 호텔 사우나에 내려준다. 참으로 고마운 분이시다.

내리면서 명함을 받아보니 경제학박사 한국 사회과 교육학회 회장이시고 순천대학교 교수이신 李侖浩 박사님 이라 알게 되

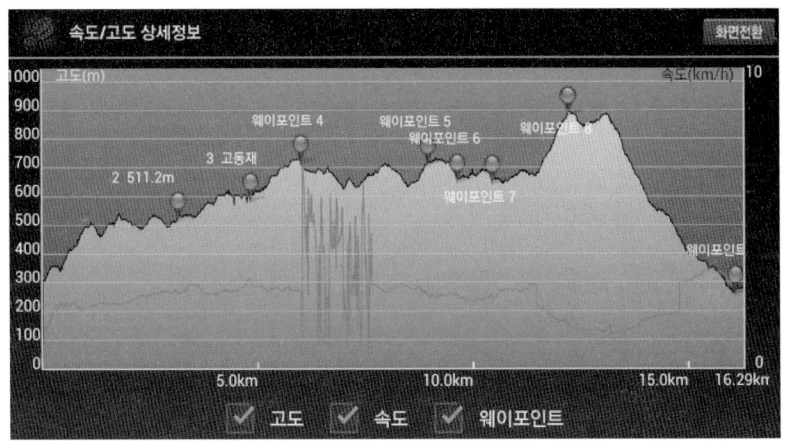

었다. 호텔 사우나에서 목욕을 하고 순천 터미널에 오니 4시10분 버스가 바로 있어 버스를 타고 부산 오는데 순천 부산간 보통시간이 2시간 반이면 충분한데 오늘은 차가 밀려 부산에 오니 7시40분이다. 사상 터미널에서 161번 버스로 집에 오니 9시가 넘었다. 집사람 오늘은 빨리 왔다며 수고 했다고 격려해준다. 이제 남은 구간은 4구간이며 약 75km 남았다. 5월18일까지 마무리 할 계획인데 비가 안와야 할텐데….

제2차 호남정맥 단독종주 20구간

접치 두월고개~죽청재

접치두월육교 : 전라남도 순천시 주남면 행정리 접치 두월고개
죽청재 : 전라남도 순천시 서면 운평리 죽청재
도상거리 : 두월고개 26.1km 죽청재.
소요시간 : 두월고개 13시간2분 죽청재
운동시간 : 두월고개 11시10분, 죽청재 휴식시간 1시간58분
접치.두월육교 출발 6시 35분, 오성산 7시 23분, 두모재 7시 57분,
송전탑 8시 24분, 유치산 9시 6분, 유치재 9시 22분, 뱃바위 9시 52분,
닭봉 10시 16분, 훈련봉 11시 2분, 노고치 1시 40분, 점토봉 12시 41분,
문유산 삼거리 1시 26분, 물정지목장 3시 4분, 방랑산 3시 48분,
송치 4시 55분, 외딴집 5시 32분, 병풍산 갈림길 6시 3분,
농암산 6시 47분, 장자굴재 7시 2분, 죽청재 7시 37분

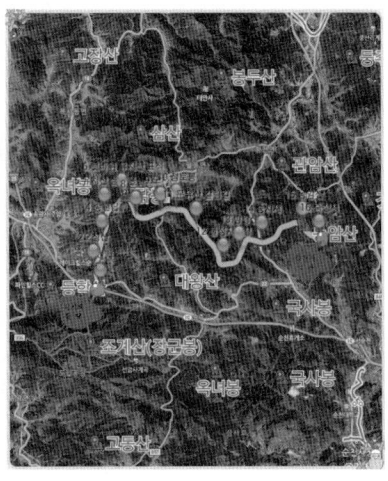

2014년 5월 2일 맑음

　오늘은 주말에 비가 온다는 일기예보 때문에 5월 1일 목요일 저녁 7시30분 사상터미널을 출발해 순천 북부시장(웃장)에서 숙소를 정해(씨티팔레스모텔)자고 아침 일찍 일어나 북부시장 식당골목 국밥집에서 아침을 먹고 5시50분 송광사행 버스로 서면과 승주을 거쳐 접치고개에 도착하니 6시33분이다. 산행준비를 하고 6시36분 출발해 산행초입 리봉을 따라 물탱크 옆 철망에 리본이 주렁주렁 달려있는 길을 따라 오르다 잘 정돈된 묘뒤로 올라서 잡목 숲길로 올라서 6시48분 잘나있는 등산로를 만난다. 잘나있는 등산로를 따라 더러는 로프를 잡기도 하고 오르막을 오르며 작은 돌탑이 있는 암능을 올라 헬기장 위 오성산정상에 올라서니, 7시22분이다.

좌표【 N 35.02'22.5" E 127.18'49.9" 】

　오성산(606.2m) 정상에는 산불감시철탑이 있고 산불감시초소가 있으며 자그마한 표석(오성산 606m)이 있다. 오성산은 전망이 좋아 지나온 조계산이 뒤로 건너다보이고 앞으로 가야할 유치산 닭봉이 멀리 보인다. 잠시 허리쉼을 하고 사진 몇판 찍고 출발해 내리막을 내리며 산죽길을 내리며 가파른 내리막을 미끄러지듯 내려 두모재에 내려서니 7시57분이다. 두모재는 승주읍 두월리 두모마을에서 주암면 운곡마을을 넘는 고개인데

제2차 호남정맥 20구간 접치고개 - 죽청재

운곡마을쪽은 철망으로 길을 막아놓고 입간판에 등산로 보호를 위하여 수종갱신 중입니다. 이곳은 사유지로 출입을 금합니다. 라 쓰여 있고 사람이 다닌 흔적이 없다.

좌표【 N 35.02'46.65" E 127.19'0.93" 】

　두모재를 지나 가파른 오르막을 10분 올라 약간 내리막을 내리며 왼쪽에 편백나무 숲길을 지나 좌우로 오르락내리락 하며 가다 다시 오르막을 오르고 401봉을 넘어 옛길 안부 사거리를 8시24분 지나 오르막을 오르며 오른쪽에 벌목능선을 따라 올라가다 474봉에서 왼쪽으로 잘나있는 잡목길을 따라가다 약간 내리막을 내리다 다시 가파른 오르막을 한동안 올라 삼각점이 있는 유치산(530.2m)정상에 올라서니 9시6분이다.

좌표【 N 35. 06' 06. 7" E 127.19 '16. 2" 】

지도에 있는 유치산 정상은 삼각점만 하나있고 아무것도 없다. 앞에 보이는 뱃바위봉이 높이 솟아있다. 능선분기점인 유치산에서 왼쪽 능선은 형제산 월경재로 이어지고 마루금은 오른쪽으로 뱃바위봉을 보며 산죽길 내리막을 내려 작은봉을 넘으며 왼쪽에 편백나무 능선을 내려서 유치재에 내려서니 9시 22분이다. 2004년 9월5일 1차때는 이곳에서 오른쪽 임도를 따라가 농장에서 뱃바위와 닭봉을 오르지 않고 배틀재로 내려간 기억이 난다. 유치재 입간판에 현위치 유치고개 ╱뱃바위 0.7km ╱닭재마을(죽정3구) 1.4km ╲주암면가는길(흑석리)로 되어있고 마루금은 가파른 오르막으로 이어진다. 가파른 오르막을 오르는데 왼쪽 아래서 갑작이 멧돼지가 으르렁 으르렁 소리를 지른다. 자기구역에 인기척이 있어 침범 못하게 으르렁 덴다. 금방이라도 뒤에서 나타날 것 같은데 침착하게 인기척을 내며 올라가 능선을 넘으니 소리가 안들린다. 뱃바위 오르는 데는 밧줄도 있고 암능을 올라 뱃바위정상(692m)에 올라서니 9시55분이고 커다란 유치산 표석이 있다.

좌표【 N 35.4'32.35" E 127.19'57.57" 】

뱃바위는 암능이지만 위에는 평지같으며 순천시에서 세운 표석에 유치산 530m로 되어있고 오른쪽은 암벽이 깍아지른것 같지만 뒤로 올라와 가파르지만 무난히 올라와 전망을 바라볼때 명쾌하다. 마루금은 북쪽으로 닭봉을 바라보며 이어진다. 삼각

점 유치산은 530m 뱃바위봉은 692m 닭봉은 744m인데 표석이 삼각점 유치산에 있어야 할게 뱃바위에 있다. 이곳이 유치산으로 정할려면 높이를 고처 놓아야 한다. 잠시 내리막을 내려 가파른 오르막을 올라 닭봉에 올라서니 10시16분이다.

좌표【 N 35.04'32.35" E 127.19'57.57" 】

닭봉은 높이 744m로 직진(북쪽)으로 하이산 원통봉으로 이어지고 마루금은 남쪽으로 이어진다. 헬기장을 지나고 내리막을 내리며 암능도 내리고 능선을 내려 배틀재에 내려서니 10시 35분이다. 배틀재는 옛길로 희미하며 마루금을 따라 오르막을 올라 잘나있는 길을 따라 오르락내리락 편백나무 숲을 지나 가파른 오르막을 올라 훈련봉에 올라서니 11시2분이다.

좌표【 N 35.04'41.0" E127.20'09.1" 】

훈련봉 정상에는 (훈련봉 해발 634m)푯찰이 나무에 걸려있고 아무런 표시도 없고 표찰이 없으면 알 수 없는 봉이다. 마루금은 훈련봉을 지나며 남쪽으로 오던길이 동쪽으로 이어지며 능선을 오르내리며 중간봉을 11시15분 지나며 가파른 내리막을 한동안 내려 왼쪽에 과수원을 지나 오르막을 올라 11시32분 삼각점이 있는 413.2봉을 지나 내리막을 한동안 내려 앞에 가야할 마루금을 가름하며 과수원옆 임도를 따르다 오른쪽으로 숲길로 들어서 내려와 이정표가 있는 노고치에 내려서니 11시40분이다.

좌표【 N 35.04'06.2" E 127.23'29.5" 】

노고치는 승주읍에서 월등면을 넘는 857번 2차선 지방도로가 지나며 유치산쪽 이정표에 ←유치산 4.6km 희아산 4.0km→ 문유산 입구 0.1km 문유산 삼거리 3.0km이며 마루금은 왼쪽(월등면쪽)으로 도로를 따라가다 오른쪽 세면 포장 임도를 따라가다 오른쪽 외딴집 건물로 올라가야 하는데 길을 가로막아 놓고 길이 없어 임도를 따라가다 보면 이정표가 나온다. 이곳 이정표에 노고치 0.2km 문유산정상 2.8km 로 원래 마루금은 오른쪽 농장안 집두채 있는 곳으로 이어지나 농장에서 길을 막아 통행을 못하게 만들고 계곡을 지나 왼쪽 능선으로 길을 내놓고 이정표까지 옮겨놓았다.

벌목지 오르막을 햇빛을 쬐어가며 능선에 올라 가파른 나무

계단을 숨을 몰아쉬며 힘들여 오르며 이정표가 있는 능선 분기점을 12시39분 지나간다. 이정표에 노고치 1.5km 문유산 정상 2.0km이며 이곳부터 마루금이 이어지며 노고치 내려가는 마루금도 막아 놓았다. 이정표를 지나 오르막을 올라서 점토봉(611m)에 올라서니 12시42분이다.

좌표【 N 35.04'13.16" E 127.22'6.21" 】

마루금은 점토봉을 지나 능선을 가다 오른쪽 (동남쪽)으로 내리막을 내리다 가파른 오르막을 나무계단길을 올라 622봉에 올라서니 1시12분이다. 정상 이정표에 ←노고치 3.0km → 바랑산 5.3km 문유산 정상 0.5km 로 되어있고 마루금은 잘나 있는 평탄한 능선을 오르내리며 문유산 삼거리에 내려서니 1시27분이다.

좌표【 N 35.03'40.60" E 127.22'53.51" 】

문유산 삼거리 이정표에 ← 노고치 3.3km ↑군장마을 3.8km 바랑산 5.0km → 문유산정상 0.2km 로 되어있고 마루금은 삼거리에서 왼쪽으로 능선 내리막을 가다 가파른 내리막을 내려 임도에 내려서니 1시52분이다. 임도에 (문유산 방향 임도 ← 문유산 삼거리 1.2km → 바랑산 3.3km) 이정표와 임도 건너편에 똑같은 이정표가 있다. 바랑산 방향 이정표를 지나 오르막을 올라 작은 봉을 2시4분 넘어 내리막을 내리다 2시11분 늦었지만 자리를 펴고 점심을 먹고 2시33분 출발해 내리막을 내려 왼쪽에 묘목 조림지를 따라가며 파란물통 오른쪽으로 임도를 따라가다 오른쪽 숲으로 가파른 오르막을 한동안 올라 304봉에 올라서니 2시56분이다. 남쪽으로 오던 마루금은 왼쪽(동쪽)으로 희미한 가파른 내리막을 한동안 내려 임도에 내려서니 3시4분이다.

좌표【 N 35.02'33.41" E127.23'58.27" 】

마루금은 임도를 지나 가파른 오르막을 오르며 능선 분기점에 올라서니 3시 18분이다. 분기봉에서 왼쪽 (북쪽)으로 능선 오르막을 오르는데 시간상 하루에 산행하기 가장 힘든 시간이라 바랑산 오르는데 보통 힘든게 아니다. 이곳부터 오른쪽은 승주읍을 벗어나 서면경계를 따라간다. 가파른 오르막을 숨을 몰아쉬며 바랑산 갈림길에 올라서니 3시48분이다. 바랑산 정상은 이곳에서 10여미터 올라간다. 암능으로 되어있는 바랑산 정상에 도착하니 3시52분이다. 바랑산정상은 2004년 1차때 올라가 본 기억이 난다.

좌표【 N 35.02'56.1" E 127.24'34.7" 】

618.9m 인 바랑산은 삼각점과 커다란 표지석이 1차때 없었던 게 있다. 산불 감시 초소도 1차때는 한개 있던 게 높은 초소가 한 개 더 있다. 정상은 사방이 시야가 확트여 서남쪽으로 고동산 통신철탑 조계산 장군봉 오늘 출발한 오성산이 가마득하게 보이며 지나온 마루금을 가름할 수 있고 앞으로 가야할 깃대봉 도솔봉 백운산 억불봉이 보이고 북쪽으로 지리산 반야봉과 노

고단이 보이고 아래로 순천에서 구례로 통하는 17번 국도가 내려다보이며 송치고개 교회건물이 내려다보인다. 바랑산은 시야가 확트여 전망이 좋은 곳이며 맑은 날씨라 사방을 잘 살필 수 있어 마음껏 살펴본다. 마루금은 다시 온길로 내려와 갈림길에서 왼쪽도 승주읍을 벗어나 월등면과 서면을 경계로 이어지며 오른쪽으로 내리막을 한동안 내려 다시 작은봉을 넘고 4시18분 북으로 오던 마루금은 오른쪽(동쪽)가파른 내리막을 한동안 내려 산길에 보도블록이 깔려있는 곳을 4시34분 지나고 밧줄을 잡고 가파른 내리막을 내려 전주이씨묘를 지나 송치재에 내려서니 4시 55분이다.

좌표【 N 34.03'14.2" E 127.25'31.0" 】

  송치재는 옛날에 17번 국도로 순천에서 구례를 넘는 유일한 도로였는데 지금은 터널이 뚫려 거의 지나는 차량이 없고 가끔 볼일이 있는 차만 한대씩 지나간다. 2004년 9월5일 1차때 이곳을 지날때는 교회를 건축하다 중단된 상태였는데 지금은 완공이 되어있는데 사람들은 한명도 보이지 않고 입구에 (야망 연수원) (송치재 유도관)이란 간판이 걸려있고 주차장 끝에 기차 2량이 무엇 하려는 목적인지 또 어떻게 이 높은 곳까지 옮겨 놓았는지 알 수 없고 기차 안은 텅 비어있고 고개주차장에도 차가 한 대도 없다.

  마루금은 건물 오른쪽 주차장 끝 기차 차량 뒤 포장 임도를

따른다. 포장 임도를 따라 조금 가다 왼쪽 산길로 들어서 올라가면 교육장 컨테이너박스 초소가 사용을 않는지 잡목숲속에 있고 헬기장을 지나면 경주정씨 가족묘 제단을 지나면서 임도가 나온다. 5시6분 임도를 지나 오른쪽 능선을 올라 작은 봉을 넘어 내려서면 다시 포장 임도를 만나고 임도를 따라가다 왼쪽능선으로 오르며 合祭壇이있는 가족묘 뒤로 능선을 올라 봉오리 하나를 넘으면 다시 임도가 나오고 임도 옆에 자그마한 냉동창고앞 왼쪽으로 오르면 허술한 건물 한채가 나온다. 집 못가서 잔디밭에서 잠시 배낭을 내려놓고 피로를 풀고 5시31분 출발한다.

　이집은 사람이 없는지 인기척도 없고 언뜻 보기엔 빈집같이 보인다. 마루금은 집 뒤 능선을 올라 왼쪽으로 임도를 따라가다 보면 임도끝에 허술한 간이 변소가 있다. 아마도 왼쪽아래에 농

장이 있는 것 같다. 간이 변소를 지나면서 가파른 오르막이 시작된다. 가파른 오르막을 숨을 몰아쉬며 힘들여 올라 병풍산 삼거리에 올라서니 6시 3분이다.

좌표【 N 35.03'40.78" E 127.26'15.93" 】

오늘 산행은 집에서 지도를 놓고 와 거리를 확인할 수 없어 애로가 많으며 빨리 가야 죽청재까지 갈 것 같다. 삼거리에서 왼쪽은 병풍산 방향이고 마루금은 오른쪽으로 이어진다. 삼거리 이정표(←송치재 1.8km ↑병풍산 0.9km ↓장자굴재 1.3km)가 있으며 마루금은 오른쪽으로 이어지며 이곳부터 왼쪽은 병풍산을 경계로 황천면 땅을 밟으며 능선을 오르락내리락 가다 564봉 아래서 오른쪽으로 가파른 내리막을 내려 약간 오르막을 오르니 삼각점이 있는 농암산(476.2m)정상이다. 6시47분, 농암산 정상에 삼각점(구례404 . 1985.재설 농안산 476.2)이 있다.

　　　　　　　　　좌표【 N 34.03'43.2" E 127.27'05.8" 】

　　농암산은 삼각점 외에 별다른 것은 없으며 높이도 지나온 564봉보다 88m가량 낮은산이다. 농암산을 지나며 가파른 내리막을 내려 임도 장자굴재에 내려서니 7시2분이다. 임도를 지나 오른쪽 농장 파란그물망 울타리를 지나 오르며 편백나무 숲을 지나 능선을 가다 날이 어두워 후레쉬(손전등)을 꺼내 불을 비추며 오르막을 올라 무명명을 넘어 가파른 내리막을 내려 마지막 도착지 죽청재에 내려서니 7시55분이다.

　　　　　　　　　좌표【 N 35.03'04.71" E 127.28'22.21" 】

　　죽청재는 순천시 황천면 죽청리에서 순천시 서면 청수골로 이어지는 임도가 지나가는 고개로 임도에서 오른쪽으로 등산로를 따라 내려간다. 날이 어두워 이정표를 따라 등산로를 내려오다 순천시 청소년 수련원 야영장을 지나 도로를 따라 내려오는데 마침 수련원에서 내려오는 순천 가는 승용차(강한모)가 있어 혼자산행하며 고생한다며 자기도 순천까지 간다며 고맙게 타라 하고 하여 아침에 출발한 순천 의료원앞까지 태워줘 빨리 왔다. 강한모씨가 없으면 길을 잘못들어 많은 고생을 할텐데 강한모씨 덕분에 순천까지 빨리 올 수 있었다.

　　시장기가 들어 바로 북부시장 국밥골목으로 가서 곰국밥으로 저녁을 먹고 엠젠모텔에 숙소를 정하고 사워를 하고 나니 피로

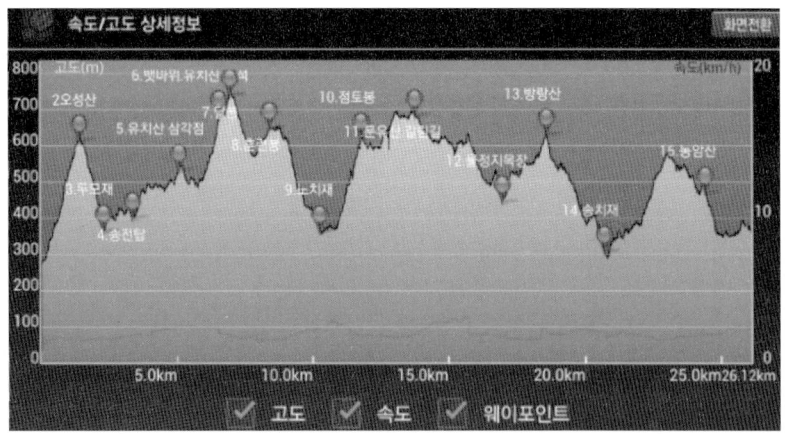

가 조금 풀린다. 오늘은 약 27.5km 걸어서 피로해 우선 집으로 무사히 마치고 저녁 먹고 숙소에 들어왔다고 전화를 하고 내일 일을 생각해서 일찍 잠자리에 들어간다. 순천까지 태워준 강한 모님 다시한번 감사를 드립니다.

제2차 호남정맥 단독종주 21구간

죽청재 ~ 한재고개

죽청재 : 전라남도 순천시 서면 운평리 죽청재
한재 : 전라남도 광양시 옥동면 동곡리 한재고개.
도상거리 : 죽청재 18.7km 한재고개
소요시간 : 죽청재 11시간 22분, 한재고개
이동시간 : 죽청재 10시 5분, 한재고개 휴식시간 1시간17분
죽청재 6시 37분, 갈매봉 6시 58분, 마당ش 7시 29분, 갓거리봉 8시 28분,
신선바위 9시 11분, 마사치 9시 28분, 깃대봉 10시 49분, 월출봉 12시 17분,
형제봉 1시 42분, 동주리봉 2시 48분, 도솔봉 4시 14분, 참샘이재 5시 27분,
따리봉 5시 27분, 한재고개 5시 58분

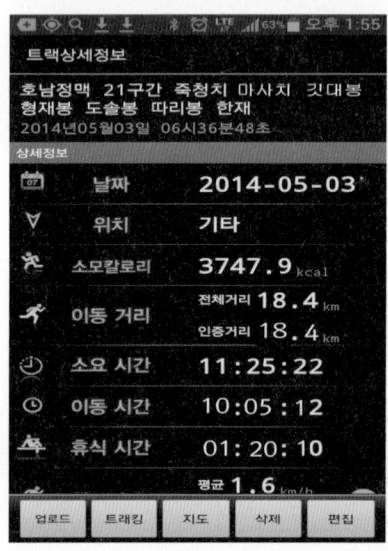

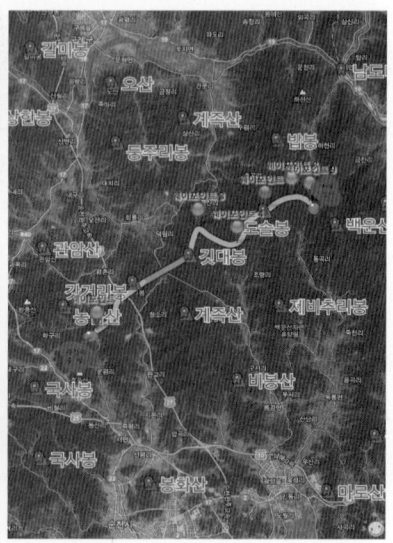

2014년 5월 3일 맑음

　어제에 이어 연 이틀째 산행이라 아침에 일어나니 피로감이 든다. 아침 5시에 일어나 샤워를 하고나니 몸이 조금은 풀린다. 숙소를 나와 윗장(북부시장) 국밥집에서 아침을 먹고 택시(9,000원)로 순천 청소년 수련원에 도착하니 5시58분이다. 산행 준비를 하고 출발해 다목적 실내 대강당 앞으로 올라 운동장 끝에서 죽청재를 올라가는데 이정표가 없어 길을 잘 찾아야한다. 가파른 오르막을 올라 죽청재에 올라서니 6시33분이다. 죽청치는 임도로 왼쪽은 황전면 죽청마을로 내려가고 오른쪽 임도는 청수골 원동으로 내려간다. 마루금은 임도에서 갈매봉을 향해 오르막을 오르며 갈매봉 오르는 데는 힘들지 않은 오르막을 올라 갈매봉 정상에 올라서니 6시58분이다.

　　　　　　　좌표 〔 N 35.05'13.5" E 127.28'45.0" 〕

　갈매봉 정상은 삼각점이 있고 갈매봉이란 이정표가 있으며 이정표에 죽청치 0.8km 마당재 0.5km 이며 동으로 오던 마루금은 왼쪽(북쪽)으로 약간 내리막을 내려 잘나있는 능선을 오르내리며 가다 잠시 502봉을 올라 가파른 내리막을 한동안 내려 마당재에 내려서니 7시29분이다.

　　　　　　　좌표 〔 N 35.03'57.9" E 127.29'06.8" 〕

　마당재 삼거리 이정표에 오른쪽 아래로 ↓ 청소리 2.0km ← 수

리봉 →갓거리봉0.7km이며 마루금은 가파른 오르막을 올라간다. 가파른 오르막을 한동안 올라 능선을 가다 헬기장에 올라서니 8시5분이다. 헬기장을 지나 3분후 전망바위를 지나고 7분후 암능 철계단을 오르고 능선 오르막을 오르며 암능을 한동안 올라 갓거리봉에 올라서니 8시24분이다.

좌표 〔 N 35.04'34.0" E 127.29'45.5" 〕

갓거리봉 정상은 전망이 좋아 지나온 마루금을 뒤돌아보며 가야할 깃대봉 도솔봉 억불봉이 보이고 오른쪽 아래로 청소골이 내려다보이며 광양 전주간 고속도로가 지나는 터널이 내려다보인다. 정상에는 커다란 표지석이 있으며 산불 감시초소와 무인 카메라가 설치되어 있다.

오늘은 날씨가 좋아 사방을 관망하고 사진한판 찍어둔다. 갓거리봉은 호남정맥 지도에는 갓꼬리봉으로 되어있는데 정상 표지석과 1/50000 지도에는 갓거리봉으로 되어있다. 정상 이정표에 ←수리봉 1.1km／↗미사치 2.0km 이며 마루금은 왼쪽으로 이어진다. 8시29분 출발해 가파른 내리막을 내려 8시41분 안부를 지나 다시 오르막을 한동안 올라 706봉에 올라서니 8시56분이다. 706봉을 지나며 마루금은 오른쪽으로 가파른 내리막을 내려 신선바위에 내려서니 9시11분이다. 호남정맥 지도에는 신선바위로 되어있는데 이정표에 쉰질바위로 되어있어 쉬어가는 바위란 뜻인 것 같다. 이정표에 쉰질바위 ← 갓걸이봉 1.2km → 미사치 0.9km 이며 마루금은 가파른 내리막을 밧줄을 잡아가며 나무계단을 내려가 미사치에 내려서니 9시27분이다. 미사치는 옛길사거리로 오른쪽은 순천시 서면 청소골 왼쪽은 황전면 회룡 이며 쉼터와 체육시설이 있으며 미사치 이정표와 등산안내 간판이 있다. 마사치 아래는 840번 지방도로가 지나는 황전 터널이 있고 마루금은 나무계단을 올라 가파른 능선을 올라간다. 가파른 오르막을 올라 고압 철탑을 9시36분 지나고 느긋한 오르막을 계속 올라 중간봉을 넘어 약간 내리막을 내려 다시 오르막을 오르며 철쭉군락지를 지나 오르막을 오르면 능선 분기점이다.

10시22분 이정표에 오른쪽은 등산로 아님이고 마루금은 능선 왼쪽으로 계족산 깃대봉 방향으로 이어진다. 능선 오르막을 한동안 올라 삼계면 경계봉에 올라서니 10시42분이다. 삼계면은 순천시 서면과 황전면 광양시 봉강면 경계봉으로 오른쪽은 계족산 정혜사 왼쪽은 깃대봉 정상이다. 지금까지 왼쪽은 황전면 오른쪽은 서면을 경계로 오다 오른쪽은 서면을 벗어나 광양시 봉강면을 경계로 이어진다. 동으로 오던 마루금은 오른쪽(남쪽)은 계족산이고 왼쪽(북쪽)으로 이어진다. 쉼터가 있는 삼계면 분기점을 지나 가파른 오르막을 한동안 올라 깃대봉 정상에 올라서니 10시49분이다.

좌표 [N 35.05'23.3" E 127.31'42.7"]

깃대봉 정상에는 삼각점이 있고 쉼터가 있으며 스텐레스 등산안내 간판과 스텐레스 이정표가 있으며 전망이 좋아 지나온 마루금이 한눈에 들어오고 가야할 월봉산 형제봉 도솔봉 백운산이 줄지어 보인다.

잠시 쉬며 간식을 먹으며 휴대폰 배터리를 갈아 끼우고 트랜글 이어쓰기를 하니 마사치 부터 끊어져 있다. 분명히 조금전까지는 보고 왔는데 어찌된 일인지 복구가 안된다. 하는 수 없이 출발한다. 마루금은 북쪽으로 잘나있는 능선을 내려가다 다시 오르며 833봉에서 오른쪽으로 내려 능선을 가며 왼쪽으로 잘나있는 능선을 가다 오르막을 올라 월출봉 768.1m 정상에 올라가니 12시17분이다.

좌표 [N 35.06'12.7" E 127.32'13.0"]

　월출봉 정상에는 (월출봉768m) 표찰만 있고 갈미봉은 북쪽으로 직진이고 마루금은 동남쪽으로 내려간다. 월출봉에서 3분쯤 내려오면 임도가 나오고 임도를 지나 능선을 오르내리며 태풍에 쓰러진 나무들을 이리저리 넘어 작은봉을 넘고 한질이 넘는 산죽터널을 지나 오르막을 오르며 가파른 암능을 올라 844봉을 1시14분 지나며 동남으로 오던 마루금은 왼쪽(동쪽)으로 내리막을 내려 억새밭 안부를 지나 오르막을 오르며 삼각점이 있는 중간봉에 올라서니 1시31분이다. 삼거리에 이정표(←계족산↓성불교성→형재봉)가 있고 능선을 가다 철계단을 올라 형재봉 정상에 올라서니 1시39분이다.

　　　　　　　　　　좌표〔 N 35.06'43.6" E127.33'30.9" 〕

　형제봉(816.3m)은 암봉으로 동서로 두봉이 나란히 있어 형제봉이라 하고 전망이 좋아 사방에 시야가 확트였으며 오른쪽 아래로 봉강면 일대와 성불계곡이 내려다보인다. 이정표에 성불계곡입구 2.3km 도솔봉 3.2km 이며 도솔봉은 1123.4m로 우뚝 솟아 있어 올라갈 일이 가마득하다. 정상에서 사진 몇판 찍고 출발해 암능 계단을 내려와 형제2봉 나무계단을 올라 그늘아래서 자리를 펴고 점심을 먹고 2시13분 출발해 왼쪽(북쪽)으로 나무계단을 내려 가파른 내리막을 밧줄을 잡아가며 미끄러지듯 내려 새재에 내려서니 2시24분이다.

새재 이정표에 ←형제봉 0.5m ↓성불사 1.5km → 도솔봉 2.8km 이며 마루금은 가파른 오르막이다. 새재에서 도솔봉은 400m이상 올라야 한다. 가파른 오르막을 올라 10분후 나무계단을 오르고 암능과 오르막길을 힘들여 동주리봉 840m 에 올라서니 2시48분이다.

좌표 [N 35.6'7.32" E 127.33'50.08]

동주리봉 이정표에 ←형제봉 1.0km ↓성불사 1.6 km →도솔봉 2.2km 이며 마루금은 느짓한 능선 오르막을 오르다 비단풀 위에서 잠시누어 피로를 풀고 성불사 삼거리를 3시3분 지나간다. 삼거리 이정표에 ←성불사 1.9km→ 도솔봉 1.9km 이고 북으로 오던 마루금은 오른쪽(동북쪽)으로 오르며 가파른 암능 능선을 밧줄을 잡고 오르고 암능나무계단을 올라 이정표←성불사 2.8km → 도솔봉 1.0km 를 지나고 암능을 어렵게 올라 밧줄을 잡으며 힘들여 올라 구헬기장에 올라서니 3시51분이다.

이정표에←성불사 3.4km→도솔봉 0.4km로 지금도 400m 더 올라야 한다. 잠시 허리쉼을 하고 오르막을 오르며 돌계단 나무 계단을 한동안 올라 도솔봉 정상에 올라서니 4시11분이다.

좌표 [N 35.06'48.3" E 127.34'35.5"]

도솔봉 (1123.4m)정상에는 태양열 전구가 있으며 삼각점과 오석(검은돌)표지석(도솔봉 1123.4m)이 있다. 도솔봉 따리봉 백운산은 매년 한두번은 오는 산으로 잘 아는 산이다. 도솔봉 은 따리봉 백운산과 같이 1000m가 넘는 봉으로 호남정맥 끝 부분에 우뚝 솟은 산으로 사시사철 많은 등산객이 찾아드는 산 이다. 정상에서 사방을 관망하고 사진 한판 찍고 4시16분 출발 해 가파른 나무계단을 내려와 암능과 가파른 내리막을 밧줄을 잡아가며 미끄러지듯 내려와 안부 삼거리에 내려서니 4시34분이다.

　삼거리 이정표에 ← 도솔봉 0.5km ↓ 논실 2.3km → 따리봉 1.5km 이며 오르막을 올라 헬기장을 4시47분 지나고 나무계단을 내려와 능선을 가다 참새미재를 4시51분 지나간다. 참새미재 이정표에 ← 도솔봉 1.2km ↓ 논실 2.3km → 따리봉 0.8km 이며 가파른 오르막을 오르며 군대 군대 나무계단을 올라 따리봉 정상에 올라서니 5시25분이다.

좌표 [N 35.07'16.6" E 127.35'35.8"]

　따리봉도 지난번과 변한게 없다. 정상에는 오석(검은돌)표지석(따리봉 1127.1m)이 있고 전망대가 있으며 뒤로 지나 온 도솔봉이 우뚝 솟아있고 앞으로 백운산이 높이 솟아있다. 이제 내리막만 내려가면 한재다. 오늘 부산에 내려가려면 서둘러야 한다. 따리봉 정상에서 사진 한판 찍고 바로 출발해 내리막 능선을 내리다 5시32분 따리봉삼거리 이정표(↖밥봉 3.2km 남도대교 10.9km ↘한재1.3km)를 지나며 마루금은 오른쪽으로 가파른 내리막을 내리며 쉼터를 지나고 내리막을 한동안 내려 한재에 내려서니 6시다.

좌표 [N 35.07'04.8 E 127.36'12.3"]

　한재는 상한재 마을에서 논실 마을을 넘는 고개로 일부는 포장이 되었으나 일부는 비포장 임도다. 이정표에 ←따리봉 1.3km ↑하천 1.5km ↓논실 2.3km → 백운산 정상 2.6km이다.

논실까지 내려가려면 40분 이상 걸릴텐데 시간이 빠득하다. 사진한판 찍고 출발해 내리는데 조금 내려오니 포장길이라 발목에 힘이 들어간다. 아무리 빨리 내려와도 6시반 버스는 못탈 것 같아 내려오다. 계곡에서 알탕을 하고나니 피로가 확풀린다. 버스종점에 내려와 물어보니 논실에는 막차가 떠나고 묵방에는 늦게까지 버스가 있다고 한다.

다행이 조금 있으니 택시가 손님을 태우고 올라와 택시로 광양버스 터미널에 오니 바로 부산 사상가는 버스가 막 출발직전이다. 급히 표를 사 차에 오르니 바로 출발한다. 오늘은 고생을 안하고 산에서 내려와 바로바로 연결되어 부산에 9시반에 집에 오니 10시가 조금 넘었다.

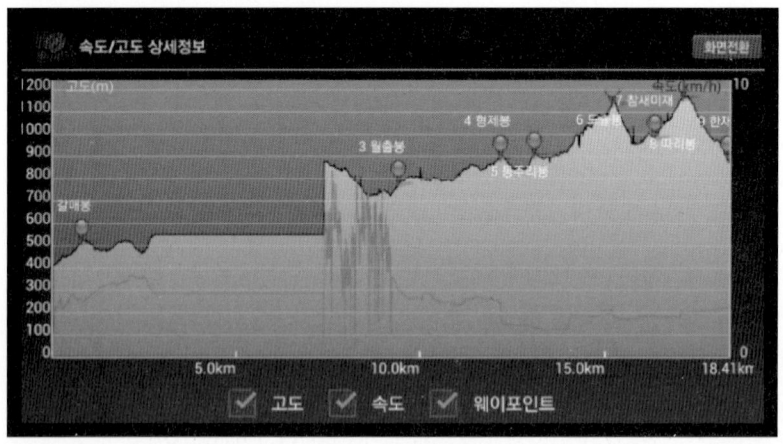

집사람 밥도 안먹고 기다리며 고생했다고 격려 해준다. 이제 남은 거리는 약 36km정도이고 5월 17-18일 이면 2차 호남 정맥도 끝이 난다.

제2차 호남정맥 단독종주 22구간

한재고개~탄티고개

한재고개 : 전라남도 광양시 옥동면 동곡리 한재고개
탄치재 : 전라남도 광양시 진월면 월길리 탄티고개.
도상거리 : 한재고개 21.6km 탄티고개.
소요시간 : 한재고개 10시간 58분, 탄티고개
이동시간 : 한재고개 8시간 28분, 탄티고개 휴식시간 2시간30분
한재 고개 출발 6시 37분, 신선대 7시 35분, 백운산 8시 4분, 매봉 9시 45분, 천왕재 11시 12분, 게밭골 11시 56분, 갈미봉 12시 18분, 꽃비산 1시 35분, 토끼재 3시 15분, 불암산 4시 50분, 탄치재 5시 38분

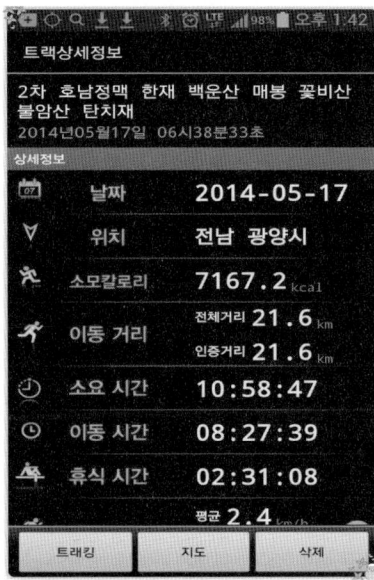

2014년 5월 17일 맑음

　5월16일 5시30분 부산 서부터미널에서 광양행 버스로 광양에 도착하니 저녁 8시다. 숙소를 정해 일찍 자고 아침 일찍 일어나 장성금 국밥집에서 아침을 먹고 오늘은 백운산 한재까지 가야하기에 광양에서 택시로 논실을 지나 한재까지 올라(24,300원)한재에 도착하니 6시28분이다. 한재는 5월3일 이곳에서 논실까지 2.3km를 걸어서 내려 왔는데 오늘은 택시로 한재까지 올라오니 50분가량 빨리 올라왔다. 한재에는 벌써 티코한대가 올라와있다. 택시기사한테 부탁해 사진 한판 찍고 6시35분 출발해 초반부터 가파른 오르막을 오른다.

　가파른 오르막을 20분쯤 오르니 젊은남녀가 벌써 내려오며 일출을 보고 내려온다고 한다. 젊은이들이 티코로 올라온 모양이다. 그래도 오늘은 초반에 등산객을 만나기는 처음이다. 한재에서 백운산 오르는 길은 여러번 오른 길인대도 가쁨이 잘안된다. 가파른 오르막을 오르며 6시58분 나무계단앞에 도착해 긴 계단을 올라 능선분기점에 올라서니 7시다. 분기점 이정표에 한재 0.5km 정상 2.1km이고 동으로 오던 마루금은 오른쪽(동남쪽)으로 능선길로 이어진다. 한재에서 0.5km 오르막을 25분 올라와 이곳부터는 능선길로 이어져 숨을 돌리며 오를 수 있다. 잘나있는 길을 오르락거리며 5분후 구 헬기장을 지나고 7시10

분 이정표가 있는 헬기장을 지나간다. 이정표에 한재1km 정상 1.6km를 지나 능선 오르막을 오르며 이정표 (한재 1.5km 정상 1.1km)를 7시21분 지나고 3분후 나무 계단을 올라 암능을 이리 저리 가며 5분후 이정표 (한재 2.8km 정상0.8km)를 올라 다시 나무계단을 내려 오른쪽으로 나무계단을 올라서 신선바위에 올라서니 7시35분이다.

좌표【 N 35.6'30.79" E 127.37'4.16" 】

신선대는 암봉으로 전망이 좋으며 지나온 따리봉 도솔봉이 건너다보이고 백운산 정상석이 바위위에 새가 안자있는 모양으로 올려다 보인다. 잠시 사진 한판 찍고 올라온 계단을 다시 내려와 암능을 어렵게 내려와 지름길을 따라가다 너덜지대를 지

나 이정표(정상 0.4km 진틀 3.2km)를 7시 54분 지나고 3분후 나무계단을 올라 암능을 밧줄을 잡고 올라 백운산 정상에 올라 서니 8시3분이다.

좌표【 N 35.6'22.77" E 127.37'16.51" 】

　백운산정상은 암봉으로 밧줄을 잡고 오르면 커다란 표지석에 白雲山上峯 1,222.2m로 되어있으며 사방으로 전망이 좋아 지리산 천왕봉과 동서로 뻗어있는 주능선이 반야봉 노고단까지 줄지어 보이고 따리봉 도솔봉이 뒤로 보이고 가야할 매봉산이 내려다 보이며 광양 시가지도 내려다보인다. 백운산 정상에서 내려다보는 풍광에 내가마치 신선이라도 되는 듯 착각할 정도다. 백두대간 마지막 천왕봉과 마주보는 호남정맥 백운산은 섬진강 줄기를 이루며 호남정맥 진안 주화산을 출발해 무등산이 1178.5m 이고 1000m 이하로 오던 마루금 능선이 도솔봉에서 1123.4m로 솟구쳐 따리동 1127.1m를 지나고 잠시 한재로 내려 섰다 호남정맥중 가장 높은 백운산 1222.2m로 우뚝 솟아있는 산아다.(정상석 1222.2m) 백운산은 매년 한번꼴로 오는 산이며 보통 논실 또는 진틀에서 올라와 먹방 또는 억불봉을 경유해서 동곡리로 내려가는데 오늘은 정맥 마루금을 따라 매봉 방향으로 내려간다.

　백운산 정상은 널리 알려진 산이지만 아침 일찍이라 등산객은 한사람도 없고 혼자 사진 몇판 찍고 허리쉼을 하고 8시21분 백운산을 출발해 암능을 내려와 2분후 억불봉 갈림길에서 남쪽으로 오던 마루금은 삼거리에서 동북으로 정맥 마루금 매봉방향으로 가파른 내리막을 내려간다. 급경사 내리막을 내려 6분 후 이정표(정상0.4km 내회 3.5km)를 지나고 계속해서 내리막을 내리며 8시38분 묵은 (구)헬기장 이정표(정상 0.9km 내회 3.0km)을 지나며 계속해서 능선을 내리며 이정표(정상 1.4km 내회 2.5km)를 지나 오르막을 올라 1016봉에 올라서니 8시50분이다. 정상에서 사진한판 찍고 내리막을 내려 3분후 내회갈림길에 내려서 이정표를 보니 이정표(← 정상1.3km ↓ 내회 2.6km 매봉 2.3km)로 되어있다.

6분전 지나온 이정표와 0.1km차이다. 삼거리를 지나 능선을 내리며 4분후 구 헬기장을 지나고 9시에 이정표 (정상 1.8km 매봉1.8km) 지나며 8분후 이정표 정상 2.3km 매봉 1.3km)를 지나 내리막을 내려 안부를 9시13분 지나 다시 오르막을 올라 5분후 1027봉에 올라선다. 이정표에 정상 2.8km 매봉 0.8km 이며 다시 내리막을 내려 5분후 안부를 지나 다시 오르막을 한동안 올라 3분후 이정표(정상 3.2km 매봉 04km)를 지나며 가파른 오르막을 한동안 올라 매봉 정상에 올라서니 9시40분이다.

좌표【 N 35.7'0.63" E 127.39'5.89" 】

 매봉정상은 넓은 헬기장이 있으며 헬기장 가운데 자그마한 삼각점(하동 - 421 1985.재설)이 있고 이정표가 있으며 이정표 (←정상 3.6km 내회 4.9km → 관동 7.1km)가 있고 자그마한 (매봉)표찰이 있다.

 숲으로 가리기는 했지만 건너편에 지리산 성재봉이 건너다보이고 섬진강이 나무사이로 내려다보인다. 마루금은 직진(동쪽)으로 가파른 내리막을 내려 5분후 삼거리에서 동으로 오던 마루금은 오른쪽(남쪽)으로 이어지며 이정표에 ←매봉 0.3km ↓ 쫓비산 8.8km →향동마을 6.4km 이며 이정표 쫓비산방향(남쪽)으로 가파른 내리막을 내리고 능선을 오르내리며 고사마을 삼거리에 내려서니 10시12분이다.

좌표【 N 35.6'38.67" E 127.39'38.66" 】

고사마을 삼거리를 지나 잠시 오르막을 올라 나직한 능선을 오르내리며 작은봉을 넘고 다시 오르막을 올라 512.3봉에 올라서니 10시 41분이다. 512.3봉은 준희가 걸어놓은 호남정맥 ▲ 512.3m 표찰이 걸려있고 삼각점(하동-300 1986-복구)이 있다. 512.3봉을 지나 내리막을 내리며 느긋한 능선을 가며 천왕재에 내려서니 11시 21분이다.

좌표【 N 35.5'32.68" E 127.40'49.98" 】

지도에 있는 천황재는 옛길로 지금은 사람왕래가 별로 없어 보이며 아무 표시도 없다. 천황재는 일제때 지은 이름으로 우리나라에 천황봉 천황산이 여러곳에 있으나 여러곳이 천황을 천왕으로 고쳐 불리는 곳이 많은데 이곳도 지도에 천왕재로 고쳐주기 바라며 본인도 천왕재로 기록한다.

천왕재를 지나 능선 오르막을 오르다 점심시간은 이르지만 시장기가 들어 11시31분 바위에서 자리를 펴고 점심을 먹고 11시51분 출발해 작은봉을 넘어 내려서 게밭골 삼거리에 내려서니 11시56분이다. 게밭골 이정표(←매봉 5.2km 백운산 정상 9.6km↑관동마을 2.6km→매화마을 7.5km 쫓비산 3.9km)가 있으며 이곳부터는 임도같이 길이 잘나 있다. 게밭골 삼거리를 지나 가파른 오르막을 숨을 몰아쉬며 한동안 올라 갈미봉 정상에 올라서니 12시 16분이다.

좌표【 N 35.5'18.44" E 127.41'12.03" 】

갈미봉 정상은 마루금에서 왼쪽으로 조금 올라가 널찍한 공터에 표찰(갈미봉 530m) 아래 준희가 걸어놓은 호남정맥 갈미봉 519.8m 표찰이 있다. 고도(산 높이)가 1/50,000 지도에는 513m로 되어 있는데 표찰에는 제각각이다.(트랭글에 510m) 광양시 119 구급대 현위치 (백운산 갈미봉 519.8m)로 되어있다. 갈미봉에서 사진한판 찍고 12시19분 출발해 올라온 길로 10여 미터 내려 마루금을 따라 능선을 내려가며 5분후 물개바위를 지나고 능선을 오르내리며 암능을 올라 전망 좋은 암봉(442m)에서 뒤돌라보니 지나온 백운산 매봉 마루금이 한눈에 들어오고 오른쪽 건너편에 억불봉이 건너다보인다.

능선을 오르내리며 가다 오르막을 올라 496봉을 오후1시에 지나고 가파른 내리막을 한동안 내려 7분후 안부에 내려서 허리쉼을 하고 오르막을 오르며 538봉을 1시26분 지나고 약간 내리막을 내리며 느긋한 오르막을 올라 쫓비산 정상에 올라서니 1시35분이다.

좌표【 N 35.4'11.96" E 127.41'52.07" 】

쫓비산 정산에는 공터 가운데 삼각점(大三角點)이 있고 나무 판자에 광양 쫓비산 536.5m가 있고 준희가 걸어놓은 호남정맥 쫓비산 536.5m 표지가 있으며 태양열 철탑이 있다. 쫓비산은 광양 매화마을을 둘러싸고 있는 산으로 매화꽃이 필 무렵 산행을 많이 하는 산이다. 매화마을은 매년 3월이면 매화꽃이 만발

하고 섬진강변의 매화마을에 봄을 알리는 매화 축제가 열린다. 쫓비산은 특이한 이름으로 산 모양이 쫓빗하다 하여 이름 지어졌다고 하며 정상에서 보면 섬진강의 푸른 물결이 쫓빛이어서 쫓비산이라 불리게 하였다고도 한다. 잠시 배낭을 내려놓고 갈증을 면하고 사진한판 찍고 1시50분 출발한다.

 잘나있는 길을 따라 10여분 남으로 오다 갈림길에서 왼쪽 잘 나있는 길은 매화마을로 내려가는 길이고 오른쪽 소로를 따라 내려와 느랭이골 자연 휴양림을 왼쪽에 두고 능선을 감싸 내려와 느랭이골 휴양림 매표소에 내려서니 3시3분이다. 느랭이골 자연 휴양림은 호남정맥 백운산 끝자락에 위치한 최고의 편백숲 산림욕장으로 글램핑과 함께 자연 그대로 에서 여가를 즐길 수 있고 뛰어놀기에 좋은 넓은 공간이라 에너지 넘치는 아이들과 함께 즐기기에 좋은 곳이다. 노랭이골리란 특이한 이름은 노랭이가 암노로를 부르는 전남지방의 사투리로 휴양림이 위치한 골짜기가 느슨하고 완만하게 길게 늘어진 현상을 보여주고 있어 붙여진 이름으로 매표소를 지나면 편백나무 숲길이유명하다. 마루금은 휴양림매표소를 지나 도로를 따라 내려오면 863번지방도인 토끼재다.

좌표【 N 35.3'19.85" E 127.42'49.28" 】

토끼재는 광양시 진상면에서 하동읍을 넘는 고개로 2차선 도로가 지나고 마루금은 직진으로 농장을 지나야 하는데 철조망으로 길을 가로막아 863번 지방도로를 따라 왼쪽(하동방면)으로 내려간다. 마루금은 나무 조림단지를 통과하지 못하고 왼쪽(하동쪽)으로 도로를 따라 내려가 커브에서 오른쪽으로 등산로 입구 리봉이 많이 걸려있다.

3시35분 863번 지방도로에서 등산로를 따라 가파른 오르막을 한동안 올라 능선에 올라서 마루금을 따라 올라 가파른 오르막을 오르며 능선을 오르내리며 좌우로 마루금을 따라 가파른 오르막을 올라 이정표(←토끼재→탄치재)를 지나고 불암산 정상에 올라서니 4시51분이다.

좌표【 N 35.3'2.68" E 127.43'36.44" 】

　불암산 정상에는 커다란 정상석(불암산431m)이 있고 삼각점이 있으며 철탑이 있다. 불암산 정상에는 전망이 좋아 섬진강 다리건너 하동시가지가 내려다보이고 지나 온 마루금을 관망할 수 있고 가야할 국사봉이 건너다보이며 왼쪽 아래로 수어 저수지와 2번국도 탄치재 오르는 도로가 내려다보인다. 오늘은 탄치재에서 마무리하기에 시간이 넉넉하다. 잠시 배낭을 내려놓고 쉬면서 사방을 관람하고 여기저기 사진을 찍고 5시3분 출발한다. 마루금은 왼쪽으로 내리막을 내리며 왼쪽 섬진강을 내려다보며 한동안 내려 탄치재에 내려서니 5시38분이다.

좌표【 N 35.2'41.19" E 127.44'20.67" 】

　탄치재는 광양 진월에서 하동을 넘는 2번 국도가 지나며 탄지재 표지석이 숲속에 있고 자그마한 동산에 커다란 표지석에 (보정스틸)이라 쓰여 있다. 마루금은 도로를 건너 임도로 10여미터 가다 국사봉 이정표에서 숲속으로 올라간다. 내일 아침 올라갈 진입로를 찾아놓고 사진 몇판 찍고 쉬고 있는데 진월에서 하동쪽으로 택시가 지나가 손을 들어 세우니 택시가 서준다.

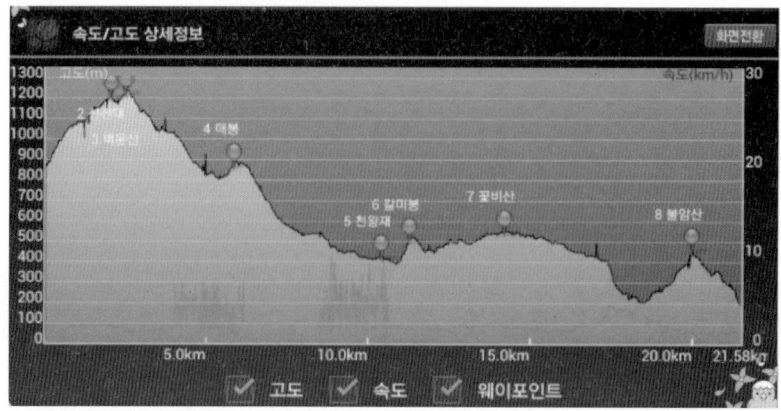

택시로(7,000원) 하동에 와서 모텔 (화신장)에 숙소를 정하고 시장에 나가니 5일장이 끝나고 장꾼들 짐을 싸고 있다. 내일 아침 일찍 밥을 먹어야 하기에 식당을 찾아 해장국집에서 저녁을 먹고 내일 아침을 부탁을 하고 숙소로 들어와 오늘은 일찍 마무리하고 하동에서 저녁을 먹고 숙소에 들어왔다고 집으로 전화를 하고 내일 갈일을 생각해 일찍 잠자리에 들어간다.

제2차 호남정맥 단독종주 23구간

탄티고개 ~ 망덕포구

탄치재 : 전라남도 광양시 진월면 월길리 탄티고개
망덕산외항나루 : 전라남도 광양시 진월면 망덕리 망덕포구
도상거리 : 탄티고개 14.9km 망덕포구
소요시간 : 탄티고개 9시간 19분, 망덕포구
이동시간 : 탄티고개 6시간 22분, 망덕포구 휴식시간 3시간3분
탄치재 출발 6시 21분, 국사봉 7시 46분, 상도재 8시 41분,
배암재 9시 20분, 잼비산 9시 32분, 중산마을 10시 22분,
천왕산 11시 28분, 천왕산 출발 12시 42분, 진월재 2번국도 1시 38분,
망덕산 2시 29분, 망덕산 출발 3시 12분, 외항나루 3시 35분

2014년 5월 18일 맑음

　오늘은 호남정맥 마지막 구간이다. 모아산악회 임원들이 환영하기 위해 망덕산에서 만나기로 약속이 되어있다. 오늘 거리는 약 15km 정도이다. 아침 일찍 일어나 하동 시장안 해장국 집에서 아침을 먹고 택시(7,000원)로 탄치재에 올라오니 6시10분이다.

좌표【 N 35.2'41.66" E 127.44'20.49" 】

　마루금은 탄치재 표지석 뒤 임도를 따라가다 오른쪽 국사봉 이정표를 따라 올라간다. 이정표에 국사봉 2.8km 로 되어있고 능선 오르막을 올라 능선을 넘으면 임도(산판길)를 따르다 임도는 오른쪽으로 가고 직진으로 숲길로 들어서 오르막을 한동안 올라 구 헬기장이 있는 249 봉에 올라서니 6시 36분이다. 249봉을 지나 내리막을 내리며 잘 자란 소나무 능선 가파른 내리막을 한동안 내려 이정표가 있는 안부에 내려서니 6시50분이다. 이정표에 국사봉 2.8km 대리 경모정 2.0km 이다. 탄치재 이정표에서 국사봉까지 2.8km인데 이곳에도 국사봉 2.8km로 되어있다. 트랭글에 1.0km 왔는데 1.8km 를 2.8km 로 잘못된 것 갔다. 안부를 지나 오르막을 오르며 오른쪽에 감나무 농장을 지나 4분후 고압 철탑을 지나고 가파른 오르막을 올라 286봉에 올라서니 7시7분이다.

능선 내리막을 내리며 잘자란 편백나무 숲을 지나 오른쪽에 임산물 재배지를 지나고 가파른 오르막을 한동안 올라 무너진 성터가 있는 국사봉 정상에 올라서니 7시42분이다.

좌표【 N 35.01'26.13" E 127.44'37.82" 】

국사봉 정상은 잡목 숲에 쌓여있으며 삼각점(하동 15 1991년 재설)이 있고 국사봉445.2m 이정표에 ↖매봉0.6km ↙매치재(탄치재) 2.8km ↗ 차동 3.7km 로 되어있고 무인카메라 철탑이 설치되어 있다. 445.2m 국사봉은 사방으로 전망이 좋아 억불봉 백운산 섬진강 하동시가지 광양만 등 곳곳을 볼 수 있고 호남정맥 마지막 봉인 천왕산 망덕산 외항나루가 보인다. 국사봉은 분기봉으로 왼쪽(동쪽)은 매봉 전망대로 이어지고 마루금은 오른

쪽(남쪽)으로 이어진다. 국사봉 정상에서 사진 몇판 찍고 7시53분 출발해 가파른 내리막을 내려 5분후 안부에 내렸다 다시 5분후 작은봉을 넘어 내리막 능선을 내리며 곳곳에 고사리 밭을 지나며 길가에 고사리를 꺾어가며 내려가 편백나무 숲길 가파른 내리막을 내려 8시36분 철탑을 지나고 4분후 포장임도를 따라 왼쪽에 대나무 밭을 따라 내려 상도재에 내려서니 8시40분이다. 상도재는 포장 농로 로 되어있으며 소형 차량 또는 농경기가 다닐 수 있는 소로이다. 마루금은 농로를 건너 밭 오른쪽 뚝을 지나 숲길로 들어서 정박산 167.2봉을 9시1분 올라서니 국립건설 연구소 소 삼각점이 있고 준희의 호남정맥 167.2m 표찰이 나무에 걸려있으며 낮은 산이라 숲속에 정맥꾼들만 지나가는 산이다. 능선을 내려서 산판길을 따라 능선을 가며 포장길을 따라 내려가다 임도는 오른쪽으로 가고 왼쪽 폐 냉장고가 방치된 곳으로 들어가 밤나무밭 가운데를 통과해 9시14분 수원백씨 묘를 지나고 2분후 진주정씨묘와 전주이씨묘를 지나 내리막을 내려 2번국도 배암재에 내려서니 9시20분이다.

좌표 【 N 34.59'47.55" E 127.4349.44" 】

마루금은 도로를 따라 오른쪽으로 가다 고개에서 매실밭 임도를 따라 오르다 능선으로 올라서 포장길을 따라 오르면 포장길 왼쪽에 김해김씨 가족묘가 나온다. 포장 임도를 따라 오르막을 올라 잼비산 정상에 올라서니 9시 32분이다. 잼비산은 고도가 117m로 호남정맥 잼비산 (117m) 참산꾼들이 걸어놓은 표찰이 걸려있다.

좌표【 N 34.59'37.91" E 127.43'47.40" 】

마루금은 숲길 능선을 오르내리며 6분후 인천이씨 묘를 지나고 매실밭을 이리저리 지나고 포장 임도를 따라 가며 9시48분 포장 임도에 내려서 임도를 가는데 전화가 온다. 부산에서 모아 산악회 임원 8명이 문산휴게소에 왔다는 전화다. 전화를 받고 임도를 따라가는데 길가에 양귀비 한개가 꽃이 활짝 피어 있다. 임도를 따라가다 9시55분 외딴집이 나오면 외딴집 내문 앞에서 오른쪽으로 밭뚝으로 가다 밭주인 여인이 소리를 지르며 못가게 한다. 밭끝에 길을 가로막아 놓고 돌아가라기에 다시 돌아와 외딴집 앞에서 왼쪽으로 포장도로를 따라 내려오다 길이 없어 대나무밭 사이로 내려가 집 마당을 통과해 마을로 내려서 마을 길을 따라 올라가 마루금에 올라서니 10시15분이다. 묘를 지나고 풀섭 능선을 가며 널따란 헬기장을 10시19분 지나 능선 내리막 숲길를 한동안 내려 대나무 숲길을 내려와 중산마을 농가 집 뒤로 내려와 농가 마당을 지나 대문으로 나와 중산마을 버스정류장에 도착하니10시22분이다.

좌표【 N 34.58'53.27" E 127.44'20.82" 】

중산마을 버스 정유장에서 오른쪽으로 도로를 따라 오면 삼거리로 남해고속도로 쌍 지하통로 왼편에 구룡로길 작은 지하통로를 10시28분 통과해 나와 진월방면 지방도로를 따라가다 3분후 도로를 건너 농장 오르는 포장임도 나무 그늘에서 잠시 배낭을 내려놓고 쉬며 산뫼 부회장에게 전화를 걸어보니 하동 못와서 차 타이어가 빵구가 나서 타이어를 갈아 끼울려면 시간이 좀 걸린다고 한다. 잠시갈증을 면하고 출발해 포장 임도를 따라 한동안 올라가 농가 집앞을 10시41분지나 오른쪽으로 포장 임도를 따라가다 자세히 보면 왼쪽에 빛바랜 리봉을 따라 3분후 언덕을 올라 파란 그물방 울타리 옆에 녹슨 물탱크를 지나고 감나무 과수원 끝에서 오른쪽으로 아주 오래된 통나무 계단을 10시50분 올라간다. 옛날에는 계단으로 보아 등산객이 많이 다닌 모양인데 근래에는 정맥종주자들만 지나다녀 길이 희미하다. 나무계단을 올라 숲길 능선으로 들어서 가파른 오르막을 한동안 올라 전주최씨 묘를 11시12분 지나고 암능을 올라서 천왕산 정상에 올라서니 11시14분이다.

좌표【 N 34.58'28.49" E 127.44'16.68" 】

천왕산은 225.6m 암봉으로 시야가 확트여 전망이 아주 좋아 억불봉 백운산 쫏비산 국사봉등 지나온 마루금이 줄지어 보이고 광양 시가지와 광양만 등 멀리 여수까지 눈안에 들어온다. 아래로 진월면 소재지와 남해 고속도로와 섬진강 휴계소 섬진강 하구가 보이고 건너편에 호남정맥 마지막봉 망덕산이 잡힐듯 보인다. 정상 넓은바위 나무그늘에서 쉬는데 모아산악회 산

뫼부회장 일행이 진월에 도착해 천왕산으로 올라온다고 한다. 천왕산 나무그늘아래 바위에 누어 그동안 지나온 정맥 마루금을 생각해보며 단독 산행에 어려운 점들을 생각해보고 460여 km를 오늘로서 마무리 한다고 생각하니 후련한 마음 보다는 여러가지 아쉬움이 생각난다. 산은 물을 건너지 못하고 물은 산을 넘지 못한다는 것은 누구나 알 수 있는 말이다. 그러나 그 산을 이어가는게 산맥이며 산을 따라 오는게 강물줄기다. 그동안 호남정맥을 종주하며 높고 낮은 산줄기를 따라 진안 주화산에서 우리나라 서쪽 반바퀴를 돌아 마지막 섬진강 하구 망덕산에 마무리 하게 되어 시원하면서도 미련이 남는다. 천왕봉에도 준희가 걸어놓은 호남정맥 천왕산 225.6m 표찰이 나무에 걸려있고 그동안 많은 정맥꾼들이 걸어놓은 리본이 주렁주렁 달려있고 나도 단독종주 리본을 천왕봉 정상 나무에 걸어놓는다.

  나무그늘에 누어 잠시 잠이 들었는데 뒤숭숭 하며 아래서 사람소리가 들린다. 일어나보니 수석부회장 민보식, 산행부회장 김병채, 부회장 이상근, 여성부회장 하희순, 총무 문미숙, 김덕배 회원님이 올라온다. 같이 온 이열균 재무님과 박형숙 회원님은 망덕산으로 갔다고 한다. 오늘은 점심메뉴가 다양하다 해든 (박형숙)님이 보낸 족발 술 밥 반찬도 가지각색 산 정상부페다. 점심을 먹고 같이 합동 사진을 찍고 12시42분 출발한다. 천왕산에서 암능을 내려와 물소바위를 지나 가파른 내리막을 내려 능선을 오르내리며 안부를 지나 오르막을 한동안 올라 194봉에 올라서니 12시59분이다. 남으로 오던 마루금은 왼쪽(동쪽)으로 내리막 능선을 내려간다. 능선을 내려가는데 곳곳에 고사리밭이다. 선두로 보이제 이상근 부회장은 먼저 내려가고 다람쥐(하희순)김덕배 산뫼부회장 고사리 꺾는다고 뒤에 내려온다.

총무님과 나도 고사리를 꺾으며 내려와 잘나있는 능선길을 내려오다 능선 분기점에서 오른쪽으로 내려와 능선을 가다 잘 나있는 길은 오른쪽으로 내려가고 마루금은 왼쪽으로 리본을 따라 희미한 잠목 숲길를 따라 한동안 내려와 4차선 도로에 내려서니 1시40분이다. 도로에 내려서니 이상근 부회장 휴대폰을 잃어버렸다고 다시 올라온다. 뒤에서 따라오며 보아도 없었는데 숲속이라 찾기가 어려워 나도 백두대간 지리산 새석에서 잠목숲을 가다 카메라를 잃어 본 기억이 난다. 망덕고개는 4차선 국도로 가운데 중앙분리대가 있어 분리대를 차가 뜸한 사이 넘어와 마루금을 따라 왼쪽으로 가며 이상근 부회장 배낭을 가지고 가다 나무그늘에서 쉬고 있는데 이상근 부회장이 휴대폰이 없다며 못찾고 올라온다. 올라와서 걱정을 하는데 배낭 주머니가 이상해 들여다보니 배낭 주머니에 휴대폰을 두고 잊었다고 소란을 피우고 찾으러 갔다 왔다며 투덜댄다.

　나무그늘에서 쉬고 있는데도 하 부회장 덕배님은 고사리 꺾는다고 기다려도 오지 않아 뒤에 오라고 하고 1시48분 출발해 매실나무에 매실이 주렁주렁 달린 매실밭가를 지나 함안조씨묘를 지나고 진주강씨 제단(晉州姜氏祭壇)을 지나 가파른 오르막을 숨을 몰아쉬며 오르는데 갑자기 속이 안좋아 대변을 보고나니 배에 힘이 없어 경사진 오르막을 힘들여 올라간다. 암능 오르막을 한동안 올라 전망바위에 올라서니 2시14분이다. 전망바

위에서 사진 한판 찍고 능선 오르막을 올라 삼각점이 있는 망덕산 정상에 올라서니 2시27분이다.

좌표【 N 34.58'21.12" E 127.45'5.57" 】

망덕산(197.2m)정상에는 삼각점이 있고 각종 리본이 주렁주렁 매달린 가운데 준희가 걸어놓은 호남정맥 망덕산 197.2m 표찰이 있고 망덕산 표지석은 30여미터 뒤 공터에 있다. 커다란 표지석에 (호남정맥 시발점 望德山 197.2m)이라 쓰여 있다. 표지석앞에서 준비한 과일과 술을 부어놓고 호남정맥 마지막까지 아무 사고없이 무사히 마치게해주신 산신령께 감사를 고하고 술 한잔씩 나눠먹고 사진 몇판 찍어둔다. 이곳 망덕산은 남진으로는 마지막 구간인데 북진은 시발점이 된다. 정상에서 조금 내려오면 원석정(湲石亭) 사각정자가 있고 전망바위에 올라서니

전망이 기가 막히게 좋다.

 아래로 진월면 소재지 섬진강 하구 섬진강 휴게소 지나온 백운산부터 매봉 쫓비산 국사봉 억불봉 등 작은 산이지만 전망이 아주 좋아 많은 등산객이 오르내리며 정자에 쉬어가는 곳이다. 박형숙님 이열균님 역으로 올라와 이곳에서 우리를 기다리고 있다. 전망바위에 올라서니 신선이 따로 없다. 모두가 신선이 된 기분이다. 전망바위에서 사진 몇판 찍고 내려와 망덕포구에 내려오니 포구에 호남정맥 시발점 입간판이 있어 마지막 단체사진 독사진 등 사진 등을 찍어둔다.

좌표【 N 34.58'22.52" E 127.45'31.16" 】

　이로서 호남정맥 23구간을 마지막 망덕포구에서 마무리 하고 성윤횟집에서 마무리 뒤풀이로 민물회와 한잔하고 이상근 부회장님은 전남 영광원자력발전소에 일하러 간다고 하여 섬진강휴게소에서 내려주고 부산으로 행차한다. 일찍 마치고 집에 오니 집사람 그동안 고생 많이 했다고 격려해 준다. 오늘은 이것으로 마치고 총론으로 들어간다.

| 금·호남정맥 호남정맥을 마치고 |

　금·호남정맥 호암정맥을 1차에 이어 10년 만에 2차 단독종주에 들어간다. 1차 때에는 부산낙동산회에서 주로 무박산행을 하여 어려움이 많아 주간산행으로 제2차 백두대간에 이어 금호남정맥 호남정맥을 단독으로 완주하였다.

　교통편은 대중교통(시외버스)을 이용하였고 숙박은 주로 모텔 여관 찜질방 민박 등 닥치는 대로 숙박을 하고 식사는 식당 또는 편식으로 대용하기도 하였다.

　금·호남정맥은 2012년 10월 4일부터 3구간으로 10월 6일까지 연속 3일간 종주하였으며 첫구간은 영취산에서 자고개까지, 2구간은 자고개에서 진안 사로고개까지 3구간 사로고개에서 주화산까지 완주하였다. 숙박은 장계에서 일박 장수에서 일박 진안에서 일박하고 마지막 주화산 모래재에서 전주로 전주에서 부산으로 귀가하여 금·호남정맥을 단시일에 무사히 마무리하였다.

　호남정맥은 2013년 9월 28알 첫구간 주화산을 출발해 단독산행으로 2014년 5월 18일 전라남도 광양 망덕산까지 23구간으로 완주하였으며 대중교통으로 전라북도 전주 정읍 전라남도 광주 담양 보성 순천 광양권으로 다녔으며 숙박은 주로 모텔 찜질방 장흥 장평마을에서는 가정집에서 자기도 하였으며, 주로 하산하면 지나가는 차를 얻어 타고 다녔으며, 아침에는 주로 택시를 이용하였다.

  단독 종주 산행은 아침에 산에 오르면 하산할 때까지 100% 안전산행을 해야 하며, 특히 우중 산행은 어려움이 많았으며 3구간은 영암부락재에서 출발해 오봉산 구간을 지나는데 소낙비가 많이 내려 오전 산행만하고 초당골에서 마무리하고 왔으며, 제10구간 방아제 유둔재 구간은 하루 종일 우중산행을 하는데 주위는 운무에 가려 아무것도 보이지 않고 하루 종일 비를 맞아가며 산행했고, 13구간 예재 장고목재 구간은 거리도 멀고 시내 나가는 버스가 없어 장평면 월곡마을(최복석 67세) 가정집에서 하룻밤을 지냈는데 아직도 시골인심이라 편히 대해줘 잘지내고 아침 먹고 자기집 차로 장고목재까지 태워주어 수월하게 10구간 11구간을 마쳤으며 재암산 구간도 이슬비를 맞으며 산행했으며, 존제산 구간은 군부대가 주둔하고 있어 철조망 넘는데 고생을 많이 했으며 조계산 구간은 하산할 때 만난 한국사회과 교육학회 회장이신 순천대학교 교수 이윤호(李侖浩) 박사님의 배려로 두월고개에서 순천까지 자가용차로 와서 부산 오는데 빨리 올 수 있었으며 죽청재에서 하산할 때도 날이 어두워 내려오는데 순천 사시는 강한모씨 순천 엠젤모텔 숙소 앞까지 태워주어 고마웠고 마지막 구간은 모아산악회 민보식 수석부회장님 김병채 산행부회장님 이상근 부회장님 하희순 여성부회장님 문미숙 총무님 이열균 재무님 김덕배 박형숙 회원님 호남정맥 마지막 천왕산 망덕산 망덕포구까지 축하 산행하고 뒤풀이까지 해주어 고맙다는 말씀을 드립니다.

  호남정맥 종주 중 저녁때는 주로 차를 얻어 타고 때로는 택시도 타고 다녔으며 빠른 일자에 마지막까지 한번도 사고없어 무사히 완주하여 주위에서 지켜보며 성원해주신 모든 분들께 감사드립니다. 특히 항상 종주산행에 뒤에서 후원해주고 보살펴주며 안전산행을 기원해 준 집사람(아내) 그리고 가족들께 감사드리고, 부산 등산연맹 회장님과 회원 여러분 모아산학회 집행부와 회원 여러분 그리고 산행에 도움을 주신 모두에게도 감사를 드리며, 금·호남정맥 호남정맥을 마무리합니다.

2023년 3월

부산山사람 **진상귀**

백두대간 1차 2002년 1월12일~2003년 7월 20일 36차 완주(낙동 산악회)
금호남정맥 1차 2003년 9월7일~2003년 10월20일 4차 완주(낙동 산악회)
호남정맥 1차 2003년 10월20일~2004년10월3일 20차 완주(낙동 산악회)
금남정맥 1차 2004년 10월17일~2005년 3월20일 9차 완주(낙동 산악회)
한남금북정맥1차 2005년 4월3일~2005년 8월20일 9차 완주(낙동 산악회)
낙동정맥 1차 2005년 2월27일~2005년 7월26일 포항한티재(단독종주)
낙동정맥 1차 2007년 7월15일~2008년 2월17일 22차 완주(한국등산클럽)
낙남정맥 1차 2007년 8월5일~2008년 3월31일 16차 완주(단독종주)
금북정맥 1차 2008년 3월2일~2008년 6월22일 13차 완주(단독종주)
한남정맥 1차 2008년 8월13일~2008년10월6일 7차 완주(단독종주)
한북정맥 1차 2009년 5월4일~2009년 6월7일 7차 완주(단독종주)
신금남기맥 2010년 4월24일~2010년 6월7일 5차(단독종주)
        진안금만봉~군산 장계산까지
신금북기맥 2011년 3월18일~2011년 4월1일 3차 (단독종주)
        청양 백월산~장항 용당정까지

제2차 백두대간 2011년 5월14일~2011년 12월1일 32차 (단독완주)
제2차 금호남정맥 2012년 10월4일~10월6일까지 3차 (단독완주)
제2차 금남정맥 2012년 10월28일 진안주화산~12월2일. 부소산 (단독완주)
제2차 호남정맥 2013년 9월28일. 주화산-2014년5월18일. 망덕산(단독완주)
제2차 낙남정맥 2015년 3월1일. 영신봉-2015년8월16일. 동신어산(단독완주)
제2차 낙동정맥 2016년 3월6일. 매봉산-2016년7월5일. 몰운대 (단독완주)
제2차 한남금북정맥 2018년4월8일. 속리천왕봉-2018년6월4일. 칠장산(단독산행)
제2차 한남정맥 2018년6월17일. 칠장산-2018년10월14일. 김포문수산(단독산행)
제2차 금북정맥 2019년3월16일. 안성칠현산-2019년6월24일. 안흥비룡산(단독종주)
제2차 한북정맥 2019년9월17일. 수피령-2019년12월15일. 파주장명산(단독종주)